進階馬拉松全書

ADVANCED MARATHONING

全馬跑者的教戰守則——
營養、訓練、比賽、恢復

Pete Pfitzinger / Scott Douglas

彼特・費辛格；史考特・道格拉斯 著

王啟安翻譯團隊 譯

目錄
CONTENTS

第二部

訓練計畫
TRAINING
PROGRAMS

推薦序

　　跑馬拉松可以改變人的一生。不像跑 5 公里或 10 公里，完成一場馬拉松要消耗的肝醣，比人體肌肉中的儲存量還多，因此你必須經過適當訓練、充分準備。為了挑戰馬拉松，要將一整個長期訓練區段一一拆解，在短短幾個月內，針對自己需求完成每一種鍛鍊，這過程看似煎熬，但其中還是要休息、注意健康狀況，並打起精神盡全力迎戰。

　　在我參加第一場馬拉松之前，光是想到要來場 37 公里的長跑，就讓我既期待又怕受傷害。經過一連串較短距離的練跑及鍛鍊，等到正式上場，彷彿柳暗花明，向前邁進了一大步。訓練期間，我很喜歡看我的教練雷·特雷西（Ray Treacy）在一格又一格空白的行事曆上整齊寫上訓練計畫。每一天都有特定的訓練目標，儘管日漸困難，卻也從中逐步建立自信，到了最後，竭盡全力地在有坡、有風的情況下跑 42 公里似乎也就沒那麼可怕了。每一項鍛鍊都為比賽這天奠定了信心基礎，比賽反而像是為這一連串鍛鍊劃下句點的特別活動。平心而論，對參與馬拉松賽的人來說，能夠相信自己的身體會找到最佳比賽表現仍是必要的，因為馬拉松是一項你不會在訓練時用比賽目標速度跑完全程的運動。

　　彼特·費辛格和史考特·道格拉斯在《進階馬拉松全書》帶來的正是一套目的明確的每日訓練指南，使你可以在賽前練好身體、做好休息並注意健康，好好地享受馬拉松（要注意：馬拉松的體驗多采多姿，全都能帶來天翻地覆的改變，但並不一定有益無害）。

　　我的表妹蜜雪兒告訴我，她即將參加人生第一場馬拉松，並希望我給點建議，我送給她這本書，因為書中針對不同馬拉松目標，在補充能量、賽前減量和運動傷害預防方面，都提供了很好的建議，對於鍛鍊及休息日的安排也有詳細說明。她是馬拉松新手，但我也會把這本書推薦給像是我過去大專越野賽的隊友，他們打算在馬拉松長度的競賽距離中，推展自己潛能的極限，爭取美國奧運會馬拉松選拔賽資格。

馬拉松比賽可以讓人擁有力量、學會謙卑、獲得啟發。短短數週的練習過程，在帶你推向目標的同時，也會改變你。不只增強你的肌肉和心肺功能，也強化了你的意志力，激發你心智方面與眾不同的超能力。如同比賽當天邁出起點開始跑起 42 公里一樣，馬拉松旅程起點就是從第一天訓練開始，無論那天的鍛鍊有多麼微不足道。就此踏上你的比賽，並善用這本書打造你的訓練計畫吧！只要有足夠的訓練、引導、勇氣和準備，我相信任何人都可以跑馬拉松。我希望你接下這個挑戰，幾個月後，你將有所成長！

——莫莉・哈德（Molly Huddle），美國一萬公尺和半程馬拉松紀錄保持人，兩屆奧運參賽，馬拉松個人最佳成績 2:26。

作者序
《進階馬拉松全書》使用指南

　　歡迎翻閱《進階馬拉松全書》第三版。前兩版大受好評，我們十分開心持續收到讀者的回饋，這讓我們更加相信我們擁有一群廣大讀者，而且他們求知若渴，想要知道如何克服跑步領域最具挑戰性的競賽。

　　從頭到尾跑完一場馬拉松的訣竅眾所周知，就是持之以恆的訓練。但如果是要比一場馬拉松競賽呢？那可就沒這麼簡單了。

　　除了要將耐力提升到足以跑完這段距離的最底限，現在還要進一步思考其他方面，如長跑訓練要跑多快，該做哪組間歇訓練，如何控制飲食才能獲得最佳表現，如何安排高強度鍛鍊並兼顧進步及恢復……等等。這些問題的最佳解不那麼顯而易見，解答這些問題也需要深厚的知識基礎。透過這本書，你將能獲得這些知識。

　　如果你是曾跑過馬拉松又想更上一層樓的新手，或是正計畫參加初馬的長跑好手，是時候拿起這本《進階馬拉松全書》了。第三版不只新增了一章，每一章也進行了增訂並更新資訊，希望本書會成為你跑步資料庫中最珍貴的資源之一。

進階馬拉松

　　「進階馬拉松」是什麼意思？單純是因為有許多跑者並不滿足於只是說出：「我跑完了。」他們想要在跑馬拉松時，能像跑短程競賽一樣，越快越好。這並不是說他們要放棄生活中的其他事物，一心投入訓練，而是他們在考量了像是年齡、現實生活責任義務等等因素之後，仍不遺餘力想做到最好。無論是想跑出自己設定的最佳紀錄，取得波士頓馬拉松參賽資格，或想跑得比十年前更快的人，都很適合閱讀本書。

不同於只想跑完全程也不在乎時間長短的人，跑比賽的人需要更完善且明智的準備訓練。要認真提升馬拉松表現，就需要了解許多事務，像是：如何將比賽配速分段整合到長跑訓練中，高強度訓練組要跑到多快、多遠，吃什麼才能讓你在最後幾公里的跑速和起跑時一樣快……等等。「進階馬拉松」憑藉的內容必須超過一般常識和坊間說法，也因此，本書是基於運動科學在馬拉松的訓練與表現上的應用所撰寫而成。

本書第二部的訓練計畫表，則是以一個簡單的概念為基礎：運動生理學的研究發現，跑最快的馬拉松選手身上有幾個共通屬性，包括：肌肉能夠儲存大量肝醣（碳水化合物的儲存形式），能在延長期維持次大速度（submaximal speeds），能將大量氧氣運送至肌肉以產生能量，優異的跑步經濟性（定量氧氣下可以跑得比他人更快）。我們知道哪些是跑好馬拉松最關鍵的屬性，也了解哪種訓練能提升上述屬性。那麼，馬拉松訓練便是要在各類訓練間取得平衡，並分配足夠的恢復時間，如此一來，隨著比賽日的到來，才能夠讓你的身體能力持續進步，在 42 公里中維持相對快的配速。

我們當然也可以直接把書中後半的訓練計畫表部分拿出來，然後說：「照我們說的做就好，相信我們。」但我們覺得你越了解這些計畫表鍛練的原因，就越有動力貫徹訓練，且更能讓你好好評估達到預設目標的進程。所以，在訓練計畫表之前，會有一些章節為你解釋成功的馬拉松準備原則。這些章節會解釋獲得成功的要素和原因。消化這些資訊有助你成為更好的馬拉松跑者。讓我們來看看本書第一部的內容吧。

帶你認識馬拉松

第 1 章是本書中篇幅相當長的一章。我們並不期待每個人都會先一口氣讀完這章，事實上，你甚至可以直接從後半部的訓練計畫表中選一個開始練，沒讀第 1 章也無妨。但是你終究還是會想要仔細研讀這一章，掌握裡面提到的核心概念，因為它解釋了我們如何運用運動科學設計建構這些訓練計畫表。

　　第 1 章深度探討了在馬拉松上取得成功所需的生理屬性，包括高乳酸閾值、肌肉和肝臟能儲存大量肝醣、善用脂肪作為能量來源、相對高的最大攝氧量和優異的跑步經濟性等等能力（如果還不清楚以上概念，先別擔心，讀完第 1 章，你就會完全理解並且知道它們與馬拉松的關係）。我們會討論要跑好馬拉松該必備哪些身體特性，接著還會詳細說明要如何訓練，才能提供最大刺激來提升這些特性。

　　理解第 1 章的概念極為重要。為了在馬拉松上跑更快所需的訓練，並不是只要盡可能跑得越多越快就好。不論你雄心壯志有多大，想跑出個人的最佳紀錄，還是得一邊準備訓練，一邊兼顧生活瑣事或工作。那麼，你的訓練應該要使你在有限的投入下，獲得最大的報酬。讀完第 1 章，你就會了解為什麼訓練計畫表中要求的特定訓練，會是最佳選擇。

　　第 2 章說明了適當的營養和水分攝取所扮演的角色。關於馬拉松跑者的飲食安排，有嚴重資訊不足的問題（其實訓練方面也是半斤八兩）。在我們更新的建議中，統整了近期研究與最佳規劃。讀完第 2 章，你將了解馬拉松訓練及比賽上的能量補充需求，以及如何從飲食上幫助你達到目標。你也會了解缺水會如何影響你的表現，以及在訓練日和比賽日能採取什麼策略。

　　如同我們先前所說，明智的訓練不只是日復一日累積里程數。多數時候，能朝著目標大步邁進的方式，是靠著做第 1 章提過的幾種關鍵鍛鍊，先使身體吸收完一種鍛鍊成效，再開始下一組鍛鍊。也就是說，跑完長跑或高強度跑步之後，應該先讓你的身體恢復好。第 3 章會告訴你該如何充分利用恢復期，包括長跑或高強度訓練組之後，每天該跑多遠、多快，該吃什麼才能快速補充能量，以及該如何監控身體狀況以保持健康而不會功虧一簣。

　　從本書挑一個訓練計畫表來做，你的訓練就囊括了跑一場馬拉松所需的一切元素。不過，練跑以外的時間也是有方法能夠幫助你整體提升跑步表現。第 4 章將會詳述各類有助於打造最佳馬拉松跑者的柔軟度、核心肌力、阻力訓練和有氧交叉訓練等等運動。我們也還會介紹一些改善跑步姿勢的技術操練。

　　這版新增了一章專門為較年長的馬拉松跑者所寫的內容。雖然所有跑者準備馬拉松比賽的基本原則大同小異，但老化會對如何執行那些原則造成影響。第 5 章一開始先探討我們隨著年齡增長會越來越慢的原因，接著介紹該如何適應訓練、營養及恢復的調整，來因應年紀帶來的改變。我們的建議或許無法再創你的人生顛峰，但有助於你成為一個更聰明且成功的年長馬拉松跑者。

　　比賽將近的最後幾週對你的完跑時間有莫大影響。賽前訓練減量極為重要，卻時常遭人誤解，因此我們特別安排一章探討正確的最後準備。在第 6 章，你將會學到比賽日來臨前要減少訓練里程數的原因、方法和鍛鍊項目，讓你以最佳狀態迎戰。

　　講述背景知識的最後一章則會詳細說明比賽日該做什麼。第 7 章探討的是比賽策略，有分段配速建議，以及提醒其他重要的注意事項，像是比賽當日的飲食安排、跑步時該如何補充水分。

訓練計畫表

　　第 9-13 章運用前面 7 章介紹的原則，建立了各式馬拉松每日訓練計畫表。此前的第 8 章會先完整說明如何依自身需求選擇要用的訓練計畫表。你不只能學到各個關鍵鍛鍊要做到多快，有了前幾版的讀者回饋，你還會學到如何依受傷、生病或其他阻礙的狀況來調整計畫表。

　　第 9-12 章以每週里程數為基礎來區分（所有的訓練計畫表皆以「公里」表示里程數，你可以自行轉換為你習慣的單位）。第 9 章的訓練計畫表每週總里程數的要求最低，其中最高的是一週跑 89 公里。第 10 章的訓練計畫表一週跑 89-113 公里。第 11 章是 113-137 公里。第 12 章的訓練計畫表則是專門為高里程數的跑者所設計，一週至少要跑 161 公里以上。

　　每週訓練里程數由你自己決定，而這應該依據你的跑步史、超過一定里程數的受傷機率，以及準備比賽期間的生活繁忙程度等等來判斷。無論採行哪一款計畫表，其中的鍛鍊內容都能協助你達到投入程度所能獲得的最佳馬拉松所需體能。

另外，第 9-12 章中，都提供了 12 週及 18 週的訓練計畫表讓你選擇。我們比較推薦讀者採行 18 週計畫表，但我們也明白有時候並沒有那麼充裕的準備時間，因此也提供了 12 週計畫表，雖然壓縮了時間，也可能不是最適切的，它仍然涵括了一切在相對短的時間內，要顯著進步所需的鍛鍊。

這個訓練計畫表為了方便閱讀而採取全景式版面。橫列看過去，會顯示出隨著馬拉松賽事的到來，你的里程數與訓練重點會如何變化，有助於你掌握各期間應著重的訓練目標；直欄看下來，則能快速了解當週的每日主要鍛鍊內容。以這樣的方式，你不僅可以確定每天該達成的目標，也可以一覽該週主要的鍛鍊重點。

你會注意到我們在準備期的每一天都安排了訓練，我們當然知道不大可能會有讀者能夠完全配合如此詳盡的計畫表。再次強調，訓練計畫表不只要橫看，也要直看，這樣將有助於你了解哪些訓練最重要。就算有幾天需要調動，你也會知道不該漏掉哪些鍛鍊。

第 13 章和前面訓練計畫表的篇章不太一樣，是專門寫給在 12 週內，甚至更少的時間參與 2 場以上馬拉松的跑者。這樣的排程通常無法讓你跑出最快的馬拉松紀錄，但我們也不會斷然告訴你不該如此嘗試。（否則，我們就得尷尬地跟 2018 年波士頓馬拉松男子組冠軍川內優輝說：「你跑這麼多場馬拉松實在大錯特錯。」）第 13 章提供那些接下這種挑戰的跑者一套專屬的訓練計畫表，幫他們在時間範圍內的第二（第三或第四）場馬拉松獲取最大的成功可能性。同樣利用了前面各章訓練計畫表內藏的原則，第 13 章的訓練計畫表能讓你隔 4 週、6 週、8 週、10 週、12 週後，保持最佳狀態迎接下一場馬拉松。

現在你大概知道了這本書寫些什麼，以及如何使用的方法，我們趕快來看看成功跑好馬拉松的基礎吧。

第一部

訓練要素
TRAINING COMPONENTS

第1章
訓練的基本要素
Elements of Training

　　馬拉松是項需要認真對待的運動，這項運動對跑者生理和心理上的要求標準極高，因此你必須明智且完善地去規劃準備工作。

　　本書所有的建議和訓練計畫表，就是以明智且完善的準備及執行作為出發點。身為對運動知識求知若渴的死忠跑者，我們匯整了全球一流教練及馬拉松跑者的方法及知識，並將這些得來不易的智慧與最新運動科學研究結合。我們知道每一位跑者會盡一切努力追求更快的表現。接下來的章節內容，你將會學到馬拉松訓練及比賽中最重要層面的原因和狀況，而這一切都使你認識到，馬拉松就是一件要你投注時間與精力的事情。

　　換個方式來說，雖然跑馬拉松並不容易，但馬拉松訓練應該要相對簡單直接。跑馬拉松需要特定的生理屬性。眼下目標是盡可能用最快速度完成 42 公里的壯舉，即可想見舉凡能量運用、氧氣消耗、生物力學需求甚至心理屬性等等方面有其標準。本章將著重在跑馬拉松所需要的生理條件，以及如何有效率地訓練以達到這些要求。

　　首先，我們會先檢視馬拉松所需的生理條件（如高乳酸閾值和在肌肉與肝臟儲存大量肝醣的能力），接著帶你了解各種有效增進馬拉松表現的訓練方式，並告訴你為什麼。然後，我們會進一步探討如何建構你的訓練計畫，使其有邏輯地進展，直到達成你預想的目標；最後再來檢視距離較短的比賽對於精進馬拉松有何重要性。讀完這章，你將認識有效率的馬拉松訓練其構成及背後邏輯，並更加懂得為什麼要特別著重某些訓練。

馬拉松生理學

　　成功的馬拉松跑者有許多共通的成功因素，這些因素大多數由基因和訓練所決定。基因決定了你可以進展的範圍，而你當下的能力處在範圍內的高點或低點則取決於訓練。這一節會討論成功的馬拉松跑者在生理上所必備的變項。

　　成功的馬拉松跑者有以下生理屬性：
- **高比例慢縮肌纖維**：此特性由基因決定，對於接下來所列的多數生理特性也有影響。
- **高乳酸閾值**：此能力可以讓身體在進行激烈有氧運動，產生能量之餘，卻不會在肌肉與血液中大量累積乳酸鹽。
- **高肝醣儲存量和良好的脂肪利用率**：此特性能讓你在肌肉和肝臟中，儲存足以跑完 42 公里的肝醣，讓肌肉多依賴消耗脂肪作為能量來源。
- **優異的跑步經濟性**：此能力使跑者在馬拉松配速跑之下，可以消耗較少的氧氣。
- **高最大攝氧量（VO_2max）**：此能力能將大量氧氣運輸到肌肉，讓肌肉得以提取並利用氧氣產生能量。
- **迅速恢復**：從訓練的疲勞中快速恢復的能力。

　　記住，單靠其中幾項並不足以造就成功的馬拉松跑者。第一位打破 2 小時 3 分鐘世界馬拉松紀錄的肯亞選手丹尼斯・基梅托（Dennis Kimetto），25-26 歲時才開始參加比賽，他一開始就以長距離路跑為重心，但在距離比半馬還短的比賽中從未跑出世界級的紀錄。基梅托很可能有著過人的乳酸閾值和高比例的慢縮肌纖維。堪稱當代最偉大的馬拉松跑者、肯亞長跑名將埃利烏德‧基普喬蓋（Eliud Kipchoge）則跟基梅托相反，這位 2016 年奧運冠軍並非一開始就投入馬拉松，他先前已經在短至 1,500 公尺中距離、5,000 公尺長跑等競賽上屢創世界紀錄。在綜合各種生理因素，同時配合各種生物力學變項和心理強度，造就了他在馬拉松上的成功。我們接著來深入探討各個主要生理因素吧！

高比例慢縮肌纖維

人體成千上萬的肌肉纖維可分為三類：慢縮類、A 型快縮類、B 型快縮類。慢縮肌纖維在肌肉中所占的比例越高，在馬拉松上成功的可能性越大。慢縮肌纖維用於適應耐力運動，抗疲勞，有氧能力高，粒線體密度和微血管密度也高，再加上其他特性，使它們極為適合馬松拉運動。慢縮肌纖維在肌肉中的比例由基因決定，透過耐力訓練，你的快縮肌纖維（尤其是 A 型）可以獲得更多慢縮肌纖維的特性，如此將使你的快縮肌纖維有更好的能力以有氧方式產生能量。此外，有證據指出，透過多年的耐力訓練，慢縮肌纖維比例有機會適度提升。肌肉切片是確定你慢縮肌纖維比例最精準的方法。切片檢查會切下肌肉的一小部分組織來分析，儘管這個過程頗為有趣（也很痛），但這沒什麼意義，因為就算知道自己肌肉纖維類型的比例分布，也改變不了什麼。

高乳酸閾值

高乳酸閾值大概是耐力運動員最重要的生理變項。你的乳酸閾值配速（LT pace）直接決定了你持續 30 分鐘以上的跑步表現極限。你的馬拉松配速受到肌肉和血液中累積的氫離子限制，而氫離子和乳酸鹽（碳水化合物代謝的副產物）堆積有關。乳酸閾值和馬拉松表現的關係密不可分，因為乳酸閾值反映出你的肌肉可以生成有氧能量的最高速率。成功的馬拉松跑者在比賽時，速度上通常與他們的乳酸閾值配速相當接近。

一般跑者的乳酸閾值落在他們最大攝氧量的 75-80%，成功的馬拉松跑者通常會超過最大攝氧量的 80%，菁英馬拉松跑者的乳酸閾值則往往達到最大攝氧量的 90%。這表示菁英馬拉松跑者可以在乳酸鹽堆積於肌肉和血液之前，運用大部分的最大有氧能力。

乳酸鹽由肌肉產生，可被肌肉、心臟、肝臟與腎臟利用。血液中的乳酸鹽濃度為產生量與排除量相抵後的結果，即使休息時，也會產生少量乳酸鹽。如果你現在測量血液中的乳酸鹽濃度，大概會是 1 毫莫耳。隨著你耗費力氣從休息狀態起身，去散步，再到慢跑，乳酸鹽的產生量與排除量皆會增加，而乳酸鹽濃度則維持穩定，但當你的跑步費力程度高過乳酸閾值時，乳酸鹽濃度就會提高，因為此時乳酸鹽排除的速度已趕不上產生的速度。

當你累積了大量乳酸鹽，乳酸鹽製造過程中產生的氫離子會抑制產生能量所需的酵素，干擾鈣的吸收，因而降低肌肉的收縮能力。也就是說，產生能量的效率下降，只得放慢跑速。這說明了為什麼訓練有素的馬拉松跑者，會以很接近但不超過乳酸閾值的強度跑馬拉松。

藉由正確的訓練，你的肌肉纖維將會產生改變，使你在高強度下跑步的同時，卻不會在肌肉和血液中堆積乳酸鹽與氫離子。更重要的是，這些改變會增加粒線體的數量及大小、好氧酵素的活性，以及肌肉纖維中的微血管，而這些都將提升你利用氧氣產生能量的能力。

粒線體的數量及大小增加

粒線體是肌肉纖維中唯一能利用氧氣產生能量的部分，可將他們想成肌肉纖維內的有氧能量工廠。乳酸閾值訓練藉由在不累積過量乳酸鹽的情況下，完全發揮粒線體產生能量的能力，增加了肌肉纖維中粒線體的大小（也就是建造更大的工廠）及數量（也就是建造更多的工廠）。有了更多的粒線體，你就能夠以有氧的方式產生更多能量，並維持較快的配速。這項改變對馬拉松跑者十分重要，因為跑馬拉松所需的能量有 99% 以上都是以有氧方式產生。

好氧酵素的活性增加

粒線體中的酵素加速了有氧能量產生的過程（也就是提升有氧能量工廠的生產速率）。乳酸閾值訓練可增加好氧酵素的活性，這項改變可以增進粒線體的效能。粒線體內好氧酵素活性越高，以有氧方式產生能量的速度便越快。

肌肉中的微血管增加

以有氧方式產生能量的過程必須有氧氣參與。心臟會經由精良的血管系統，將富含氧氣的血液輸送到肌肉。微血管是最小的血管，通常附著在肌肉纖維周圍。透過馬拉松訓練，可增加微血管的密度，微血管密度越高，輸送氧氣的效率就越好。微血管還可以輸送能量、排除如二氧化碳等廢物。有效率的輸送與排除系統可穩定供給氧氣和能量，避免廢物在血管中快速堆積。藉由提供氧氣至個別肌肉纖維，可增加微血管密度，使有氧能量產生的速率提升。

高肝醣儲存量和良好的脂肪利用率

肝醣是碳水化合物儲存在體內的一種形式，而碳水化合物（也稱醣類）是跑馬拉松時主要使用的能量。確保肝醣儲存量足以支撐整場馬拉松有兩種方式：一、訓練身體能夠儲存大量肝醣；二、訓練身體在馬拉松配速跑下能節約肝醣消耗。

肌肉和肝臟中有充足的肝醣儲存量，能讓你在馬拉松一開始時能跑得很快，又不會耗盡碳水化合物。比賽期間，身體會以碳水化合物及脂肪作為能量來源，當肝醣不足時，會更仰賴使用脂肪作為能量，但因為脂肪代謝使用氧氣效率較低，整體跑速於是連帶降低。透過正確的訓練，你的肌肉與肝臟就能儲存更多的肝醣。在訓練中，可刻意於鍛鍊時盡可能用光肝醣，刺激身體進行調適以儲存更多的肝醣。（參見第 2 章「低醣訓練／高醣比賽的策略」）

由於身體能儲存的肝醣有限，如果在馬拉松比賽配速跑時，能充分使用脂肪作為能量來源將會是一大優勢。成功的馬拉松跑者就有這種能力，讓他們能節省肝醣，確保不用耗盡肝醣也能完賽。當你的肌肉訓練到在馬拉松比賽配速下更能仰賴脂肪，你的肝醣儲存量便不會消耗得那麼快。馬拉松所謂的「撞牆期」會一再推遲，甚至消失，尤其在比賽期間攝取碳水化合物的數量正確時。「牆」的概念，恰恰反映出不適當的準備、配速，以及賽前、賽中的碳水化合物攝取。本章後面將談及如何訓練以提升肝醣儲存及脂肪使用，第 2 章則會檢視你的飲食如何影響這些適應及表現。

優異的跑步經濟性

你的跑步經濟性決定了你在使用定量的氧氣下能跑多快。在使用一樣多氧氣的情況下，如果你能跑得比其他運動員更快，則可說你有較好的跑步經濟性。這個概念和汽車引擎的效能類似，在運用一樣多的汽油的情況下，如果一台車能跑得比較遠，那麼比起其他車，它的經濟性較高。

跑步經濟性也可以視為在固定速度下，需要使用多少氧氣。如果你和其他跑者的速度相同，所消耗的氧氣卻比較少，就代表你的跑步經濟性較佳。如果你知道一名跑者在乳酸閾值配速下需要的氧氣量，也就是該運動員的跑步經濟性，即能相當精準的預測出馬拉松表現。

跑步經濟性會隨著跑速不同而變化，且會因為疲勞而變差。因此，就馬拉松表現而言，重要的是你馬拉松比賽配速的跑步經濟性，以及減輕跑步經濟性隨比賽進行而下降的幅度。

每位跑者的跑步經濟性差異很大，在實驗室測驗菁英跑者的跑步經濟性時，彼特發現到不同運動員的差異超過 20%。顯然，馬拉松賽間能夠盡可能有效運用氧氣，就越有優勢。因為有氧系統所提供的能量，幾乎全用於支撐整場馬拉松，而氧氣的利用率是其生產速率的限制因子。

舉例來說，假設有兩位運動員的乳酸閾值同樣是54毫升／公斤／分鐘，皆以每 1.6 公里（每英里）5 分 55 秒速度跑馬拉松，乍看之下他們付出的努力應該差不多，其實不然。假設在該速度 A 跑者的需氧量是 51 毫升／公斤／分鐘，而 B 跑者是 57 毫升／公斤／分鐘，那麼 A 跑起來會比較得心應手，且能維持在每 1.6 公里 5 分 55 秒的速度，因為其需氧量低於乳酸閾值；而 B 則會持續累積乳酸鹽和氫離子，很快就無法保持速度。A 在產生能量過程中用掉較少的氧氣，所以在相同乳酸閾值下擁有較快的配速。

看來，決定跑步經濟性的主要因子有慢縮肌纖維和快縮肌纖維在肌肉中的比例、生物力學的綜合影響，以及訓練歷程。慢縮肌纖維的占比很重要，因為這樣會有較多的粒線體，且能更有效率的使用氧氣。成功馬拉松跑者跑得比較省力比較快，原因之一在於他們普遍擁有較多的慢縮肌纖維。訓練多年的老手通常也比新手有較好的跑步經濟性，這很可能是因為他們的快縮肌纖維逐漸適應，而具備更多本來是慢縮肌纖維才有的特質，肌肉纖維徵召也更有效率。

跑步經濟性和許多彼此互相作用的生物力學變項也有關聯，目前並沒有看到單一變項對跑步經濟性造成顯著影響。試圖改善生物力學會碰到一個問題，就是我們無法在不影響其他變項的情況下去改變單一特定變項。不過，調整某些生物力學可以提升跑步經濟性，包括最佳化你的垂直跳躍和步幅，以及強化肌肉和肌腱在落地瞬間儲存能量，並將動能釋回下一跨步的能力。

高最大攝氧量

成功馬拉松跑者有著很高的最大攝氧量，代表他們能攜帶更多的氧氣到肌肉中，使肌肉可以提取並使用大量的氧氣來產生能量。

和你想的一樣，跑者比起缺乏運動的人，通常都有較高的最大攝氧量。其中厲害跑者的最大攝氧量又會比跑速較慢的跑者更高。雖然成功的馬拉松跑者的最大攝氧量會有較高的傾向，但通常還是低於 5,000 公尺的菁英選手。女性的最大攝氧量往往比男性低了 10-15% 左右，因為女性天生的體內必須脂肪含量比男性高、血紅素則比男性低。

提升最高攝氧量主要和改善輸送氧氣至肌肉的能力有關，而輸送氧氣的能力受到四項因子影響：最大心率、心臟每次跳動輸出的最大血量、血液中血紅素的含量、輸送到運動肌群的血液量。我們將於第 2 章討論血紅素，輸送到運動肌群的血液量你無法改變，因此還剩下最大心率和心臟每次跳動輸出的最大血量。

你的最大心率由先天基因決定，換句話說，這無法透過訓練提升。成功馬拉松跑者的最大心率並沒有特別高，所以這不是決定成功的因素。

心臟每次跳動輸出的最大血量稱作心搏輸出量。如果你的左心室很大，它可以輸出較多的血量。血量可透過訓練提升，能讓更多的血將左心室填滿；如果你的左心室很強壯，它可以在每次收縮完全將血排出而不會有遺漏。心搏輸出量大最主要便是來自左心室充滿大量血液，且能在每次收縮將大部分血液打出去。透過正確的訓練將能提升心搏輸出量，實際上，這正是此訓練最主要的適應，提升最大攝氧量的根本原因。

迅速恢復

成功的馬拉松跑者能從訓練中快速恢復，這使他們能夠應付更大量、更頻繁的高強度訓練組。快速恢復的能力和基因、訓練計畫、年齡、生活型態如飲食及睡眠、訓練歷程有關。你人生中第 30 次跑馬拉松所需的恢復時間，大概會比你的初馬來得少。

每個跑者在一定時限內能接受的鍛鍊不盡相同。恢復跑及簡單的有氧交叉訓練是訓練中十分重要的一環，但必須謹慎以對。假如你的恢復跑或交叉訓練太嚴苛，會有訓練過度的風險，造成高強度訓練組的品質下降。這是長跑選手常犯的錯誤，尤其是馬拉松跑者，很多跑者並沒有將正規訓練跑和恢復跑區分開來。正規訓練跑的目的是為了提供一些額外的訓練刺激以增強體能；而恢復跑的目的則是幫助你自上一次高強度鍛鍊中恢復，讓你能為接下來的高強度鍛鍊做好準備。

恢復跑及低中強度交叉訓練可促進肌肉內的血液流動，修復受傷的肌肉細胞，排掉肌肉中的廢物並輸送營養。倘若你的恢復跑跑得太快，以至無力應付接下來的高強度訓練組，也得不到恢復跑的好處。此外，慢慢地跑恢復跑所動用的肝醣比較少，再做高強度訓練組才有更多的肝醣可使用。至於促進身體恢復的飲食方法，將在第 2 章討論，作為恢復輔助工具的交叉訓練會在第 3 章簡單介紹、第 4 章詳談，而其他增進恢復的策略方針，則將在第 3 章做深入的探討。

心理學及耐力

這章大部分內容處理的是直接決定你馬拉松成功與否的生理屬性。像乳酸閾值和跑步經濟性這類特性，可藉由測量得知；如果我們徵集十個讀者進行一系列實驗，就可從中獲取多數資訊來預測他們完賽的順序。

準確預測的最後一項因素在於跑者具備的心理韌性，也一如他們的生理潛力。每位跑者的生理屬性（如慢縮肌纖維的比例）都有很大差異，心理韌性也一樣。我們都知道中階跑者最出名的就是在比賽中自我鞭策，另一方面，關心馬拉松的人也多能舉出少數菁英跑者在比賽情況嚴峻時往往功虧一簣。幸好，只要累積經驗、盡心努力，你就能增強不畏艱難堅持不懈的能力。

不少研究顯示，儘管耐力選手和非運動員的疼痛閾值相近，耐力選手仍有較高的疼痛耐受度。也就是說，兩者的疼痛感受度差不多，但耐力選手更能承受疼痛。從日常面對壓迫的經驗來看，耐力選手懂得如何忍耐短暫不適以完成目標。這種特性難能可貴，尤其在面對一場艱難的路跑，或渴求像一般人一樣喘息幾天卻仍要接受一連串嚴酷訓練時，更不用提比賽當天了。

只要提升體能就可以增強心理韌性。有關久坐族群的研究發現，只需要適度運動 6 週，便能顯著提升疼痛耐受度。而馬拉松訓練的訓練量和強度都較多，提供了更多堅毅性的練習。

設立正確目標也有助於建構心理強度，這個目標具備挑戰性的同時也要合理，且對個人有意義。倘若你的目標對你而言有重大意義，你便能在想偷懶或放棄時，激勵自己堅持下去。

如何透過訓練改善關鍵生理屬性

討論完成功馬拉松所需的生理條件，我們接著來看看可以改善關鍵生理變項的訓練要素，以及各種訓練組要怎麼做最有成效。在這一節，我們會介紹如何提升乳酸閾值、儲存肝醣並利用脂肪的能力、馬拉松配速跑的跑步經濟性，以及最大攝氧量。我們也會討論特殊化訓練組。到第 2-3 章才會著重在從這樣目的導向的訓練中增強恢復能力的策略。

提升乳酸閾值

提升乳酸閾值最有效的方法，是照著你現有的乳酸閾值配速跑或每英里稍微快個幾秒，無論是連續跑（又稱節奏跑），或以乳酸閾值配速進行一組間歇長跑（巡航間歇跑或乳酸閾值間歇跑）都可以。鍛鍊地點可以選擇平坦路面、高低起伏的丘陵地還是上坡區，在一些訓練組中模擬比賽實際會遇到的地形，也很有幫助。

這些鍛鍊的強度要達到乳酸鹽剛開始在肌肉和血液中堆積的強度。訓練強度不足，提升乳酸閾值配速的刺激就會比較弱，如果訓練時的配速高於當前的乳酸閾值配速太多，乳酸鹽堆積會太迅速，你的訓練也持續不了太久，而強度過高的訓練也比較沒有成效。要訓練肌肉適應高強度運動而不堆積乳酸鹽，能以接近乳酸閾值配速跑持續越久，就越能產生更多具增強作用的刺激。

乳酸閾值訓練要是以接近你現在的配速持續跑 1 小時。這正是乳酸鹽剛開始在你的肌肉和血液裡堆積的強度。你可以節奏跑參加一些比較不重要的 6-10 公里路跑賽，但要小心不要被影響而拚過頭。記住，提升乳酸閾值的最佳訓練配速是你現有的乳酸閾值配速，而非越快越好。

一組提升乳酸閾值的典型訓練包含 15-20 分鐘暖身跑，接著 20-40 分鐘節奏跑和 15 分鐘緩和跑。儘管本書大多數的訓練計畫表都有一段 11 公里（7 英里）範圍的節奏跑，但本書的乳酸閾值鍛鍊主要由上述三部分組成。

針對馬拉松訓練的乳酸閾值間歇跑，我們建議以乳酸閾值配速跑 8-18 分鐘，重複 2-3 組，組間休息 2-4 分鐘。

對參加距離較短的跑者而言，節奏跑和乳酸閾值間歇跑都是很好的準備方式，不過對於馬拉松跑者，節奏跑會是更好的選擇。畢竟，馬拉松需要不停歇的跑上很長的距離，節奏跑兼具生理和心理上的優點，較接近馬拉松所需，而當你在節奏跑中狀況不佳時所滋長的心理韌性，也能在馬拉松裡派上用場。

你的乳酸閾值為何？

想要找出自己的乳酸閾值，最精準的方式是在跑道或運動生理實驗室中測量。在實驗室測乳酸閾值，方法是讓你每跑數分鐘，就逐步提高跑速，直到乳酸鹽堆積明顯增加。每一種速度跑幾分鐘之後，會用針扎手指採集血液樣本來分析，以測量不同速度下血液中的乳酸鹽濃度。典型的乳酸閾值檢驗包含六種強度跑，每種強度各跑 4-5 分鐘，並各花 1 分鐘採集血液樣本。藉由圖像化方式呈現不同跑速下的乳酸鹽濃度，生理學家可解讀出與乳酸閾值相符的配速及心率。然後就能運用這些資訊，使訓練效率最大化。

另一種方法是利用比賽時間來估算。還記得先前所述，乳酸閾值訓練須以接近你當前能持續跑 1 小時的配速進行。對於馬拉松比賽完賽時間在 2 小時 30 分鐘內的跑者，其乳酸閾值配速稍微比半馬比賽配速還快，而對馬拉松比賽完賽時間 3 小時的跑者，則相當於 15K 比賽的配速。對經驗豐富跑者可適用另一種估算方法，即以你的 10K 比賽配速每 1.6 公里慢個 10-15 秒。成功的馬拉松跑者通常以比乳酸閾值速度慢 2-3% 的配速來跑馬拉松。

至於心率，訓練有素跑者的乳酸閾值通常落在最大心率的 82-91%，或儲備心率的 76-88%（儲備心率 = 最大心率 - 安靜心率）。本章稍後將會教你如何判斷最大心率。

提升肝醣儲存量和脂肪利用率

儲存肝醣和利用脂肪產生能量的能力所使用的訓練方式是一樣的，透過單純的耐力訓練可以刺激身體去調適，並增加肌肉的微血管。對馬拉松跑者而言，主要的訓練方式是跑上至少 90 分鐘。另外，總訓練量多寡也有影響，所以針對能夠接受較大量訓練的跑者，會安排一天 2 次的鍛鍊並增加每週里程數。

長距離跑是馬拉松跑者不可或缺的訓練。對所有馬拉松跑者（包括菁英跑者在內）而言，馬拉松這麼長的距離是個艱困挑戰。要準備以強健的配速跑 42.2 公里的比賽，就是用穩健的配速跑長跑，來訓練身體和意志。長跑對心理也有益處。你的腿和身體在跑馬拉松時會面臨什麼情況，也可以藉由長跑來模擬。舉例來說，在比賽中跑到 37 公里時，你的大腿後側肌群變得僵緊，若有長跑訓練的經驗，你就會知道這時應該縮短步伐，專注在換腳的動作，然後繼續前進。甚至，你還能體驗到克服萬難也想繼續跑下去的渴望。在長跑訓練中，你會體驗到許多在跑馬拉松時會碰上的狀況（好壞都有）。

沒有任何科學證據能告訴你最佳的長跑訓練距離該有多長，但在長到足以刺激生理適應和保持不受傷之間，確實有清楚的取捨。如果你規律訓練跑超過 39 公里，你的確會變強，但也會變慢，因為你將無法在其他高強度的鍛鍊中維持一樣的鍛鍊品質，還會因為肌肉過於疲勞，無法吸收衝擊力，而增加受傷的風險。

根據經驗，穩定將長跑訓練的長度提升到 34-35 公里，可以幫助你提升到最佳狀態，同時保持健康。經驗豐富且受傷風險較低的馬拉松跑者可在準備訓練中納入一次 39 公里的長跑鍛鍊。

長距離跑不是為了累積時數所做的慢跑。長跑的適當配速要視訓練計畫的目標而有所不同。多數時候，最有利的訓練強度大約比你目標的馬拉松比賽配速慢 10-20%（少數的訓練仍須以馬拉松目標配速完成。本章稍後會說明原理為何）。如果你有使用心率監測器，你的長跑配速應該讓你的心率維持在最大心率的 75-84%，或是儲備心率的 66-78%。這樣可以確保訓練時的狀態及運動的肌群，與馬拉松配速跑時相同。想做好萬全準備，可試著在與實際比賽地形相似的場地進行訓練，先行練習比賽時會遇到的上下坡地形。

假使你的長跑比上述標準慢得多，那你還沒有做足跑馬拉松的準備。長距離慢跑不僅會強化你不良的跑步方式，也無法模擬馬拉松比賽的要求。但如果跑太快，你大概會因為身體過於疲勞，無法進行其他同等重要的訓練組，而犧牲掉實際比賽時的表現。因此，照著前述建議的訓練強度（比馬拉松目標配速慢個 10-20%）加以訓練即可。表 1-1 列出了適合各種跑者的長跑配速建議值。

表 1-1　簡易長跑配速建議

馬拉松目標配速	前期 （比目標配速慢 20%）	後期 （比目標配速慢 10%）
每 1 公里 3 分鐘 （180 秒）	每 1 公里 3 分鐘 36 秒 （216 秒）	每 1 公里 3 分鐘 18 秒 （198 秒）
每 1 公里 3 分鐘 30 秒 （210 秒）	每 1 公里 4 分鐘 12 秒 （252 秒）	每 1 公里 3 分鐘 51 秒 （231 秒）
每 1 公里 4 分鐘 （240 秒）	每 1 公里 4 分鐘 48 秒 （288 秒）	每 1 公里 4 分鐘 24 秒 （264 秒）
每 1 公里 4 分鐘 30 秒 （270 秒）	每 1 公里 5 分鐘 24 秒 （324 秒）	每 1 公里 4 分鐘 57 秒 （297 秒）
每 1 公里 5 分鐘 （300 秒）	每 1 公里 6 分鐘 （360 秒）	每 1 公里 5 分鐘 30 秒 （330 秒）
每 1 公里 5 分鐘 30 秒 （330 秒）	每 1 公里 6 分鐘 36 秒 （396 秒）	每 1 公里 6 分鐘 03 秒 （363 秒）
每 1 公里 6 分鐘 （360 秒）	每 1 公里 7 分鐘 12 秒 （432 秒）	每 1 公里 6 分鐘 36 秒 （396 秒）
每 1 公里 6 分鐘 30 秒 （390 秒）	每 1 公里 7 分鐘 48 秒 （468 秒）	每 1 公里 7 分鐘 09 秒 （429 秒）

　　一開始可以慢慢跑，但到了 8 公里時，你的配速最慢只能比馬拉松比賽配速慢 20%。接著逐步加快配速，到了最後 8 公里時，你的配速要縮減到比馬拉松比賽配速慢約 10%。至於心率，一開始保持建議強度範圍的底限，逐步提升力度，到了最後 8 公里時，心率應達到建議強度範圍的上限。這樣的鍛鍊效果最好，可以強而有力地刺激生理適應反應。由於這項鍛鍊有其難度，因此進行長跑訓練之前 1 天和之後 1-2 天，都應該排一個恢復日。

　　如果用這個強度範圍進行長跑訓練，跑 35 公里所需時間和跑馬拉松差不多。所跑的時間和理想的馬拉松完賽時間差不多，代表你可以在這段時間內保持穩健的配速，這也會帶來心理上的增強作用。

　　訓練計畫表中如果模擬賽隔天安排了長跑訓練，你就要用更輕鬆的配速去跑，因為此時你的身體疲累、肌肉僵硬，會更容易受傷。把長跑當作恢復跑，如果在跑步過程中，肌肉逐漸舒展開來，就可以加一點訓練刺激，將配速提升至比馬拉松比賽配速慢 15-20%。

　　你的訓練總量也可提升儲存肝醣及利用脂肪的能力，這會連帶加強一些其他的正面訓練適應，例如增加微血管。因此，多跑一些里程數確實獲益良多。世上頂尖的馬拉松跑者每週訓練 177-274 公里。

　　但也並非多多益善。受到你的生理條件、訓練歷程、傷病史、鞋子、跑步路面、飲食和各式各樣生活中的壓力來源影響，每個人能跑的里程數各有其極限。對新手而言，大多數人一週跑 241 公里大概就會累到一星期無法去上班了。想追求馬拉松的卓越表現，其考驗就在於找出自己能承受的里程數範圍。

　　增加里程數可以增進跑步表現，但是進步的幅度會越來越小，也就是說，你每週能跑的里程數從 113 公里提升至 145 公里所獲得的成長，不比先前從 80 公里提升至 113 公里時來得顯著，不過仍然有所幫助。

　　每個人能跑的里程數極限會隨著時間改變，五年前造成你脛骨骨折的里程數，可能對現在的你來說不一定成問題。你要好好檢查，找出你過去受傷的原因。很多跑者說：「我幾年前試過提高里程數，結果不只累還受傷。」於是他們從此不再嘗試，退回到他們覺得安全的里程數範圍。他們沒有想到經過這幾年，他們的體能可能提升、變得更有智慧，已經能夠應付更高的里程數，收穫伴隨而來的益處了。

提升跑步經濟性

影響馬拉松表現的一大關鍵，就是馬拉松比賽配速的跑步經濟性。跑步經濟性會因為身體疲累而變差，比賽中若能減輕變差的狀況，也就能全程保持住你的配速。在比賽後段，速度不掉太多聽起來似乎沒什麼，但幫助你保持目標配速抵達終點可是本書的主要目標之一。

雖然有一些證據顯示跑步經濟性可透過訓練改善，但沒有人能完全掌握個中的祕訣，更不用提如何在感到疲勞時還能維持經濟性的訓練方式。不過，研究發現跑步經濟性可透過下列方式改善，包括：舉重、生物回饋（biofeedback）、增強式訓練（plyometric training）、上坡訓練（hill training）、速度訓練（speed work）、減少垂直震幅、長距離間歇跑（long intervals）。

跑步新鮮人想要提升經濟性，最重要的是跑步的年資跟累積的里程數，而非進行哪些特定鍛鍊。進步的機制也許是來自你的快縮肌纖維，在經訓練後發展出更多慢縮肌纖維擁有的經濟性特徵。知名的跑步教練同時也是運動生理學家的 Jack Daniels，推薦提升跑步經濟性的方法為：阻力訓練（resistance training）、上坡訓練、快速間歇跑。這三種訓練方式可以減少多餘的動作，並訓練身體能徵召最有效的快慢肌肉纖維組合。

你的最大心率和儲備心率是多少？

　　整本書我們都分別規定了各類鍛鍊的強度，幫助你用最有效的方式準備馬拉松。心率監測器是協助你檢查訓練強度的實用好工具。比較在同樣速度下的跑步心率能顯示一段時間的體能狀況變化。藉由心率來監測訓練強度既簡單又可靠，也沒有需要特別注意的事項。

最大心率

　　跑步的強度可用最大心率或儲備心率百分比來表示。最大心率，就是你盡最大力氣跑步時心臟跳動最快的數值。有很多公式可以用來估算最大心率，其中最精確的是以 206 減去年齡的 0.7 倍（Robergs and Landwehr, 2002）。假設用這個公式計算，推測一個 43 歲跑者的最大心率約為 206 – (0.7×43) = 176。然而，每個人的身體狀況不同，實際的最大心率用此推估公式可能會有正負 10 下心跳的誤差。過於仰賴預估值會因此造成過度訓練或訓練不足，最好是進行實測來判定自己的實際最大心率。

　　高強度間歇訓練組中測得的最大心率相當準確。一個有效的鍛鍊首先要徹底暖身，接著在有適度陡坡處跑三次高強度的 600 公尺，每次結束後馬上慢跑折回。如果三次 600 公尺的過程都盡全力跑，在第三次結束時，你的心率應該和最大心率十分相近，差距最多在 2-3 下心跳。

儲備心率

　　用儲備心率來訂定訓練強度較為精確，因為它考量了你的最大心率及安靜心率。儲備心率即最大心率減去安靜心率，這反映出為了輸送更多氧氣給肌肉可以提升多少心率。安靜心率則是你一早醒來時的心率。舉例來說，史考特現在的最大心率是 188，他的安靜心率是 38，所以他的儲備心率即為 188-38，等於每分鐘 150 下。

　　若要用儲備心率來算出進行某項鍛鍊的理想心率，將儲備心率乘上該項鍛鍊的百分比，再加上安靜心率即可。舉例來說，史考特是個經驗豐富的跑者，假設他想進行強度為儲備心率 82-88% 的乳酸閾值鍛鍊，他的心跳便應維持在每分鐘最低 161 下（即儲備心率 150 × 0.82 + 安靜心率 38）、最高 170 下（即 150 × 0.88 + 38）之間。若使用最大心率，同樣強度的訓練百分比為最大心率的 86-91%，計算結果則在每分鐘最低 162 下（即 188 × 0.86）、最高 171 下（即 188 × 0.91）之間。

本章及第 8 章使用到的預設訓練強度整理在下方表 1-2，此強度範圍適用於多數有經驗的馬拉松跑者，經驗較少的跑者可使用建議範圍的下限值，而菁英跑者則可使用上限值。

表 1-2　標準馬拉松訓練跑的心率強度

	最大心率（%）	儲備心率（%）
最大攝氧量跑（5K 配速）	93-95	91-94
乳酸閾值跑	82-91	76-88
馬拉松配速跑	82-88	76-84
中／長跑	75-84	66-78
一般有氧跑	72-81	62-75
恢復跑	<76	<68

將心率飄移納入考量

在乳酸閾值訓練或長跑時，儘管你的配速保持固定，你的心率往往還是會每分鐘增加一點。在氣溫較高的日子裡，由於水分流失，加上身體要運輸更多血液到皮膚血管以加速散熱，你的心率會增加更多。這個現象在第 2 章會更深入討論，這意味著進行乳酸閾值訓練或長跑時，應從指定強度範圍的下限值開始，讓心率在鍛鍊過程中慢慢提升至上限值。

在氣溫約攝氏 20 幾度的低濕度天氣裡，心率範圍應整體增加每分鐘 6 下，才能獲得相同於氣溫較低時的訓練成效。在氣溫約攝氏 20 幾度的高濕度天氣，或氣溫約攝氏 30 度左右的低濕度天氣，則增加每分鐘 12 下。當氣溫在攝氏 30 度左右且濕度又高的時候，就調整你的訓練計畫吧，放輕鬆、別太拼命了。

而最值得馬拉松跑者投入的方法大概有四種：避免受傷並持續累積里程數、阻力訓練、上坡訓練，以及用快速而輕鬆的配速去跑 80-120 公尺的短程重複跑。

阻力訓練包括舉重訓練和增強式訓練（爆發力訓練），兩者皆可改善長跑選手的跑步經濟性（Saunders et al. 2004; Larisova 2014; Rønnestad and Mujika 2014）。阻力訓練可改善核心力量，讓你在跑馬拉松時，能維持良好的跑步姿勢久一些。阻力訓練練得正確，可以改善肌肉與肌腱僵硬，以及如彈簧般將儲存的彈性位能釋放出來的伸展縮短循環（簡單來說，就是肌肉在著地時將能量儲存起來，並於邁出下一步時釋放）。我們會在第 4 章深入探討阻力訓練。

上坡跑比在平地跑還困難，因為需要克服重力的阻力，所以也算是阻力訓練的一種，只是更針對跑步的力學。根據一項針對上坡訓練進行的綜合研究發現，10-12 秒的短程上坡重複跑在提升跑步經濟性上有最大成效（Barnes et al. 2013）。這和前述提到的阻力訓練、肌肉纖維徵召和釋放彈性位能的伸展縮短循環等研究發現相符合。

以快速而輕鬆的姿勢（步伐）進行重複跑可以訓練肌肉減少不必要的動作，並在高速狀態下仍能保持良好協調。改善了跑步姿勢，腿部及軀幹就能獲得更多力量，也連帶提升跑步經濟性。由於重複跑的間隔短，中間也有充足的休息，鍛鍊過程中不會累積太多乳酸鹽，所以不會影響到其他專門練馬拉松的鍛鍊項目。

典型的加速跑訓練為一組 10 次 100 公尺的重複跑，前 70 公尺全力衝刺，最後 30 公尺漂浮恢復。每次加速跑之間保持放鬆很重要，避免握緊拳頭、聳肩、繃緊脖子等等動作。專注在維持良好姿勢，每次加速跑分別專注一個面向即可，如手臂放鬆，或髖部徹底展開。

這些訓練並不是為了要改善心血管系統，所以不必在衝刺間安排短暫的靜止休息。典型的休息方式是在每次重複跑之間慢跑或行走 100-200 公尺，這就足以提供完整的恢復。每一次重複跑最重要的考量，就是維持良好的跑步姿勢，並專注在全力加速上。

在最小的身體損傷風險下，增加訓練里程數

雖然跑步在多數方面沒有什麼萬無一失的保證方法，但以下準則還是可以幫你在不受傷或過度訓練的情況下，增加你能跑的里程數。

積少成多、量力而為。幾年下來，你的里程數就能增加兩、三倍，若一口氣提升太多往往會造成傷害或操勞過度。遺憾的是，也沒有科學證據指出一段時間內增加多少才屬安全範圍。有一個常用但並無經過驗證的經驗法則是每週增加最多 10% 的里程數。而 Jack Daniels（2014）則建議，每週進行訓練時，每組訓練的增加幅度以 1.6 公里為限。舉例來說，如果你一週跑六次，你當週訓練的里程數最多增加 10 公里。

漸進提升。剛邁入新階段時，不要急著一週接著一週往上增加里程數，很可能會受傷。建議以一週時間先將里程數提升上來，接下來的數週維持相同的里程數，再安排下一次的增加。

避免同時進行加速訓練。不要在包含高強度速度跑的訓練階段增加里程數。高速間歇跑已帶給身體很大的負擔，再增加里程數將帶來更多的壓力。盡量排在基礎訓練時進行，避開間歇跑訓練階段。

降低訓練強度。稍微降低整體訓練強度也有幫助。藉由降低強度，可以在不增加訓練壓力的同時，增加訓練量。你可以稍後再調回原先的強度，直到下次要增加里程數。

視路況不同作調整。進行里程數訓練時，選擇較軟的路面來減少對身體累積的衝擊尤其重要，並留意要穿著符合需求且鞋況良好的跑步用鞋。

別把自己逼太緊。不要把里程數當成最終目標。一味追高里程數會帶來慢性過勞和倦怠的問題。你的訓練應著重在目標比賽，如馬拉松比賽或路跑。完成目標比賽之後，先讓身體好好休息，再展開下一目標的里程數訓練。

彼特的進步

　　我維持過的最高里程數紀錄是在 1984 年奧運馬拉松選拔賽前。一同參賽的有 Alberto Salazar、Greg Meyer、Tony Sandoval 和 Bill Rodgers，對於進入奧運代表隊勢在必得。我先前的訓練最高一週跑 201 公里，當時我以為那就是我身體的極限。

　　選拔賽辦在五月。一、二月時的 8 週，我平均每週跑 230 公里，其中有一週跑比較多，有 245 公里，有一週比較少，只有 220 公里。多數以輕鬆的配速在跑（每公里 3:31-3:50），我只是在做基本訓練，不需要太多速度上的鍛鍊。

　　到了選拔賽前兩個月，我把里程數減到每週 161-193 公里，這時練習全程雙腿都十分強而有力。適應了較大的訓練量，我可以進行高品質的間歇跑和節奏跑，同時還能每週跑超過 161 公里。現在那些里程數對我而言高得驚人，毫無疑問，當初能大幅進步並贏得 1984 年選拔賽，都要歸功於一、二月的高里程數訓練。

　　除了生理上的幫助，高里程數訓練對心理也有正面效益。個人紀錄 2 小時 10 分的馬拉松跑者 Garry Bjorklund 曾告訴我，他每週訓練會跑 257 公里，我問他跑那麼多是否必要，他回答說：「每次馬拉松賽前並不一定都要這麼做，但你至少要完成一次，明白自己做得到。」

──彼特・費辛格

提升最大攝氧量

要提升最大攝氧量，最有效的跑步強度是以當前攝氧量的 95-100% 去跑（Daniels 2014；Midgley et al. 2007）。訓練有素的跑者可用最大攝氧量配速跑約 8 分鐘，而最大攝氧量的 95-100% 則相當於當前狀態的 3,000-5,000 公尺比賽配速。馬拉松準備期間，以 5,000 公尺比賽配速進行間歇訓練可獲得較強的刺激，而以 3,000 公尺比賽配速進行訓練則可減少一些恢復的需求。這也接近於最大心率 93-95% 或儲備心率 91-94% 的訓練強度。確保你用的 5K 配速是精準測量的結果，也就是在最佳的狀態下所測，而非大熱天下在崎嶇路面跑。在此配速或強度的間歇跑是提升最大攝氧量最佳策略的一環。

最大攝氧量可以藉由刺激來提升，方式為累積鍛鍊時處於最佳強度的時間，而這就牽涉到要如何規劃理想的最大攝氧量訓練組。假設 6,000 公尺間歇跑有兩種鍛鍊方式，一種是 15 次 400 公尺重複跑，另一種是 5 次 1,200 公尺重複跑。400 公尺的鍛鍊方式，每次約有 45 秒處於最佳訓練強度，15 次總共可累積 11 分鐘。每次間歇跑的距離越長，處於最佳強度的時間自然也會比較長。1,200 公尺的鍛鍊方式，每次則約有 3-4 分鐘處於最佳強度，5 次總共可累積 15-20 分鐘，產生的刺激就比較強。

對馬拉松跑者來說，每次間歇跑最理想的持續時間大約在 2-6 分鐘。在這個時間範圍內的間歇跑一方面夠長久，可以充分累積處於 95-100% 最大攝氧量狀態的時間，另一方面又夠短暫，使你在鍛鍊全程都能維持住最佳強度。馬拉松跑者的間歇跑距離一般在 800-1,600 公尺之間。而在某些另有重心的週次，例如當週有模擬賽的時候，本書中提供的一些訓練計畫表會包含一些 600 公尺重複跑的鍛鍊。

不過，2000 公尺重複跑並未納入本書的訓練計畫表中。雖然這個距離在提升最大攝氧量上可提供強力刺激，但除了佼佼者外，多數人需花超過 6 分鐘才能完成。如果你要準備 5K 或 10K，最大攝氧量確實是成功關鍵，這樣的時間自然不成問題。但對馬拉松跑者而言，精力用於鍛鍊耐力才是上策，而不是花費在提升最大攝氧量，因為這種鍛鍊往往需要較多的恢復日。

對於馬拉松跑者，最大攝氧量間歇跑訓練組的總量應為 5,000-10,000 公尺，其中 6,000 -8,000 公尺的鍛鍊占大多數。而無論哪一種間歇跑組合，只要每次重複跑的長度在 800-1,600 公尺，都能有很好的鍛鍊效果。距離較長的間歇跑（如 1,200 公尺或 1,600 公尺）困難度較高，考驗生理與心理，但你不該逃避。要鍛鍊最大攝氧量，可以選擇在跑道上或任何有把握可以跑得快的場地進行訓練。如果要為上坡路線居多的馬拉松賽準備，可選擇上坡地形來練間歇跑，特別有幫助。上坡鍛鍊時的配速遠不及 5,000 公尺的比賽配速，但你的心率和自覺的努力程度，應該和你跑在平坦路面時相同。

每次間歇跑之間要休息多少才好並沒有定論。學界有一派說法是將休息時間最小化，如此一來，你的代謝率在鍛鍊全程都能維持很高的狀態，這個策略大幅增加了鍛鍊的困難度，立意良好，但也容易撐不下去以致鍛鍊不足。另有一派說法，是在間隔的恢復期間使你的心率降低至 70% 最大心率或 60% 儲備心率。

另一種比較簡單的方法是取間歇跑的 50-90% 時間來作為恢復時間。舉例來說，假設你跑一次 1,000 公尺花 3 分鐘 20 秒，每次間隔期間便是慢跑 1 分 40 秒至 3 分鐘。而上坡鍛鍊的恢復時間則要比下坡返回時長一些。

在本書的訓練計畫表中，最大攝氧量訓練組會著重在重複跑，並使你可以在累積和節制時間上取得平衡，既可獲得強大的鍛鍊刺激，同時也能保有活力應付其他重要的鍛鍊。

不要在最大攝氧量鍛鍊就把自己榨乾

馬拉松跑者時常在訓練時犯的錯誤有兩個，一是間歇跑速度太快，二是太頻繁。我們來看看為什麼你必須避免這些錯誤。

間歇跑速度太快

馬拉松跑者常犯的一個錯誤就是速度訓練做得太努力。努力跑間歇跑就會進步的想法很吸引人也頗有道理，但這並不正確。間歇跑速度如果超過最佳強度範圍，會有兩個後果，一是肌肉會累積大量乳酸鹽及氫離子，二是會導致要累積的鍛鍊時間縮減，這兩者對馬拉松跑者而言，都是反效果。

馬拉松是有氧活動。你在馬拉松中使用的能量有 99% 以上都由有氧系統供給。用稍微低於乳酸閾值的速度跑馬拉松，你幾乎不會在肌肉和血液中累積乳酸鹽。事實上，在馬拉松完賽以後測量乳酸含量，結果只比休息時多一些。

所以，馬拉松跑者並不需要做那些帶來大量乳酸鹽堆積的訓練，比方以 1,500 公尺配速或更快的速度跑間歇跑，這會產生大量乳酸鹽，也會加強身體以無氧的醣酵解系統產生能量，和緩解乳酸鹽堆積不適的能力，這些適應都和馬拉松無關。以高於 3,000-5,000 公尺的配速進行間歇跑，對於提升最大攝氧量也沒有太大的刺激作用。

最大攝氧量訓練太頻繁

另一個常犯的錯誤是在訓練計畫中安排太多最大攝氧量訓練。馬拉松最重要的適應力是耐力高、乳酸閾值配速快，以及能在肌肉和肝臟儲存大量肝醣。

對馬拉松跑者而言，最大攝氧量訓練絕非首要的考量。間歇跑在生理和心理上的負擔都很大，同樣的精力可以在其他針對馬拉松的訓練上運用得更好。最大攝氧量訓練固然重要，但應該謹慎適度地安排。

整合訓練：以馬拉松比賽配速進行訓練

你的馬拉松目標是能夠維持目標速度跑 42.2 公里。這個任務的生理條件需要高乳酸閾值、優異的肝醣儲存與燃燒脂肪能力等。目前為止，我們所討論的訓練方式都著重在提升單一特定生理屬性，而接下來我們要盡可能具體地討論一種能整合多項生理屬性的訓練方式。

以馬拉松比賽配速進行長跑訓練，就是讓你直接針對比賽作好準備。訓練上有個特殊性原則，即為比賽作準備最有效的方式就是模擬實際比賽，而最接近馬拉松比賽的方式當然就是以馬拉松配速來跑 42.2 公里。不幸地（或許該說是慶幸），以馬拉松配速跑長跑對身體負擔很大。以馬拉松配速跑太多，所需的恢復時間也會太長，抵銷掉你辛苦跑到的效益。同樣地，太頻繁以馬拉松配速跑長跑，將大幅提升受傷或過度訓練導致失敗的可能性。

本書的訓練計畫中，安排以目標馬拉松比賽配速跑 13-23 公里最多四次，這些就是你要做的馬拉松專屬訓練。目的是給身體施加近似馬拉松比賽的壓力，同時節制壓力的持續時間，如此就能將恢復時間掌握在幾天內。每次訓練時，一開始的前幾公里先暖身，剩下的路段以馬拉松比賽配速完成。這樣訓練除了帶來生理和心理上的好處，也是練習在比賽配速下喝水和吃能量果膠的好機會。

該在什麼樣的場地練跑？最理想的是參加符合距離的比賽，因為場地經過測量，也有足夠的救護站和其他一起競賽的跑者。不過，如同在比賽中進行節奏跑一樣，要自我節制，跑到當天的訓練目標就好，不要衝過頭。

由於可以在跑道上清楚分段並頻繁補充水分，跑道也就成為馬拉松配速鍛鍊的理想場地。但別忘了鍛鍊的目的是盡可能模擬馬拉松比賽的狀況，所以你該選擇的是路跑，而非重複不斷繞著 400 公尺橢圓跑道。了解你要比賽的場地地形，並試著在馬拉松配速跑時仿造這樣的地形來訓練。許多跑者在準備場地較奇特的比賽（如波士頓馬拉松）會這麼做，不過這個原則同樣適用於其他類型的馬拉松。平坦寬廣的場地（如芝加哥馬拉松）也會帶來傷害，因為你的腿部肌肉從頭到尾都重複一樣的動作。

至少要有一次是穿著馬拉松比賽鞋進行鍛鍊，即使你打算穿平底跑鞋參賽，都至少要穿著比賽當天準備穿的鞋子一次跑上 24 公里左右，才能了解這雙鞋在你感到疲勞時是否提供足夠支撐、會不會讓你起水泡。

建構你的訓練計畫：週期化訓練

我們已經討論了各類型的訓練，下一步就可以來規劃完整的訓練計畫。為了在馬拉松比賽當天以最佳狀態上場，你必須作足準備。以達到理想終極目標為目的，系統性地建構訓練方式，稱為週期化訓練。規劃上會面臨的挑戰，在於決定高強度訓練組的比重、訓練項目和訓練時機。

有一種實用的方式是把訓練分成時間漸短的區段：大週期（數個月）、中週期（數週）和小週期（單週）。各類運動廣泛使用這樣的概念，尤其是田徑運動。本書中，我們將改用比較口語化的方式替代科學術語，以「完整馬拉松訓練計畫」代表大週期、「訓練區段」代表中週期、「訓練週」代表小週期。

馬拉松跑者的「完整馬拉松訓練計畫」涵蓋比賽前的準備期、比賽日及賽後恢復，通常為期 3-5 個月。完整馬拉松訓練計畫下，可區分成一節節的「訓練區段」，每個區段各有一、兩個特定的訓練目標，通常是 4-8 週。舉例來說，準備馬拉松的第一個訓練區段幾乎都著重在提升訓練量及長跑距離，為期至少 4 週。隨著比賽將至，訓練重心也會變動，訓練重心變動也代表著進入新的訓練區段。而區段之下的每一「訓練週」則有各自一套高強度鍛鍊及恢復的安排。

假設一位跑者的年度訓練計畫鎖定在一年兩次的馬拉松比賽，這位跑者在一場比賽之前，大概會花 12-18 週訓練，賽後幾週待身體恢復後，才開始投入下一場比賽的訓練。

現在，我們來了解準備期間的訓練目標。普遍來說，完整馬拉松訓練計畫會分成五個訓練區段（見表 1-3）。第一個區段的訓練重點放在提升里程數及長跑能力，以增強耐力，這通常是整個計畫中為期最久的訓練區段。第二個區段會著重在提升乳酸閾值，次要目標則是持續提升耐力。第三個區段則專注在比賽準備上，並會安排模擬賽。第四區段會有 3 週的賽前減量及馬拉松比賽。最後一個區段則為賽後恢復期，長達數週。

　　各訓練週通常有 3 組高強度訓練，這是多數長跑選手能良性負荷的最大極限，只有少數跑者能掌握一週 4 組高強度訓練，而有些只能做到兩組。由於你可以選擇的高強度訓練組至少有五大類，如何為自己建構最佳的訓練計畫就需要花不少心思。本書的訓練計畫表多數由 4 個訓練區段組成，其中每週大多會安排 3 組高強度訓練。

表 1-3　典型的完整馬拉松訓練計畫

訓練區段	主要目標
1	提升里程數及長跑能力以改善耐力
2	提升乳酸閾值
3	比賽準備
4	賽前減量及比賽
5	賽後恢復

模擬賽

　　訓練提供了多種刺激，讓身體適應馬拉松，進而提升表現。透過設立並完成具挑戰性的訓練目標，訓練也能為你帶來自信。然而，訓練並不是成功馬拉松的一切，另一項不可或缺的元素就是完成比賽。

　　模擬賽是衡量自身體能的重要指標，也能讓你在心理上對比賽的嚴酷有所準備。因為沒有勝負，即使是最困難的鍛鍊，心理壓力也完全比不上比賽，畢竟在比賽中和其他跑者一起競爭，勝負只有一線之隔。再者，比賽中不論今天心情如何，你就是得完成比賽，可是在鍛鍊時如果狀況不好，你永遠可以及早喊停，也不會傷到自尊。馬拉松比賽使人必須豁出一切的特性，讓堅持不懈成為跑一場成功馬拉松的必備條件。如果跑者在目標比賽之前沒跑過模擬賽，會比較容易在比賽前感到焦慮。

科技與比賽

實惠的 GPS 手錶盛行，是近年來跑步界一項重大科技變遷。這些工具很實用，但前提是你能妥善利用，而不是反受限制。可以精準掌握自己所跑的距離和速度等數據十分有幫助，特別是最後幾公里以馬拉松配速作結的長跑鍛鍊，或在未經測量距離但和比賽場地十分相近的路線進行節奏跑時。很多時候，由於我們一再強調注意，結果讓相關數據變得過於重要。舉例來說，對於慢沒有好處的想法已根深柢固，而在恢復期間也強迫自己達到一定的配速，結果適得其反。我們將在第 3 章進一步討論數據的利用。

即使必須在一定距離要達到一定的配速，也要留意：多數跑者的 GPS 手錶並不是完全準確。雲量、風向等等因子都可能影響裝置的測量。試著不要太過計較一英里內的幾秒之差，多數時候可能只是裝置誤差。

對於上網分享自己的跑步數據這件事，保持客觀態度也很重要。如果這會使你更有動力，或能得到他人的支持能幫你提振精神，那就儘管發布你的動態。但是，永遠記得馬拉松才是你的真正目標，而非在線上和別人的鍛鍊紀錄一較高下。有一款 GPS 手錶的廣告鼓勵跑者「戰勝昨日」，誇大地說，那樣的思維是要你和你的訓練競爭。大可不必如此，我們寧願你在馬拉松比賽場上全力以赴就好。

模擬賽可達到三個目的。第一，能讓你練習賽前例行事項，包括飲食及暖身。第二，能讓你了解目前的體能，降低對準備的不踏實感受。第三，讓你體驗比賽的緊張，可降低正式比賽前的焦慮。當你跑到極限，覺得疲憊不堪，懷疑自己是否能撐完全程，前方卻仍有 16 公里要跑，模擬賽能讓你用較短距離來經歷正式比賽會有的過程。儘管終極試煉（正式比賽）會更殘酷，但從距離較短的模擬賽中獲得比賽經驗是無價的。

我們所說的模擬賽，指的是你要竭盡全力跑，像你預計要在正式比賽時用的節奏跑或馬拉松配速跑，而不是有所保留。模擬賽距離可長可短，8-25K 是可接受範圍，視個人訓練目的來決定，5K 以下的比賽對馬拉松比賽較無顯著幫助，30K 以上會需要太多時間恢復，也不推薦。

模擬賽的距離分成兩種。第一種，15-25K 的比賽須花至少 6 天讓身體恢復，因此你必須有策略地排進訓練計畫中。這種比賽對生、心理層面都有極大幫助，因此可為這些比賽準備 4-6 天的賽前微減量。不要超過 6 天，因為模擬賽並非你的主要目標，你仍須持續為馬拉松比賽準備。實際上，15-25K 的模擬賽就代表一個為期至少 11 天的訓練區段，包括 4-6 天的賽前減量、比賽本身，以及至少 6 天的賽後恢復，才開始下一組訓練。

另一種是 8-12K 的比賽。比起距離 15K 以上的比賽，這種模擬賽稍微輕鬆一些，不需要那麼長的賽前減量及賽後恢復。你可以用兩種方式來跑，一種是視為正規訓練的一環，在疲勞狀態下將僅存的精力毫無保留地投入模擬賽。這不僅為你提供了絕佳的訓練刺激，也是個心理考驗，砥礪你更加堅強面對馬拉松比賽。然而，在疲勞時比賽會有個危險，使你誤以為該次的完賽時間及狀況就是你當前的體能水準。比如你 10K 的比賽通常以 32 分鐘完賽，模擬賽卻跑了 33 分 10 秒，你可能會以為這代表你的身體狀況尚不如預期，進而開始加強訓練或感到挫折。檢視結果時，記得要考量到跑步時的情境脈絡。

表 1-4　高強度鍛鍊和模擬賽之間的平衡

訓練類型	模擬賽前間隔的最低天數
最大攝氧量間歇跑	5
節奏跑	4
長跑	4

　　另一種跑法是加入一些小型賽前減量及恢復日。如果你想藉由這個模擬賽來評估體能程度或提升自信，這種方式比較適合。表 1-4 是模擬賽前安排高強度鍛鍊的最後時間點，以免你拖著疲憊不堪的身體上場比賽。雖然在這週的模擬賽中你無法看到該鍛鍊後的進展，但應該足以讓你從鍛鍊中恢復，而不會影響到模擬賽表現。

　　節奏跑是最容易恢復身體的訓練，因為鍛鍊造成的疲勞並不像其他高強度訓練來得強烈，但模擬賽前留 4 天算是合理。至於長跑，雖然肝醣儲存的補充通常只需要 48 小時，但長跑訓練後至少要 4 個恢復日才能在模擬賽中發揮實力。間歇鍛鍊對身體的負荷最大，需要最長的恢復時間。

　　現在，你已經了解跑一場好的馬拉松所需的生理特性，以及如何透過訓練加以改善。不過，比任何一種流行的跑步距離都更重要的是，馬拉松的成功之道並不僅止於如何鍛鍊身體，如何滋養身體也同樣重要。攝取適當的營養對於訓練和比賽都有決定性影響，我們將在下一章逐一討論。

第 2 章
營養和水分補給
Nutrition and Hydration

　　本章會討論兩個在馬拉松的準備和競賽裡至關重要卻常遭誤解的要素：營養和水分補給。這兩件事之所以重要，在於使你在馬拉松中的最後幾公里慢下來的罪魁禍首，就是耗盡肝醣和脫水。了解訓練過程和比賽階段中營養所扮演的角色，你就有對策來最佳化自己的表現。

　　在這個章節，我們會討論水分補給的影響，要如何避免脫水過度，醣類與脂肪在耐力型運動中如何作為主要能量來源，如何避免耗盡肝醣，蛋白質對耐力運動員有何作用，維持正常鐵質含量的需要，以及在馬拉松競賽中營養方面的其他考量。請務必了解本章所提的資訊，這是準備馬拉松不可或缺的一環。

水分補給的角色

訓練和比賽時能保持體內水分充足，是成功馬拉松的重要關鍵。脫水過度會嚴重影響跑者的表現，也會拉長恢復時間才能投入下一次鍛鍊。血液和其他體液可以排掉體內的廢物，並帶來修復組織所需的養分，因此在跑步過後補充流失的液體，就能加速恢復。

讓我們來看看脫水的生理機制。當你流汗時，會有以下一連串的反應：
● 你的血容量會減少，所以，
● 回流到心臟的血液也變少，因此，
● 你的心臟每一下跳動所輸送的血量減少，最後，
● 隨著你持續流汗，能流動抵達運動肌肉的充氧血也越來越少。因此，
　來自有氧方式產生的能量變少，就只能降低配速跑步。

這些效應在炎熱的時候會加劇，因為人體因應炎熱天氣的主要降溫方式之一就是藉由輸送更多血液至皮膚來散熱。這個過程也意味著回流到心臟以待輸送至運動肌肉的血液也會變得更少。結果導致在固定配速下卻有更高的心率，而且天氣涼爽時的相同配速也無力維持。就另一角度來看，由於可供運送至皮膚的血量變少，流汗比率也會下降，所以脫水也會使身體無法維持體核溫度。如果在炎熱的時候勉強維持高配速，那麼隨著脫水逐漸嚴重，會越來越危險，最後可能導致熱衰竭。

在馬拉松過程中喝水的主要作用是減輕脫水的程度，使跑步表現不會受太大影響。訓練期間保持水分充足也很重要。脫水程度要多嚴重才會開始影響跑步表現，不僅因人而異，也取決於其他許多因素。美國運動醫學會（American College of Sports Medicine）建議，要避免脫水量超過自己體重的 2%（Thomas, Erdman, and Burke 2016）。多數時候身體的口渴機制會促使你去喝足夠的水，不過在炎熱天氣進行繁重訓練時，有計畫地補充水分是很有幫助的。這能使你在跑步前確保體內水分含量正常，在跑步過程中可能失去超過 2% 的水分時，及時攝取水分，在跑完後也能適度補水。

在炎熱環境中訓練的馬拉松跑者，有時候輕微脫水好幾天卻渾然不覺，

這會削弱訓練表現，也會增加跑者的自覺努力強度（perceived exertion），例如固定配速跑時感覺更吃力了。舉例來說，如果訓練計畫表中訂定星期二節奏跑，接著星期三中長跑，而你是在炎熱或濕熱的環境裡訓練，那麼節奏跑結束後加強補水對你會有幫助，因為這可以確保你體內水分含量正常，足以應付星期三的中長跑。同樣地，一天要受訓兩次的人（尤其在溫暖環境下）都應該在當天第二次跑步之前留意補充水分。有趣的是，冬天時雖然看似不明顯，但同樣需要補充因排汗流失的水分，因此也要多注意體內水分含量。

流汗比率的變化也因人而異，端視環境條件、跑步強度、對環境的適應程度和天生的排汗機能而有所不同。如果在溫暖天氣跑步，那麼每小時流失掉 1.4-1.8 公斤的水並不足為奇。以這個比率來看，只要跑上兩小時，你便會脫水 2.7-3.6 公斤左右。對於一位 64 公斤的跑者來說，這代表體內流失的水已超過體重的 4%，甚至近 6%，他的表現可能會下降好幾個百分比。影響會隨著跑步持續增加，這樣的跑者在前幾公里並不會有變慢的跡象，但他很可能會發現要維持配速變得吃力，然後就漸漸慢下來。那麼，究竟是為了有效增進體能在進行高強度訓練所產生的強烈刺激，或只是沒什麼作用的吃力之舉，就取決於能否克服脫水超過體重 2%。

比賽期間如何有計畫地補充水分，是成功馬拉松的關鍵

馬拉松和咖啡因

大多數跑者每天都會從咖啡、茶、能量飲料、可樂或巧克力中攝取到咖啡因。咖啡因在日常生活中相當常見，而且具有提升表現的功效，至少對某些人來說是如此。

許多研究都發現，攝取咖啡因能增強運動表現（Burke 2008; Gonçalves et al. 2017; Thomas, Erdman, and Burke 2016），但也有一些研究顯示咖啡因並無作用（Burke 2008）。這些研究結果之所以有出入，可能是因為研究設計的方式不同，但也可能與這些新發現有關：一個人的基因型（genotype，即生物個體的完整基因序列組合）之中，能影響咖啡因代謝的某個基因會決定咖啡因能否產生增強作用。（Guest et al. 2018）一個人若擁有可迅速代謝咖啡因的基因型，通常會增強表現，代謝速度中等的人則沒有顯著的增強表現，而代謝速度緩慢的人攝取咖啡因後，通常表現會變差。

有些研究發現，規律攝取咖啡因的人並不會獲得增強表現的效果（Bell and McLellan 2002; Burke 2008），所以有些運動員會在比賽前的一、兩週先戒斷咖啡因，比賽時再攝取咖啡因來提升增強效果。然而，更多新研究發現，即使對有攝取咖啡因習慣的人也會有作用，尤其是在賽前攝入比平日更多咖啡因的人（Gonçalves et al. 2017）。事實上，如果你習慣每天早上都喝杯咖啡，那麼咖啡因的戒斷作用可能會產生不利影響。

從實驗室裡跑步至衰竭的研究推斷，有快速代謝咖啡因基因型的人攝取咖啡因可能會增加 1-2% 效益，這大約是在 10 公里比賽中快上 20-45 秒，或馬拉松比賽中快上 1.5-4 分鐘。對馬拉松跑者而言，咖啡因最有用的功效是刺激中樞神經系統，以增加警覺力和專注力。有個有趣的證據顯示，刺激中樞神經系統會減弱跑者對努力的知覺，進而覺得維持固定配速更加容易。

較為恰當而謹慎的看法是，惟有經過認真且明智地進行訓練、實踐完善的飲食且著手改善其他影響表現的生活型態，才可以用上咖啡因。如果你其他方面都做得正確，也有對的基因型，那麼少量咖啡因可能會有一點效果。國際奧委會一份對高水準運動員飲食補充的共識聲明（Maughan et al. 2018）中審查過科學資料，建議在運動的前 1 小時攝取咖啡因，並以每公斤體重 3-6 毫克為標準，有益於增強表現。另外，建議使用各種能量果膠、運動飲料或其他有固定咖啡因含量的產品，這會比猜測自己杯中的咖啡含有多少咖啡因還來得可靠。

咖啡因潛在的副作用包括頭痛、暈眩、焦慮、緊張、腸胃不適及心悸。運動員對咖啡因的敏感度和耐受度因人而異，所以你得自己實驗看看。如果平常沒有規律地攝取，就可能會對上述副作用更為敏感。你的基因型或許也不會對咖啡因有正向反應。如果你正考慮為馬拉松比賽用上咖啡因，請在你距離最長的幾次跑步訓練中練習使用，看看你的身體會如何反應。

該喝多少水？

馬拉松跑者要在溫暖環境中訓練，首要考量就是避免過度脫水。在馬拉松的準備期間，該喝多少水才可以保持水分充足，與許多因素有關，包括熱度、濕度、體型、做多少訓練、對周邊環境的適應程度，以及排汗量。由於每個人的排汗率多寡可能差異很大，所以弄清楚自己的排汗量是普通還是大量，就能好好規劃自己的水分補給需求。

除了最底限的液體需求，在訓練和非訓練活動中所流失的液體也都要納入計算。跑步之前和之後都要測量體重，並依據減輕的重量來決定要喝多少液體，使體重回歸正常。要補足水分所喝的量通常是流失量的 1.5 倍，之所以要多出 0.5 倍，是因為喝進去的液體有些會迅速轉換成尿液。舉例來說，如果你在某段訓練跑中減輕了 1.4 公斤（3 磅），那麼在接著跑下去之前，就要喝進 2.1 公斤（4.5 磅）或 2.1 公升左右的液體。（飲料或食物中所含的鈉可以讓身體留住更多攝取的液體）

要使身體每一天的水分含量都保持正常，就要有一些補水計畫，尤其是要上班工作的人，一定要在工作區準備水壺。一整天都要有紀律地定時喝水，這是維持水合狀態最有效的方式。盡量不要等到訓練前不久才補充液體，如果你將這個過程匆匆帶過，你在鍛鍊時不是喝太快而腹脹，就是喝不夠而脫水。再次提醒，當你排汗量不大時，口渴機制是很好的指引，但如果在跑步前不久就已經口渴，你體內的水分含量可能就已經有些低了。

至於比賽期間該喝多少水，本章稍後的「馬拉松比賽當天的營養和水分補給」一節還會再提到。

該喝什麼？

一天之中不跑步的時間裡，你的主要飲品都該是水。很少人需要整天都喝運動或能量飲料。水和補充碳水化合物的含鈉飲料可以很有效地維持跑步途中的含水量。碳水化合物含量 6-8% 的補充飲品的優點在於能和水一樣被快速吸收，並能迅速提供有用的能量，而其中的碳水化合物對於一小時以上的鍛鍊也十分有幫助。碳水化合物濃度要多少才是恰到好處，這取決於你胃部的耐受性，以及訓練過程和馬拉松比賽期間的氣溫環境。涼爽的天氣下，你或許要飲用碳水化合物濃度 8% 的飲料；在溫暖的天氣下，由於液體比碳水化合物來得格外重要，喝到濃度 6% 的飲料即可。現在很多運動飲料都調配了多種碳水化合物（通常是葡萄糖與果糖的混合物）以增加腸道的吸收比率。運動飲料也至少要含鈉 46 毫克／每 100 毫升，以加強身體吸收葡萄糖與水分，並增強保水能力。

包括 2016 年奧運冠軍基普喬蓋（Eliud Kipchoge）在內的一些世界頂尖馬拉松跑者，儘管他們據稱與廠商並沒有代言合約，但現在都飲用一種高碳水化合物的瑞典飲品。該飲品有兩款不同濃度：一款每 500 毫升含有 40 克碳水化合物；另一款每 500 毫升含有 80 克（占飲料的 16%）。碳水化合物含量如此之高的飲品對跑者的作用向來令人存疑，如此高的濃度會延長胃的消化時間，並導致腹脹或其他腸胃問題。這家瑞典飲料品牌解決的方式是讓飲料到達胃部時，就立即轉化成容易擴散的水凝膠。目前有關這款飲品的科學佐證十分有限，但已有好幾項研究正在驗證了。或許這款飲品只能風行一時，但如果有更多證據顯示出好處，那麼，就跟所有新嘗試一樣，都要先在訓練期間試驗過這款飲品，再用於比賽上。

在炎熱天氣進行高里程數或高強度訓練都是一項生理挑戰，你的訓練計畫表都需要更有彈性些。懂得安排訓練，可以把炎熱天氣對你的衝擊減到最小。將補水視為每天跑步後的優先事項，就能使自己保持充沛水分，開啟每一次鍛鍊。每天都盡可能選擇對身體負擔最小的天候來跑步。在炎熱潮濕的天候下，可以一開始就放慢配速，不要等到身體不得不慢下來。

馬拉松和飲酒

酒精在許多跑者的飲食中都有一席之地，這對跑步表現究竟是好是壞？

酒精（乙醇）主要影響的是大腦。一兩杯酒能讓你釋放一時的緊張壓力，但一小段時間下來會加重脫水程度，並減緩補水速度。要如何達成平衡呢？馬拉松賽前一晚讓自己放鬆確實有益，但正如前述，在開賽之際最好避免發生脫水的情況。因此，馬拉松賽前一晚最好不要多於兩瓶啤酒或一杯葡萄酒，並且要額外補充液體，以彌補酒精造成的脫水作用。每多喝 30 毫升啤酒，就要多喝 30 毫升的水；而每喝 30 毫升的葡萄酒，就要多喝 89 毫升的水。這個標準同樣適用於要跑長跑的前一晚。

訓練或比賽之後，則要等到已經充分補足水分，才能小酌一點。如果仍處於脫水之際就飲酒，就會拉長恢復時間。酒精飲料向來和跑步脫不了關係。1983 年紐約馬拉松冠軍羅德‧狄克森（Rod Dixon）有句名言：「我就只想要喝啤酒和像隻動物般訓練。」每個跑者所能耐受的酒精量差異很大，要喝多少才算過量並無定論。誠實地自我檢視平日飲酒是否造成負面影響，像是睡眠品質變差，或清醒時腳步也不穩並且脫水。訓練或比賽當前時，還是別喝吧。

碳水化合物與馬拉松跑者

耐力運動中，能量的主要來源為碳水化合物和脂肪，但蛋白質也貢獻了一小部分。跑馬拉松時，碳水化合物是主要能量來源，其餘能量則大多來自脂肪。如果你想要以不錯的配速跑過 42.2 公里，能接受醣類食物最好，因為你大部分的日常訓練，尤其是比賽前最後幾天，碳水化合物都會是你飲食上的重要支柱。

　　即使是瘦削的跑者，體內還是儲備了大量脂肪形式的能量。一位 64 公斤（140 磅）體脂肪 6% 的跑者還是有約 3.8 公斤（8.4 磅）的脂肪。每公斤脂肪能供應約 7,700 大卡的能量，所以上述舉例的這個人便會有約 29,260 大卡脂肪形式的能量。

　　就提升馬拉松的速度上，有影響的是碳水化合物的儲存量，而非脂肪，而碳水化合物的儲存量十分有限。如果肝醣超補法做得好，可以累積約 2,000-2,500 大卡的肝醣（人體中碳水化合物的儲存形態）。

　　跑步時，身體會同時燃燒碳水化合物和脂肪。跑得越賣力，使用比例越高的是碳水化合物；跑得越慢，使用比例越高則是脂肪。行走時，你所燃燒的卡路里有超過半數都是從脂肪分解而來，當你的配速加快時，比例上使用脂肪會比較少，而使用碳水化合物會比較高。一場輕鬆的恢復跑可能有 60% 的能量來自碳水化合物，40% 來自脂肪，而一場馬拉松賽所使用的能量會有超過 75% 從分解碳水化合物而來。至於在馬拉松賽中慢跑的人，所使用的碳水化合物比例會再低一些。

　　碳水化合物是比脂肪更有效率的能量來源。同樣產生一大卡能量，分解脂肪所需的氧氣會多於分解碳水化合物。由於脂肪代謝產生有氧能量並不如碳水化合物代謝有效率，所以若你只靠燃燒脂肪來跑，就不可能跑得快。

　　人體用了幾種策略來避免耗盡碳水化合物的存量。其中一種是在碳水化合物存量變低時，使用相對多的脂肪。當你的肝醣存量低得很不樂觀，你就會經歷所謂的「撞牆」（hitting the wall 或 bonking）。肝醣耗盡的問題在於沒有預兆，所以發現時已經來不及。當你在比賽途中突然需要慢下來，元凶通常不是脫水（其影響是漸進而非突然產生），而是肝醣耗盡。

　　肝醣超補法可以避免肝醣耗盡的狀況，這個方法是透過操控飲食和訓練來增加肝醣存量。

藉由賽前減量和賽前 2-3 天的高醣飲食，可以提升馬拉松跑者比賽當天的肝醣存量，實際方法可參見本書第 9-13 章所建議的訓練計畫。

米飯、義大利麵、麵包、甘藷、鬆餅、貝果、馬鈴薯、玉米和葡萄乾都是很好的碳水化合物來源。實行肝醣超補法時，體重會增加，並且會稍微腹脹，因為身體每增加 1 克肝醣就會儲存 2.6 克的水。體重增加就代表你肝醣超補法做得不錯，而體內儲存的水分則可以幫助你避免在比賽途中脫水。

如果你的飲食如同一般跑者，也就是有 60% 熱量來自碳水化合物，那你的肌肉會儲存約 1,500-2,000 大卡肝醣。然而，如果使用肝醣超補法，你的肌肉就能儲存 2,000-2,500 大卡的肝醣。你每跑 1.6 公里會燃燒 90-140 大卡（視體重和代謝情況而定），其中超過 75% 熱量都由碳水化合物供應，如果你的肝醣超補得不錯，就會有剛好足量的肝醣應付馬拉松。

跑一般長跑之前，使用肝醣超補法也有效，這可以提供你大量能量來應付長距離跑，使跑步品質更加良好，進而提升你對馬拉松的自信心。不過，某些長跑採用減低肝醣含量的方式來刺激肝醣增加儲存，可能比較有幫助。這種稱為「低醣訓練／高醣比賽」（train low/race high）的策略，詳見下欄說明。

低醣訓練／高醣比賽的策略

第 1 章我們提到一種適應，就是耐力訓練可以提升儲存肝醣的能力。原理在於：在肝醣含量低時跑步，會刺激肝醣合酶（glycogen synthase）的活性，進而提升肝醣存量。最近的證據顯示，在某些訓練跑中去降低自己的肝醣存量，可能還會有其他好處，例如增加粒線體含量、好氧酵素活性，以及氧化脂肪的能力（Burke 2010; Stellingwerff 2013）。

數十年來，頂尖的長距離跑者都使用這種「低醣訓練策略」（雖然他們當時並不了解背後的科學原理），他們早上只吃少量或完全不攝取碳水化合物就進行長跑鍛鍊，而且一天跑兩次，並在第二次鍛鍊時，使身體稍微出現肝醣耗盡的情況。

實行低醣訓練策略最簡單的方式，是將長跑訓練安排在早上用餐之前（頂多只吃極少量的早餐），或在用餐完至少 6 小時之後。肝醣耗盡要達到什麼程度或頻率才足以刺激身體產生適應，目前為止還不得而知，不過如同所有的新嘗試，試驗這個方法一樣要謹慎為上，你才會有充沛能量應付其他大部分的訓練。另外，肝醣耗盡也有風險，不但訓練後恢復較慢，免疫系統也會降低。

每星期一、兩次嘗試減低（但非完全耗盡）肝醣存量，可以達成一種平衡，使你能從低醣訓練中獲得良好的適應，而不會影響自己對訓練的熱情。從中等強度的長跑開始，鍛鍊時不預先備足也不在跑步期間補充碳水化合物，並逐週增加跑步的長度或強度。如果每次在最後幾公里會感到比平常疲乏，這樣實行大致正確。假使在結束階段覺得筋疲力盡、需要數天恢復，那就代表做過頭了，必須從更短且較為輕鬆的跑步開始。

訓練期間，每天需要多少碳水化合物？

你每天所需的碳水化合物取決於你體重和訓練的多寡。如果平均每天訓練 1-1.5 小時，那每天每公斤體重就需要約相當於 5-7 克碳水化合物。如果平均每天訓練 1.5-2 小時，那每天每公斤體重就需要約 7-8.5 克碳水化合物。如果一天訓練超過 2 小時，那每天每公斤體重就需要至少 8 克碳水化合物。

舉例來說，如果小明體重 70 公斤，每週跑 129 公里，且平均每天訓練 80 分鐘，則小明每天約需要約 350-490 克碳水化合物。因為每克碳水化合物可以提供 4.1 大卡，所以小明每天來自碳水化合物的能量就是 1,400-2,000 大卡。

你需要無麩質飲食嗎？

多年以來，馬拉松跑者多認為麩質食物越多就越好，或多偏好如義大利麵、麵包、貝果、馬芬麵包等等食物。近來趨勢已經有所變化，一份針對耐力競賽運動員的調查（Lis et al. 2015）顯示，有 40% 的人不吃含有麩質的食物，這遠遠超過大家以為的麩質敏感確診人數比例。可以想見，你可能會遇到很多同領域的跑者說他們都盡量避開麩質食物。如同跑步的種種事物，對大部分人最好的答案是介於越多越好和完全不吃這兩個極端之間。

麩質是一種蛋白質，普遍存在於小麥、大麥和黑麥之中。在北美和歐洲，有 1% 的人有乳糜瀉，也就是一種經由食用麩質而對小腸造成破壞或發炎的自體免疫疾病。乳糜瀉若未經治療，可能導致營養吸收不良和一連串有礙健康的症狀（如腹瀉、腹脹、疲勞、骨質疏鬆等等），就更別提這會對馬拉松造成多大影響了。要治療乳糜瀉最好的方法，就是嚴格禁絕麩質食物。這種飲食對於高階馬拉松是可行的，許多成功跑者如個人成績在 2 小時 30 分以內的美國跑者史黛芬妮·布魯斯（Stephanie Bruce），都是極佳的證明。

若是麩質敏感或麩質不耐症，情況就有點棘手了。據估計，大約有 5% 的人對麩質都有某種程度的敏感或無法耐受的情況。這其中的某些症狀很類似乳糜瀉，包含疲勞、頭痛和腸胃不適。不過這種狀況目前並沒有可靠的檢測可證明與麩質有關，許多人有這些症狀也可能並非麩質所引起。舉例來說，腹脹可能就與食用過多纖維素有關，像全麥麵包這類含有大量麩質的食物同時也有豐富的纖維素。同樣地，一場如長距離節奏跑這樣充滿挑戰性的鍛鍊，就意味著血液不會流向胃部，以致不易消化麩質食物而感到腸胃不適。跑步完很久以後吃同樣的食物，可能就不會有上述症狀。

如果你沒有麩質敏感的狀況，可能會覺得無麩質飲食不會有什麼妨害。但這種飲食也未必有益處。一般來說，除非有特殊原因，不然營養師並不建議完全排除任何一種食物。如果你自覺可能有麩質敏感或不耐症，那就開始詳細記錄飲食、症狀和跑步表現，來看看自己是否可以判斷情勢。如果你認定自己可能屬於少部分會受麩質影響的人，請諮詢你的運動營養學家。

高脂低醣飲食法

在過去幾年來，關於耐力運動員的高脂低醣飲食法（HFLC，即 High-Fat / Low-carb，也稱 LCHF）深受討論。典型的 HFLC 飲食中，每日熱量有 50-75% 來自脂肪、20% 來自蛋白質，以及少於 50 克的碳水化合物，比較極端的版本又稱為生酮飲食（ketogenic diets 或 keto diets），因為這種飲食會增加酮症發生。這是身體在代謝大量脂肪時，分解出的脂肪酸轉換成酮類（ketones），使血液中的酮類明顯增加。許多超耐力運動員都已經採用 HFLC 飲食，也有越來越多的研究開始研究這類飲食的影響，包括脂肪代謝、減重、血脂含量，以及運動表現。

研究發現，即使運動員只進行一小段時間的生酮飲食，仍能提升脂肪氧化作用（Havemann et al. 2006）。追蹤較久的研究顯示，在較高的運動強度下，脂肪氧化的比例會增加。換言之，長期進行 HFLC 飲食的人，在高運動強度時會燃燒較多的脂肪（Volek et al. 2016）。理論上，這樣的適應對馬拉松十分有幫助，你就能以固定配速奔跑而不必燃燒太多肝醣，從而減低撞牆的風險。

而證據顯示，改用 HFLC 飲食對於膽固醇和三酸甘油脂的影響，會因為食用的脂肪種類不同而有各種變化。其中有一部分受試者會有體重減輕的現象（McSwiney et al. 2018; Urbain et al. 2017; Zinn et al. 2017），這可能是因為肝醣儲量變低和酮症的關係，使身體儲存的水分減少；有一些受試者則會逐漸保持較輕的體重。對於有第二型糖尿病或高血糖值的人，HFLC 飲食可以降低並穩定因為胰島素分泌不足所造成的高血糖問題。另一方面，也有證據顯示運動經濟性（也就是跑步經濟性）會因 HFLC 飲食而下降，這代表如果要保持固定速度，就會需要更多的氧氣（Impey et al. 2018）。相較於高醣飲食，HFLC 飲食是否能增進馬拉松的表現，現在則尚未有證據足以支持。

無論是研究或口耳相傳的證據都顯示，跑者在實行 HFLC 飲食的頭幾個星期會感到疲勞，耐力也會變差；不過，時間一長，疲勞的狀況會慢慢減輕，耐力也會逐漸回歸正常（Urbain et al. 2017; Zinn et al. 2017）。當研究發現 HFLC 飲食會使高強度運動的表現變差，可想而知若要進行間歇性鍛鍊（例如以 5 公里比賽配速重複跑 1,200 公尺），體能也會變弱（Urbain et al. 2017; Havemann et al. 2006）。像乳酸閾值鍛鍊（如節奏跑）這種強度的訓練，HFLC 飲食是否有幫助現在還不明確，但經過長期適應或許可行。

目前為止，仍沒有足夠依據可以讓我們推薦馬拉松跑者（尤其是追求極致表現的人）改用 HFLC 飲食。大多數證據都支持本章所提到的觀點：無論是馬拉松訓練或比賽，碳水化合物都應是主要能量來源。未來將會有更多證據可以來探討這個有趣的主題，但現在就要捨棄原本以碳水化合物作為主要能量的方式，還言之過早。

回補肝醣的訣竅

如果你採用典型跑者的高醣飲食，可能有足夠的肝醣帶你跑完 32-35 公里（20-22 英里）或是一輪高強度間歇鍛鍊。因此，經過一場長跑或長距離間歇運動，你的肝醣就會耗盡。肝醣存量要完全回補，通常需要 24-48 小時，所以當你連續進行兩次長時間或吃重的鍛鍊，會在第二次鍛鍊時耗盡體內所剩無幾的肝醣，損害了鍛鍊品質。多久可以進行一次高強度鍛鍊，取決於每次鍛鍊之間的恢復比率，若我們可以快速回補肝醣，恢復比率就會增加。

以下是一些可以增加恢復比率的策略：
● **不要拖**。剛結束運動的前兩小時，身體回補肝醣的速度較快，其中又以開頭半個小時最為迅速，所以在結束長跑或其他會耗盡肝醣的鍛鍊後，喝點碳水化合物飲料，或吃些容易消化的醣類食物。如果要加速肝醣的再合成作用，你可以在鍛鍊完的前半小時，每公斤體重攝取 1 克以內醣類，接下來的兩小時內，每公斤體重再攝取 2 克，並在完成訓練的三小時內吃一餐。
● **增加碳水化合物攝取**。在一次耗盡肝醣的鍛鍊過後 24 小時內，提升碳水化合物攝取量到每公斤體重至少 8 克。
● **在前幾小時內，食用高升糖或中升糖指數食物**。一種食物對血糖值的影響會決定其升糖指數的高低。升糖指數高的食物會大幅增加血

051

糖值；而低升糖指數食物的作用則較不明顯。在鍛鍊結束後的前幾小時內，如果你食用高升糖或中升糖指數食物，如運動飲料、能量棒、水果能量棒、馬鈴薯、年糕、麵包、貝果、葡萄乾、餅乾等等，你的肝醣就會回補得更加迅速。

●**同時補充一些蛋白質**。研究發現，同時攝取少量蛋白質（例如 15-20克），可以增加肝醣儲量，並且刺激蛋白質合成以修復肌肉。

Nancy Clark 所著的《Nancy Clark 運動營養指南》（*Nancy Clark's Sports Nutrition Guidebook*，禾楓書局出版）和 Suzanne Girard Eberle 的《耐力運動營養學》（*Endurance Sports Nutrition*）都是涵蓋豐富知識的資源，可供耐力運動員延伸閱讀。

蛋白質對馬拉松跑者的作用

傳統觀念認為，像舉重選手這類以肌力訓練為重的運動員，會需要許多額外的蛋白質來增肌，但耐力運動員對蛋白質的需求幾乎和一般上班族差不多。然而，過去幾年來的研究已經清楚證實，耐力運動員對蛋白質的需求也很高。身為馬拉松跑者，身體會需要蛋白質來修復受損的肌肉、製造紅血球來輸送氧氣至肌肉、製造肌肉內的粒線體來產生有氧能量、維持免疫系統強健，以及製造酵素與荷爾蒙來維持體內運作正常。

對於上班族而言，每天每公斤體重會需要 0.8-1.0 克蛋白質。耐力運動員由於在肌肉組織、紅血球、粒線體等方面的耗損更大，因此對蛋白質的需求也更高。目前有好幾種公式可以計算耐力運動員一天所需的蛋白質。美國運動醫學會之前所訂定的標準是每公斤體重每天需要 1.2-1.4 克蛋白質，但近來考量到運動員訓練的特殊情形和攝取蛋白質的時間點，標準範圍應該放寬（Thomas, Erdman, and Burke 2016）。在前述提過的《耐力運動營養學》中，運動營養師 Suzanne Girard Eberle 建議，耐力運動員每天每公斤體重需要 1.2-1.7 克蛋白質。使用此公式計算出不同體重的馬拉松選手每天所需的蛋白質分量，可見表 2-1。

雖然多數美國人攝取的蛋白質都超出需求，但馬拉松跑者卻不盡然如此，特別是嚴格限定特殊飲食的人。舉例來說，素食者要攝取到足量蛋白質，就需要一些特定的知識和規劃才能做到。

食用太多蛋白質對跑步表現也可能會有不良影響。假如你吃太多蛋白質，可能就無法攝取充足的碳水化合物，而因此使精力減少。於是你的身體便會藉由胺基酸去除胺基（amino groups）之後的產物：氧化碳骨架（carbon skeleton）來產生能量。這個過程會需要移除身體裡的廢物，將對你的腎臟造成負擔。

表 2-1　馬拉松跑者每日所需蛋白質

體重（磅）	體重（公斤）	所需蛋白質（克／日）
100	45	55-75
120	55	66-90
140	64	77-105
160	73	88-120
180	82	99-135
200	91	110-150

鐵質的重要性

鐵質對跑步表現極為重要。儘管如此，許多跑者還是沒有監控自己的鐵質含量。

鐵質是製造血紅素不可或缺的元素。氧氣要與紅血球細胞中的血紅素結合，才能隨著血液輸送到肌肉。如果你的血紅素濃度很低，那麼抵達肌肉的氧氣就會比較少，也就代表肌肉以有氧方式產生的能量會變少。結果是你的最大攝氧量和乳酸閾值也因此降低，最後無法維持原本的配速。另外，鐵質也是體內許多物質的組成成分，例如肌肉細胞裡能影響有氧能量製造的酵素，就可能因為鐵質含量低而變少，導致精力不足。

許多年來，頂尖的運動員和教練都意識到高紅血球計數的重要性，這也導致了像違規增血，或使用合成的紅血球生成素（erythropoietin, EPO）等等提高紅血球計數的非法行徑。EPO 是一種人體自然產生的荷爾蒙，能影響身體製造紅血球。無論靠體內自然生成 EPO，還是靠注射合成 EPO，紅血球和血紅素濃度都會增加。這能夠使跑者增加有氧能量，進而能維持較快的配速。

典型馬拉松跑者都要確保自己的紅血球計數和鐵質含量不會過低。體內鐵質過低可能是在西方的馬拉松跑者（尤其是女性）最盛行的營養不足問題。一旦患有缺鐵性貧血，代表體內的鐵質使用殆盡，血紅素濃度低於正常值。若是發生鐵質耗損（iron depletion），鐵質含量偏低不至於耗盡，血紅素濃度還在正常範圍內，雖然這樣的狀況不如貧血來得有害，但不管是貧血或鐵質耗損，都會損害你的跑步表現。

爲什麼馬拉松跑者的鐵質含量偏低？

馬拉松跑者因為血容量較多，血球容積比[1]和血紅素濃度可能會比上班族稍微低一點。而鐵質含量之所以偏低，可能是因為鐵質攝取少、紅血球破裂症（foot-strike hemolysis）、肌肉收縮導致紅血球被破壞，以及經由腸胃系統和汗水尿液的流失所造成。比賽距離較長的馬拉松跑者往往會流失較多的鐵質，主要是訓練量較大所致。讓我們逐一檢視這些原因。

●**血容量較多**。耐力運動員的血液比一般人多。這項適應會提升心搏排血量，也就等於提升最大攝氧量，是一件好事。跑者有了更多血量，紅血球裡的鐵質因此被稀釋。如果跑者的紅血球增加趕不

1 ｜ 編注：血球容積比爲紅血球在血液中所占體積的比例。

及多出來的血容量，血紅素濃度就會下降，而錯誤表示成鐵質缺乏症。

不吃肉的馬拉松跑者

人們會因為很多理由吃素，通常是健康、道德或環保因素，但有少數人是為了增進跑步表現。那麼，不吃動物（或就素食主義而言，不吃動物性食品）有可能跑出最佳表現嗎？

簡單說，有可能。但你或許要在飲食上多留意，否則會產生反效果。

多留意一些也有好處。你當然可以當個餐餐吃點心棒或洋芋片的素食者，不過大多數的素食者不會這樣。奉行以植物為主的飲食通常意味著你更懂得食物的營養價值，也更致力追求高品質、富含營養的食物。這或許可以解釋為什麼素食者或全素者的一般健康指標（如膽固醇或 BMI 指數）往往比一般人還要理想。

那馬拉松呢？某些針對素食和雜食性運動員的研究（Craig and Mangels 2009; Nieman 1999）比較顯示，這兩類人的大腿肌肉大小或肺部功能等等數據大致上相似。而精心規劃的素食或全素飲食是否會導致缺乏蛋白質的狀況，現在則尚未有證據顯示。

如同稍後第 58 頁所述，素食者和全素者在馬拉松上的最大潛在挑戰與鐵質息息相關。假設你平常都食用如菠菜或羽衣甘藍這類富含鐵質的植物，植物性鐵質只有 10% 會被身體吸收，但動物性鐵質幾乎可以多一倍。在耐力表現上扮演重要角色的巨量營養素（macronutrient），如維生素 B12、鋅、Omega-3 脂肪酸等等，植物性來源的食物同樣會有生物利用率較低的問題。對骨骼健康非常重要的鈣質，全素者也可能有缺乏的問題。

如果遵循素食或全素飲食對你十分重要，基於以上原因，你可能需要諮詢營養師，以確保達到自己的營養需求。

夏琳・弗列根 Shalane Flanagan

最佳紀錄：2:21:14（2014 年柏林馬拉松）
重要佳績：2017 年紐約馬拉松冠軍；2012 年奧運馬拉松選拔賽冠軍；
2016 年奧運馬拉松第六名；2012 年奧運馬拉松第十名。

Elsa/Getty Images

2017 年初，夏琳的背部罹患了壓力性骨折。同年底，她成為 40 年來第一位贏得紐約馬拉松的美國女性。這樣歷程恰如其分地刻劃了她傳奇生涯背後的耐心、堅持，以及自信。

無論是在美國高中室內錦標賽、國家大學體育協會越野錦標賽、奧運選拔徑賽項目中獲得冠軍，還是在 2008 年奧運 10,000 公尺項目奪牌，弗列根向來能在比賽中保持高水準。因此，她在 2010 年紐約馬拉松首次出場就表現斐然，贏過眾多世界級好手而位列第二。有鑑於過去為自己定下的比賽標準，她也毫不意外地為自己設定了一場頂級馬拉松的冠軍目標。

在她實現目標的歷程中，有一點十分有意思，她並沒有立刻轉換成一年兩場馬拉松的傳統模式。弗列根持續參加越野賽（她在 2011 年國際田徑總會的國際越野錦標賽中獲得銅牌）和田徑賽（她到 2015 年才參加室外的世界級比賽）。從她的方式中，我們可以學到兩件事。

首先，弗列根專注於短距離跑，是因為她對此仍然有熱情（她仍是美國3,000 和 5,000 公尺的室內紀錄保持者）。沒有人規定一旦跑了馬拉松，就不能跳脫它去享受其他類型的跑步。當你出於熱情而非義務去看待馬拉松，才更有可能跑出最好的成績。

第二，弗列根也是眾多成為馬拉松選手後能在短距離比賽中跑更快的跑者之一。她在 2016 年和 2014 年分別於美國路跑 10 公里與 15 公里項目創下了紀錄。成為一個更全能的跑者，對跑馬拉松有益無害。

身為一個波士頓在地人，弗列根獲得 2012 年奧運馬拉松項目第十名之後，就把目標放在波士頓馬拉松上。她首次在波士頓參賽是 2013 年，當年她拿下第四名。隔年參賽，為了確保快速的配速，弗列根一開始就跑得比較積極，前 30 公里領先最後拿下第六名。值得欣慰的是，她那天 2:22:02 的成績，至今仍是史上美國女性的最快紀錄。

2014 年秋天，弗列根試圖在柏林馬拉松打破迪娜‧凱斯特（Deena Kastor）2:19:36 的美國紀錄。她保持著可以打破紀錄的配速，直到最後十公里掉到第三名。再一次，值得欣慰地，她跑出 2:21:14 的個人最佳成績，但弗列根仍渴望贏得國際馬拉松賽冠軍。2015 年，她回到波士頓比賽，卻仍以第9 名抱撼。2016 年奧運美國國內選拔賽在 2 月舉行，而正式會內賽於 8 月在里約舉辦，這代表弗列根無法再挑戰這一年的波士頓和紐約馬拉松。不過，她在奧運獲得第六名，也為美國馬拉松隊創下三位隊員都進入前十名的好成績。

因此你可以想像，2017 年弗列根下背部的不適被確診為壓力性骨折時，她有多麼挫折。她必須休息幾個禮拜不能跑步，並退出當年春季舉行的波士頓馬拉松。隨著她 36 歲生日到來，就連某些她最死忠的粉絲都開始懷疑，她能贏得一場頂級馬拉松的時機已經過去。

弗列根仍堅持不懈。2017 年她回歸紐約馬拉松賽，依舊充滿信心，即使同場較勁的有瑪麗‧凱特尼（Mary Keitany），凱特尼已拿過 3 屆紐約馬拉松冠軍，並在當年春天成為史上第二快的女性馬拉松跑者。弗列根懷抱信心和耐性跑完前 32 公里，全力盯住凱特尼的跑步策略。

接著，弗列根感覺到凱特尼的掙扎，於是抓緊機會加速再加速，在最後幾英里的配速快到近 5:00，相當於她的 10K 比賽配速。她揮舞著奪冠的拳頭，激動吶喊著通過終點線，終於擁有得償夙願所帶來的喜悅和滿足。紐約馬拉松冠軍頭銜終於入袋。

這場紐約馬拉松之前，弗列根曾打算隱退，尤其是若她贏得冠軍。但她後來發現自己還想繼續訓練參加比賽。2018 年波士頓馬拉松，她在惡劣天候下跑出第 7 名成績，接著在紐約馬拉松冠軍頭銜保衛戰中緊追凱特尼不放，奪下銅牌，以實力打破所有外界質疑。弗列根用她的職業生涯為世人展現了心之所向就是跨步向前的最佳之道。

● **鐵質攝取量低**。許多耐力運動員鐵質攝取量都偏低。對素食者或一週吃不到一次紅肉的跑者來說，鐵質攝取量少可能會是個問題。跑者典型的高醣、低脂、低膽固醇飲食中，通常很少或幾乎沒有紅肉。由於紅肉含有的血基質鐵比植物性來源的鐵質更容易吸收，不吃肉的跑者要從飲食來源中獲得充足的鐵質，就要仔細選擇食物。對於限制或盡量不吃肉的運動員該如何適當獲得營養，2019 年由 Enette Larson-Meyer 所著的《植物性運動營養學》（*Plant-Based Sports Nutrition*）提供了很多資訊，Matt Frazier 和 Stepfanie Romine 合著的《無肉運動員的食譜書》（*The No Meat Athlete Cookbook*）則提供了不少好食譜。想知道更多奉行素食或純素飲食時該如何準備馬拉松，請參見前面「不吃肉的馬拉松跑者」一欄。

●**足部紅血球破裂症和肌肉收縮造成的損傷**。足部紅血球破裂症源於足部著地的衝擊，造成紅血球破裂。這是體重較重或在柏油路面進行高里程數跑步的馬拉松跑者會面臨的潛在問題。除此之外，近來各類運動員的調查證據都顯示，繁重的訓練負荷所導致的肌肉收縮也會破壞紅血球。

●**流汗和排尿使鐵質流失**。因為流汗和排尿而流失的鐵質相對較少，但若在炎熱又潮濕的環境下進行高里程數訓練，就可能流失較多的鐵質。對於住在南方或是為了秋季馬拉松而訓練了一整個夏天的馬拉松跑者，汗水可能就是鐵質流失的一大根源。

●**消化系統造成的鐵質流失。**從胃腸道（主要是胃或大腸）流失鐵質，這對某些馬拉松跑者來說是個大問題。尤其是進行長期或高強度訓練中的某些跑者，會有少量的胃腸道出血。每次出血的量相當少，通常不易察覺，但是隨著幾年的跑步下來，可能會產生累積效應。

綜合以上所有因素，馬拉松跑者監控自己的鐵質攝取和鐵質含量至關重要。而停經前的女性跑者風險最高，因為她們攝取到的鐵質量往往不足以應付所需。

如何得知自己的鐵質含量是否過低？

如果體內鐵質含量低，會先拖慢步伐。你的心率可能會上升，你對跑步的熱情也隨之消沉。你也可能在多數時候會發冷畏寒，而且一整天都疲憊不已。然而，這些症狀往往逐漸才出現，以至於你可能要到訓練大受影響時，才會懷疑自己鐵質含量低下。你只能驗血來確認實際情況，查明自己的血紅素（紅血球內的鐵質）和血清鐵蛋白（體內鐵質的儲存量）數值為何。

血紅素濃度的正常範圍會因為國家或實驗室而有所不同，但通常是男性每 100 毫升血液 14-18 克（g/dL），女性每 100 毫升 12-16 克。由於耐力運動員的血容量較多，其正常範圍的最小值應該要提高約 0.5 克。

血清鐵蛋白的正常參考值也同樣因國家或實驗室而不同，但通常是男性每毫升血液 12-300 奈克（ng/mL），女性每毫升 12-200 奈克。至於血清鐵蛋白和跑步表現的關係，目前存在著相衝突的說法。有一派認為，鐵蛋白和體能表現沒有直接相關，但是如果你的鐵蛋白數值下降，最終血紅素數值和體能表現也會下滑。因此，鐵蛋白低下可以視為一個早期的預警徵兆。

另一派則認為，鐵蛋白也可以反映出鐵質存量，因為鐵質是人體用來製造有氧能量所需酵素的必需元素，因此鐵蛋白對於體能表現有直接的影響。血清鐵蛋白的數值要多低才會影響到表現，因人而異。生理學家發現，當血清鐵蛋白數值降至每毫升 20 奈克以下，訓練和比賽表現通常會受到損害，而血清鐵蛋白含量在 20-40 奈克時可能偏低或正常，這就取決於跑者的個別生理狀況（Eichner 2012; Peeling et al. 2008; Schumacher, Schmid, and Grathwohl 2002）。你的鐵質含量是否偏低，可以向運動醫學科醫師諮詢專業建議。

你需要多少鐵質？

美國的膳食營養素參考攝取量（RDI）建議，停經前的女性每日攝取 18 毫克，男性和停經後女性則為 8 毫克。根據美國運動醫學院於 2016 年針對營養和運動表現的官方聲明，女運動員的鐵質需求可能比非運動員高出 70%。長距離跑者和素食運動員應定期接受篩檢，並保持鐵質攝取量高於 RDI 的建議值（Thomas, Erdman, and Burke 2016）。對於高里程數跑者的鐵質需求量雖然尚未確立，但可以肯定地說，馬拉松跑者也至少要達到 RDI 的建議值。如同其他礦物質，鐵質過多一樣會危害健康。事實上，比起缺鐵，典型的美國男性更可能有鐵質沉積負荷（即鐵質過多）的情況。

如何預防鐵質耗盡？

如同其他跑步問題（例如受傷），預防的最佳策略就是打從一開始就避免鐵質過低發生。良好的鐵質食物來源包括肝臟、瘦肉、禽類的腿部肉、魚、牡蠣、蛋黃、深綠葉蔬菜、豆類、果乾、小扁豆，以及全麥或額外添加營養素的加工穀片和麵包。

以下指導方針能幫助你增加鐵質吸收，並避免缺鐵的情況。
● 吃 85 克的瘦紅肉或禽類的腿部肉，每週至少 3 次。
● 不要在吃飯時喝咖啡或茶，因為這會降低鐵質吸收。
● 在吃飯時食用富含維生素 C 的食物，以增進鐵質吸收。
● 你的餐點裡無論血基質鐵（來自動物）和非血基質鐵都要有，以增加非血基質鐵的吸收。
● 食用額外添加鐵質的早餐穀片。

● 使用鑄鐵類廚具，尤其是烹煮像義大利麵醬這樣的酸性食物。

　　雖然這樣的建議可能看起來只是在飲食上作點細微改變，但這對你的鐵質吸收可能有極強的效果。舉例來說，如果把搭配早餐的咖啡改成柳橙汁，你從穀片或麵包上吸收到的鐵質就會變成原本的 3 倍。女性長距離跑者在改成這樣的飲食習慣後，如有必要，才需要考慮向醫師諮詢是否另外攝取鐵質補充劑。

營養補充劑以及其他運動增強劑

　　隨著市面上營養補充劑越來越多，現在我們有無數種選擇。遺憾的是，許多補充劑都有錯誤或誇大不實的宣稱，而大部分的國家（包含美國）對營養補充劑產業也沒有妥善的規範。除了浪費你的錢財，服用這些補充劑也可能造成不良的副作用。以下將就主要的營養補充劑種類作簡單介紹。

蛋白質補充劑

　　如同本章前面所述，馬拉松跑者對蛋白質的需求量高於久坐的人。不過，這些中等程度的需求量，只要飲食上調整良好就能輕易滿足。多數的跑者並不需要服用蛋白質補充劑來滿足身體所需。

維生素和礦物質補充劑

　　為了保持健康、在訓練上有正面適應，滿足維生素和礦物質的基本需求至關重要。對擁有健康飲食的跑者而言，即使沒有補充劑也能輕易達到。然而，某些跑者的飲食習慣可能會缺乏特定關鍵的維生素和礦物質，就該向醫生或具專業資格的運動營養師諮詢。舉例來說，素食者常常難以從自然食物來源中攝取到足夠的鐵質、鋅和維生素 B12，而且他們體內的 Omega-3 脂肪酸可能也很低。在這種情況下，服用適量的營養補充劑就可能有益於他們的跑步和整體健康。然而，補充劑並非多多益善，服用過量的礦物質和脂溶性維生素可能導致中毒。

在冬天，僅僅透過陽光和飲食是難以攝取到建議值 1,000 國際單位（IU，每 IU 相當於 0.005 微克）的維生素 D，尤其是採用正常的訓練計畫表，但一年當中有數個月幾乎都在夜間跑步的跑者。體內維生素 D 不足會損害免疫系統，可能更容易感冒受寒，也難以從訓練中恢復。碰到這種情況，醫生或營養師可能就會建議馬拉松跑者服用維生素 D 補充劑。

你也需要多加留意，個別的維生素和礦物質補充劑可能會有交互作用，這就是之所以我們強力建議要先諮詢過醫生和營養師，再行服用補充劑。你不必大費周章錯開服用時間來避免相互干擾，最好的方法是飲食完整均衡，就能避免營養缺乏的問題。

其他營養補充劑

這一類涵蓋了數百種市面上聲稱可以增強各式各樣運動表現的營養補充劑。其中多數的補充劑都以提升肌力和爆發力的表現為主，但進軍耐力運動員市場的行列也逐漸增加。從數十年的結果可知，把你的辛苦錢花在靈丹妙藥般的補充劑上，是極端的浪費。要跑出最佳表現別無他法，就是保持健康的飲食和生活型態，搭配適當的訓練，並避開所有聲稱可以進步神速的捷徑。

根據 2018 年國際奧委會一份對高水準運動員飲食補充的共識聲明，經過審查數百種補充劑後的證據顯示，唯二例外是咖啡因和硝酸鹽（Maughan et al. 2018）。我們在本章的單元中已經討論過咖啡因。至於硝酸鹽，你可能不熟悉，但你或許聽說過神奇甜菜汁保證能增強表現的功效。呃，甜菜汁富含硝酸鹽，硝酸鹽能夠藉由口腔內的口水轉換成亞硝酸鹽，而後在你體內轉換成一氧化氮。一氧化氮據說可以改善諸多跑步的過程，像是肌肉收縮和血液流通。某個研究指出，運動員飲用甜菜汁之後，在特定的訓練量之下的耗氧量會稍微降低（Bailey et al. 2009; Jones 2014），換句話說，要維持配速會更輕鬆一點。證據顯示，即使味道不佳且可能導致消化問題，飲用甜菜汁可能比單單攝取硝酸鹽補充劑要來得更加有效（Flueck et al. 2016）。

目前並不清楚甜菜汁為何有如此功效，對大部分人而言要喝多少才有效？以及是不是對多數人都管用？有些研究發現（Wilkerson et al. 2012），當受試者越纖瘦，甜菜汁的效用就越不明顯。如同所有和營養有關的事一樣，請保持謹慎，不要把甜菜汁視為神奇妙藥。

馬拉松比賽當天的營養和水分補給

現在你已經遵守了我們在本章的建議，幾個月以來都妥善飲食並保持水分充足。但你知道嗎，準備工作還沒結束。在比賽當天，你攝取熱量和水分的策略也會對你的馬拉松表現產生重大影響。

讓我們先假設，在比賽之前的幾天，你在肝醣儲備上已經作了很好的準備，而且水分也充足。在比賽前夕，你想要攝取以碳水化合物為主的200-500大卡熱量來補滿你的肝醣存量，最好在比賽前 3-4 小時，效果最佳。對於紐約或波士頓馬拉松這類起跑時間較晚的比賽（早上 10 點才有出發梯次），這倒不是什麼大問題。但是對於芝加哥馬拉松這種早上七點半開始或檀香山馬拉松在早上 5 點（！）就開始的比賽，你可能就得更早起，先吃點東西，然後再試著小睡一會（祝你比賽當天早上如此一切順利）。你還需要攝取約 500 毫升的液體來補充前一晚流失的水分，並確保你的含水量充足。

即使直到馬拉松的前幾天，你都十分仔細儲備碳水化合物，仍不見得能緩衝肝醣耗盡的衝擊。這種情況的解決方式就是在比賽途中攝取更多卡路里。

在馬拉松過程中該喝多少水，取決於你的體型大小、當天的溫度和濕度，以及你的排汗率。目標是要把你因流汗失去的液體補充回來，所以在跑馬拉松的時候，流失的水分才不會超過體重的 2%。我們稍後就會知道，這個目標並不容易達成，尤其在大熱天的時候。你應該喝的最大量，要是你的胃可消化的量，或是可防止因排汗導致脫水過度所需的量，從這兩者取較少量的那一個。原因在於如果你喝的量比流失的還多，會有低血鈉症的風險，關於這點我們稍後會再討論。

研究顯示，跑者在跑步時，胃每 15 分鐘只能消化大約 177-207 毫升的液體，也就是每小時是約 710-828 毫升。如果你喝超過此限，多出的水分只會在你的胃裡翻騰而已，並不會有什麼好處。不過，你可能可以喝得比一般平均值更多或更少，所以你可以實驗一下，了解自己的胃可以消化多少液體。

訓練途中，相對而言比較容易想喝就停下來喝。你只需要作些策略規劃，然後或許在長跑之前，就放置一些容器在行經途中。然而，跑馬拉松時，在補給站要喝足 177-207 毫升的水就得停下來，比賽時幾乎不可能這麼做。事實上，提姆‧諾克斯博士（Tim Noakes）和幾位同事（2007）共同研究發現，多數跑者在比賽途中每小時都喝不足 473 毫升的水。

對於認真想博得個人最佳成績的跑者來說，如果在馬拉松的 8-10 個飲水站每站都喝到 89 毫升的水，就有做到補水的基本功了。來看看在馬拉松比賽中實際攝取 710-887 毫升，對液體平衡和碳水化合物攝入量造成的影響。如果你在 3 小時內跑完馬拉松，每小時減輕 1.4 公斤體重（3 磅），最後會減輕 4 公斤，加上攝取 0.7-0.9 公斤的水，淨損失則約為 3.2-3.4 公斤。如果你原本有 68 公斤重，那麼體重就會減少 4.7-5%，這可能會使你在比賽中慢下來。

飲用 710-887 毫升的 8% 濃度碳水化合物溶液，可以提供 57-71 克的碳水化合物。由於每克碳水化合物含有 4.1 大卡，如此一來，在比賽中就可以攝取到 233-291 大卡。

在馬拉松或長跑中，有一種補充碳水化合物的方法，就是使用能量果膠。不同品牌的含量有若干差異，但每包果膠通常含有 80-120 大卡的碳水化合物。吃下果膠後，要接著喝幾口液體把果膠帶入胃中，再攝取約 118-

177 毫升的水，幫助吸收果膠。不過，有些果膠具等滲透壓特性（請檢查標籤說明），這就不需要再攝取液體幫助吸收。非等滲透壓能量果膠的最佳食用時機，則要安排在補給站前不久。

再次提醒，不要等到比賽當日才第一次嘗試吃能量果膠，因為這需要經過練習，才會知道吃完果膠之後怎麼喝水才正確、果膠吸收後跑起來感覺是不是比較好。你甚至該為了在比賽途中攝取運動飲料和果膠作個規劃。你自己的規劃裡要有以下重點：視比賽當天可能會有多熱多潮濕為基礎，來預估比賽途中要攝取多少碳水化合物，以及吃哪種碳水化合物使你跑步起來感覺最好。對於馬拉松 3 小時內完賽的菁英跑者，最典型的計畫是飲用 710-887 毫升含有 8% 碳水化合物的運動飲料，平均分配在 8-10 個補給站，並且在起跑後每隔 1 小時吃下 100 大卡的能量果膠。這樣的計畫會補充共 433-491 大卡的碳水化合物。一般 63 公斤男性在馬拉松比賽中每英里（約 1.6 公里）會燃燒掉 100 大卡。在這 100 大卡中，80 大卡來自碳水化合物。也就是說，這計畫提供的碳水化合物不但足以持續到最後，還多出 8-10 公里的能量以避免肝醣嚴重短缺的可能，大大提升抵達終點前的獲勝機會。速度較慢的跑者可以在第 3 小時吃 1 包果膠（若第 4 小時還沒跑完就再加 1 包）來補充碳水化合物。

近來有證據（Burke and Maughan 2015）顯示，即使只是稍稍含著碳水化合物飲料潤濕嘴巴也能提升表現。這樣的機制似乎是因為口腔內的感受器可以察覺到碳水化合物，並傳送訊息給大腦的獎勵中樞。當你在比賽的最後 3 公里而腸道已經來不及吸收碳水化合物時，你可以使用這個策略來作衝刺。

避免低血鈉症

如果你在溫熱的天氣下跑了至少 3 小時的馬拉松，途中喝了大量白開水，就有得到低血鈉症的危險。這種情況是因為你血液裡的鈉含量低得不正常所導致，由於大部分的體液被水所取代，降低了體內的鈉含量。另有證據顯示，女性低血鈉症的風險比男性較高。低血鈉症的症狀包括虛弱、噁心、定向力障礙（disorientation）、腹脹、暈眩、癲癇（seizures）和昏迷（coma）。低血鈉症通常只會在超級馬拉松和鐵人三項的尾聲階段發生，但也有可能發生在熱天下的馬拉松比賽，尤其是只喝水且跑超過 4 小時的跑者。要避免在炎熱天氣下跑馬拉松而得到低血鈉症，最簡單的方式是：飲用每公升至少含鈉 250 毫克的飲料，並確保你喝下的量不超過排掉的汗水量。

跑步時該如何喝水？

上述比賽時的營養規劃，是基於你平常就攝取足量液體的假設，而不是一下子猛灌。練習用接近馬拉松比賽的配速下一邊跑一邊喝水，直到熟練為止。在補給站稍微慢下來還算合理，但如果你好勝心強，就不會想浪費時間輸給身旁的跑者。多多練習在跑步途中喝水的技巧，就可以大大改善熟練的程度。

如果你是頂尖跑者，通常可以在沿路的補給站安排提供擠壓式水壺。能這樣當然最好，但很明顯不是每個人都有這樣的待遇。非菁英跑者可以選擇參加那種能讓親友在跑步途中定時提供水壺的馬拉松比賽。不過，大部分馬拉松跑者都必須要懂得用紙杯邊跑邊喝。

練習用杯子喝水較便利的方式是跑道繞圈法（the round-and-round-the-track method）。只要在運動場跑道上放一些杯子，練習每幾圈喝一次即可。在運動場跑道上跑的優點是方便，缺點是練習間歇跑的時候，可能會因為喘氣太過用力讓水嗆進鼻子。不過，這種方式用來練習節奏跑很好用。如果在跑道上練習 20-30 分鐘節奏跑，並且每 2-3 圈喝一次水，你就能很快掌握邊喝邊跑的技巧。

另一種方法是路環法（road-loop method）。把你的汽車倒到前院車道盡頭，並在車尾上放幾杯馬拉松時要喝的飲料。然後出門在住處附近跑，每經過車子一次，就抓起一杯。

比賽時的技術

如果在比賽途中有志工分發補給水分的飲料，請試著用眼神對志工示意，並伸手指向杯子，讓志工知道你的需求（如果杯子在桌上，一直看著杯子不會有什麼幫助）。如果志工同時提供水和運動飲料，你在接近補給站時就先喊出你要的是哪一種，好讓志工為你準備一杯。

在你要拿杯子時，稍微放慢一點速度，並試著往後移動手臂，這樣你才不會因為全速跑動而打到杯子。為了避免液體灑出來，可以先擠壓紙杯上緣把杯口稍微封起來，再大口喝掉。當你傾斜杯子就口時，液體不至於衝進鼻子裡。訣竅就是正常呼吸，每喝一大口，都要正常呼吸幾回。等你喝完水，再加速回到原本的比賽配速。

除非你是個菁英馬拉松跑者，不然在既暖又濕的天氣下，最好的策略是在補給站停下來喝水。雖然某些大型比賽每 1.6 公里都會有補給站，但大部分的馬拉松比賽，每 3-5 公里設有補給站。假設一開始，每 3.2 公里就停下來喝一次水，那就代表從起點到終點會有 12 個補給站。如果每一個補給站花 10 秒鐘喝水，你會多花 2 分鐘，但你一邊跑過補給站一邊喝水，還是一樣會減速。所以，停下來喝水並不會增加太多時間，還可以確保你獲得足夠的水分，避免陷入脫水危險。若遇到炎熱的天氣，在補水站多待的這 2 分鐘還可以讓你在終點前多獲得 10-20 分鐘的優勢。

你的飲食內容和時機對你如何適應馬拉松訓練都有重大影響。如我們所見，如果忽略營養和水分補給的重要性，就代表你的努力無法獲得完整的成果。道理就如同在繁重的訓練之後，卻不去重視輕度訓練日和其他方面的恢復。接下來我們要來看看，在激烈又冗長的跑步訓練時間之外，可以做些什麼來把馬拉松的成功率提升至最大。

第 3 章
訓練和恢復的平衡
Balancing Training and Recovery

　　如同我們在第 1 章裡所見，每當你高強度鍛鍊一次，就會刺激身體往某方面的進步，例如乳酸閾值、燃脂能力、最大攝氧量等等。雖然每一次鍛鍊只提供一點輕微的刺激，但是隨著多次鍛鍊就會累積，累積下來的刺激就會增強那些體能特性。舉例來說，如果你在比賽前幾個月只做過一次節奏跑，刺激乳酸閾值提升的效果非常有限，可是如果你在 8 週內做了 6 次節奏跑，就能提供強烈且重複的刺激，促進乳酸閾值提升。

　　然而，在提升表現的公式中，訓練的刺激只占其中一半，另一半則必須使身體從訓練中恢復，產生適應並增強超過原有水準。懂得管理恢復的方法，將能使你的訓練效益達到最高。如果管理得當，使身體做高強度鍛鍊的頻率更高，或是使高強度鍛鍊的品質更加穩定提升，你就能提供更龐大的刺激來增強身體的各種能力。

　　不論在每一天的訓練或在一連串的馬拉松預備訓練，從訓練中恢復都是極其重要的事。恢復工作若管理不好，會導致訓練過度，你的身體會累垮，無法對訓練產生正面反應。在這個章節，我們要來看看如何將你的恢復力提升到最好。

恢復和超補償原理

關於跑步，有一個現實就是即使你今天做了一次高強度鍛鍊，隔天你也無法表現更好。事實上，隔天你只會感到疲憊。高強度訓練會造成迅速疲勞、組織損傷衰竭、脫水以及肝醣耗盡。端看每組訓練的困難度（以及其他在本章討論到的因素），你會需要 2-10 天才能從嚴格的鍛鍊中完全恢復。

到了某個時間點，每次鍛鍊而來的疲累終究會消失，使你獲得超越原有水準的適應。為了使你訓練的效益最大化，你必須在訓練和恢復之間找出正確的平衡。訓練只提供使身體獲得適應所需要的刺激，而恢復則不只讓身體獲得適應，還能增強進階。將訓練和恢復設計得當，得以刺激身體適應並增強到超越原有水準的一組完整訓練，就稱為「超補償」。

要有效管理你的恢復情況，代表要了解以下兩個問題：
1. 在一次鍛鍊後，你需要多少天才能得到該次鍛鍊的效益？
2. 在兩次高強度鍛鍊之間，或是一次高強度鍛鍊和一次比賽之間，你要讓自己休息多少天？

本書下半部的訓練計畫表可以找到這些問題的答案。計畫表旨在提供理想的刺激及恢復量，好讓你的體能在馬拉松來臨前一週一週地進步。讓我們一起來看看上述問題的解答，並了解計畫表何以要如此安排。

啟動與關閉訓練基因

訓練的強度、持續時間和頻率（一週做幾組訓練）全都會影響你訓練的壓力以及身體適應的速度。荷爾蒙濃度、燃脂能力、微血管密度等等的適應，會藉由耐力訓練而產生是因為重複的多次訓練回合，而不只是單獨一次鍛鍊的結果。也就是說，你的身體必須先確信你是認真地在訓練，才會產生讓你達到進階水準的生理適應。

生理適應的過程從基因開始。訓練提供刺激（例如肝醣耗盡），使特定基因得以啟動或關閉。透過改變基因的表現，訓練會改變身體製造與分解特定蛋白質的速度。舉例來說，耐力訓練會啟動製造粒線體蛋白質的基因。更多的耐力訓練使你的肌肉中會有更多的粒線體，讓你可以製造更多有氧能量。經過好幾天、好幾個禮拜，甚至好幾個月，你的肌肉和心血管系統就適應了你重複訓練下累積的成果。

影響恢復速度的因素

需要多久時間才能從一次鍛鍊後恢復並適應，不同跑者之間有著極大差異。跑者恢復的時間和進步的速度取決於基因、年齡（年紀越大恢復越慢）、訓練經歷、性別（女性體內睪固酮濃度較低恢復較慢）以及不同的生活方式等等因素。你的基因決定你適應訓練的資質，就像我們之中有些人天生就比其他人適應得快一些。生活方式的因素包括飲食、睡眠的質和量、健康程度，以及各式各樣壓力來源（如工作、經濟和人際關係），這些都會影響你從訓練中恢復和適應的速度。由於不同跑者在一段時間內能承受鍛鍊次數大不相同，所以你不該複製你訓練夥伴的跑步計畫，唯有透過經驗，你才能知道自己能負荷多少訓練。

久而久之，你會知道自己的身體在固定時間內做過多少訓練就可以確實產生適應。成功的馬拉松賽前準備會需要你明智且有條不紊地經歷這段自我探索過程。找到並決定平衡點是十分棘手的事，因為要將這些易變因素獨立出來並不容易。舉例來說，如果你現在的工作壓力比上一回馬拉松準備訓練時來得沉重許多，你當前的恢復速度可能就比較慢。或者，如我們在第 5 章所述，如果你是一位中年跑者，正為十年來的第一場馬拉松作訓練，你可能會發現自己不像以前恢復得那麼快了。在長達數週的馬拉松訓練期間，你一定要就自身境況找出正確的訓練刺激和恢復的平衡點。

恢復和超補償所需要的時間

可惜的是，對於一組個別訓練需要多少時間才會顯現效果，科學文獻並沒有提供清楚的證據。個人的經驗以及和許多跑者及教練討論的結果指出，8-10 天是最適當的時間，可讓你從大多數的高強度訓練組中恢復並獲得效益。事實上，一次鍛鍊只能提供些微的效益，大概只有 1%，但是卻會造成嚴重的短期疲勞。因此，我們最好還是謹慎些，在比賽前留給身體充足的恢復時間。就馬拉松比賽來說，勝利關鍵就是讓身體從訓練中完全恢復。馬拉松的賽前減量期通常需要整整三週；賽前減量期可參見第 6 章。

表 3-1 顯示從三種主要的鍛鍊形式中獲得效益所需要的恢復時間。第三欄所指的就是每一種鍛鍊形式所需的時間。舉例來說，表中指出在兩次節奏跑之間，或是一次節奏跑與一次模擬賽之間，你需要間隔至少 4 天。不過，你不必在一次節奏跑與一次長跑（或間歇跑）之間休息 4 天。由於每一種鍛鍊所使用的能量系統組合並不相同，所以要做另一種鍛鍊之前，不需要先從不同形式的鍛鍊中完全恢復。

表 3-1　高強度訓練和模擬賽之間需要的最短間隔時間

鍛鍊形式	舉例	與模擬賽或下一次相似鍛鍊之間所需的天數
節奏跑	以 15k–半馬的比賽配速跑 6.4 公里	4 天
長跑	27.3-32 公里	4 天
最大攝氧量間歇跑	以 5k 的比賽配速跑 6 次 ×1,000 公尺	5 天

雖然你不會在週末的比賽中看到當週鍛鍊的效益，但如果你鍛鍊得夠早，你的身體將有足夠的時間恢復，就不會對你在比賽時的表現造成不利的影響。表 3-1 的時間表考量到一項事實：我們通常在先前訓練的疲勞減輕了才跑模擬賽，而不是在超補償原理產生作用了才跑。你通常沒時間充分休息到最佳狀態再去跑模擬賽。就為了獲得馬拉松或是一場模擬賽的最佳表現，在準備馬拉松期間，你也應該讓自己充分休息和恢復。

在這些鍛鍊形式中，最容易恢復的是節奏跑，因為節奏跑不像其他形式的高強度訓練一樣會嚴重破壞身體。節奏跑既不夠快也不夠長，所以無法造成大量的肌肉破壞或是完全耗盡肌肉的肝醣。

長跑的恢復時間在不同跑者之間則是差異最大的，雖然補充肝醣儲存量通常只需要 24-48 小時。有些跑者相對來說能夠從長跑中恢復較快，有些則會疲憊不堪好幾天。恢復時間上的差異端看每位跑者的訓練經歷、基因、生活方式這些先前討論過的因素，還有訓練的場地類型（下坡會造成較多肌肉破壞和更多的恢復時間），以及天氣（在攝氏 29 度或是攝氏 10 度下跑，前者的恢復時間要更長）。

間歇鍛鍊使你的肌肉和心血管系統承受的壓力最多，且通常需要最長的恢復時間。本章稍後會討論有哪些策略你可以用來加快恢復。

無論是哪一種形式的鍛鍊，鍛鍊和恢復的模式都是有效訓練的根基。一般所稱的輕重交替原則（hard/easy principle）決定了馬拉松賽前幾週或幾個月的訓練結構。以下就來探討採用輕重交替原則的基本原理。

輕重交替原則

傳統觀念呼籲我們在訓練時要謹守輕重交替原則，這通常被理解為：一次重度運動之後，要緊接著至少 1 天的恢復日。然而，在馬拉松的準備期間，有時候最好違反這種訓練模式，而且要連續數天重度訓練。在第 74 頁，我們會看到兩種你應該連續數日重度訓練的情況。

對輕重交替原則最恰當的解讀是，1天以上的重度訓練日過後，也要接著1天以上的輕度恢復日。恢復日可以是輕鬆跑、輕度的交叉訓練組，或是完全的休息。遵照輕重交替原則的三個原因是：要重新補充肝醣儲存量、預防生病，以及減輕延遲性肌肉痠痛的影響。下面會詳細解釋各個原因。

防止肝醣耗盡：如同第2章所述，你的身體能儲存的肝醣量有限，且需要24-48小時才能完全補足。當你一天接連做兩次高強度鍛鍊時，你會在肝醣所剩無幾的情況下進入第二次鍛鍊，最後發生肝醣耗盡，因而影響訓練效果。雖然肝醣耗盡對第二個重度訓練日是個潛在的問題，但作好一些事前計畫，就不至於無法克服。然而，連續三個重度訓練日，則非常有可能會導致肝醣耗盡，並需要更長的恢復期。採用輕重交替原則，可給身體一些時間來補充肝醣，準備好下次高強度鍛鍊。

預防生病：適度訓練可使免疫系統更強健。各種研究都指出，那些規律運動的人比久坐的人更不容易感冒。然而，在高強度和特別長的運動之後，免疫系統會暫時受抑制，使你被感染的風險增高。雖然免疫功能因人而異，但研究指出，訓練有素的健康跑者其免疫系統通常只會在特別重度的訓練後才會受抑制，所謂的特別重度訓練包括：馬拉松配速跑、最大攝氧量鍛鍊、模擬賽，以及你的最長耐力跑。

如同其他方面的訓練，跑步強度和持續時間所導致的免疫功能下降，也同樣因人而異，而且這和你的整體健康，以及你是否把各種重度訓練組安排得太緊湊（將於本章「過度訓練的定義」一節中討論），都息息相關。突然大幅度增加訓練的量或強度，會降低對傳染病的抵抗力，這項事實進一步補充了第1章和安排訓練計畫表的觀念，要調整訓練負荷時，以逐步漸進方式為宜。

人們發現，在高強度跑步過後，免疫系統受到抑制的狀況會持續短至3小時長至72小時。有意思的是，證據顯示免疫系統抑制的因素有些和碳水化合物耗盡有關聯。由此可知，在鍛鍊期間迅速補充碳水化合物，可以減少免疫力受到抑制，並有助免疫功能在最短時間內完全恢復。也就是說，你的免疫功能在尚未自前一組重度訓練或比賽中恢復之前，不要展開下一組重度訓練。至少間隔一個輕鬆日，再展開下一個高強度鍛鍊，通常就有足夠的時間讓你的免疫系統恢復完全。

如果你的飲食既健康且均衡，你就能攝取到維持健全的免疫系統所需的維生素和礦物質。如果無法從飲食中攝取足夠的蛋白質、鐵質、鋅或維生素 B6、B12、E，免疫系統可能就會比較弱。要攝取到充足的維生素和礦物質，最好的方法是吃各種蔬菜和水果，避免透過高劑量的營養補充劑來補充，因為這對你的免疫系統可能會有不良影響。

將延遲性肌肉痠痛的影響降到最低：許多跑者有所不知的是，讓你在重度訓練後痠痛數天的原因並不是肌肉裡高濃度的乳酸鹽（或乳酸〔lactic acid〕）。其實，在比賽或鍛鍊時產生的所有乳酸鹽，不到一個小時就會被你的身體排出。延遲性肌肉痠痛是微小的肌肉損壞所造成，這主要在異常的（或延長的）肌肉收縮時發生，例如下坡跑的時候。當你跑下坡跑時，你的股四頭肌群會異常收縮以對抗地心引力的拉力，防止你的膝蓋歪曲垮掉，結果使肌肉損壞導致發炎，造成痠痛。肌肉損壞、發炎並疼痛到達高峰大概 1-2 天，這樣的影響最長會延續到 5 天。你經歷延遲性肌肉痠痛時，你的肌肉需要時間來修復。損壞的肌肉也比較脆弱，所以在肌肉痠痛緩解前做鍛鍊不但會非常痛苦，而且可能會因為強度不足而無法進步。

延遲性肌肉痠痛的生理學較支持的方式，是 2 個重度日之後，再接著 2 個輕鬆日，因為延遲性肌肉痠痛要 1-2 天才會發生，然後又需要額外幾天消除痠痛。透過連續 2 天不間斷的重度日，你就能在痠痛來臨、肌肉變弱之前完成你的第二天鍛鍊。如此一來，下一輪重度訓練之前，你就有 2 天的時間好好恢復。

連續重度日的訓練時機為何？

我們已經知道為什麼在訓練時該採取輕重交替原則，以及不一定總要在一個重度日後就接著一個輕鬆日。2 個重度日再接著 2 個（或以上）恢復日的模式確實可以讓你應付更高品質的訓練，並且從中恢復。讓我們來看看兩種你應該採取連續重度日的特殊情況。

在你比賽的那幾個禮拜，你需要訓練，但也需要為了比賽休息。著名的運動生理學家同時也是教練的 Jack Daniel 博士就建議，在準備比賽期間，連續重度日的訓練方式會比一重一輕的交替方式來得好。

舉例來說，你正採行一個嚴格的輕重交替的計畫表，而當週六就要比賽。假設你在上週日跑了一次長跑，那週二和週四就會是重度跑步訓練日，其他日子則會是輕度日。然而，週四還做重度訓練組並沒有意義，因為這天所造成的疲勞會影響到週六的比賽。可是，如果你在週二和週三連續 2 天做負荷更重的鍛鍊，你就還能從這樣的重度訓練中收到效果，而且還額外有一天讓你在比賽之前恢復。雖然，就週六的比賽來說，這樣的調整所提供的恢復時間也不盡理想，但若說到同時兼顧高品質訓練和比賽成績，這算是一個明智的折衷方案。

另一個情況則是週一到週五的工作時間排擠了每週計畫表的時候。如果平日你因為太忙或太累，以至於無法規律地進行高品質訓練，就要好好利用週末，擠出連續 2 天的重度日。週六週日的重度日之後，接著週一和週二的恢復日，這樣不但提供強力的訓練刺激，又能有完整 2 天恢復，好接著在週三繼續下個重度訓練。

本書的訓練計畫表中，我們常常在週日安排一次長跑，週一是恢復日，週二是長間歇訓練組，週三則安排一次中長跑。這是棘手的 4 天組合，許多跑者覺得是眾多訓練計畫表中最有挑戰的方面。週二和週三連續兩天的重度日訓練之後，你需要在接下來的 3 天裡留 2 天的輕度日，再開始下一次循環。雖然不是每個人都能適應這個計畫表，但專注在恢復上可以提供最大的可能，使你適應更好，馬拉松表現也能更進一步。

這就說到了我們歷史悠久的傳統：在週六比賽，接著在週日長跑。如果你的比賽是10公里或更短的距離，你會動用到碳水化合物儲量，但是（假設像大多數跑者一樣，吃了很多碳水化合物）絕不可能會耗盡你的肝醣儲存量。透過平常的高醣飲食，你能適度補充肝醣，有餘裕應付週日早上的長跑。在比較輕鬆的配速下，你還可以在跑步途中食用能量果膠來補充碳水化合物。

然而，如果週六的比賽距離大於 15 公里，你可能會既疲累又痠痛，嚴重耗盡了肝醣儲存量，並且發現自己的週日長跑表現比較差。這種情況下，就跳過週日的長跑。你會發現，從比賽中恢復之後再來進行長跑會比較好。

開車去跑步

有一些常見的跑步場景是，先和其他人碰面，一起前往場地，盡情跑步，但無論如何，跑步前後都要開車。因此，如果你必須開車至少 10 分鐘，那麼以下這些練習可以幫助你從跑步中恢復。

伸展，然後再伸展。 先在家裡做平常跑前的伸展，抵達目的地之後，做一些動態的動作，像是擺腿和抱膝，可以緩解開車導致的僵硬。如果你要和其他人碰面，就提早幾分鐘抵達，讓自己有時間做這些運動。

找機會多做伸展。 開車回家之前，做一些緩和的靜態伸展，舒展你的臀部、臀肌、大腿後側肌群、肩膀，以及其他容易在開車時緊繃的部位。瑜伽的貓牛式在這時候尤其有幫助。如果空間和時間充足，帶上瑜伽墊或至少一條毛巾，把握你花幾分鐘伸展的機會。

補充水分和能量。 帶一個裝滿水的水壺，並規定自己到家前要喝完。如果要開車超過 30 分鐘，或是剛完成一次長跑或其他消耗肝醣的訓練組，就預備一些固體或流質的碳水化合物吧。

多帶幾件衣服。 天氣比較冷時，多帶幾件乾燥的衣服可以在開車回家前替換。在免疫系統暫時抑制的期間，乾淨的帽子可以幫助你保持乾燥和溫暖。

然後，再伸展一次。 回到家後，至少要花幾分鐘再做一些靜態的伸展。骨盆的肌肉在跑步完開車回家後會有鎖死的感覺，做瑜伽的貓牛式有助於鬆解。

到目前為止，我們只考量到一週內的重度訓練和恢復模式。在整體馬拉松準備期間，重度模式和恢復模式都同樣重要。重度訓練一週接著一週，最終只會導致過度訓練甚至練到垮掉。要產生最佳的適應，最好在重度訓練幾週之後，安排一週恢復。本書中的訓練計畫表就有安排規律的恢復週。

可以運用的模式有許多種，而屬於自己的正確訓練模式，取決於個人的訓練強度、身體適應訓練的能力，以及其他生活壓力的大小。最常使用的模式是每 3 週重度訓練之後，休息 1 週。在馬拉松準備階段的前期，有些跑者能夠應付 4 週高里程數的訓練再休息 1 週，而有些人最多只能做到 2 週的重度訓練就需要休息 1 週。再次提醒，要經過試驗和修正，才能找到最適合自己的模式，並依此來調整你的訓練方針。

這些訓練計畫表中的恢復週還是保有 70% 重度訓練週的訓練量，例如：如果在重度週你要跑 97 公里，在恢復週就跑 68 公里。在恢復週時期，訓練組的量和強度也要比重度週少，例如：長跑的距離和每公里的配速都要減少，也不安排高強度的最大攝氧量訓練組。

錯誤的連續重度訓練組

老派的想法認為，連續數天的重度日讓雙腿習慣在疲勞狀態下跑步。但這個想法有道理嗎？

如我們所見，準備馬拉松最好的方法是高品質的長跑和節奏跑。舉例來說，練習跑 35 公里馬拉松時，與其疲累又辛苦地用比目標配速慢很多的配速（比如每公里慢 75 秒），不如在較有體力的狀況下用比目標配速稍慢的配速（比如每公里慢 25 秒），這更能提供有效刺激加強進步。至少每 3 週要安排一次這樣的長跑。這樣跑下來，你會感覺狀況更佳，不但能更加進步，也能在心理上有正增強的效果。

在雙腿疲憊不堪的狀態下做間歇訓練組或節奏跑，一點意義也沒有。間歇訓練（例如用 5,000 公尺的比賽配速來跑六次 1,000 公尺）為的是提升你的最大耗氧量，節奏跑（例如用乳酸閾值配速跑 8 公里）則是為了提升你的乳酸閾值。假如在疲累的時候做這些鍛鍊，結果往往達不到最佳的配速，不然就是必須減少鍛鍊分量（例如少跑了幾次間歇跑，或縮短了節奏跑距離）。不論是哪一種情況，你都會因為提供的刺激不足而無法進步，那不如有體力的時候做好鍛鍊還有效率得多。

恢復日（或輕度日）

到目前為止，我們在本章中討論了恢復在訓練計畫表中的必要性。採行輕重交替原則，在 1、2 天重度日後務必接著至少 1 天以上的輕度日。輕鬆的訓練日稱作恢復日比較恰當，因為輕度日為的就是讓你在下一次重度訓練前恢復。

那麼恢復日的內涵是什麼？一如跑步的各種方面，這個答案取決於你的生理和訓練歷程。無論在分量（距離）和強度上，恢復日應該要比各種重度訓練組更加輕鬆。在某些狀況下，恢復日應該要等於休息一天或交叉訓練一天。

馬拉松跑者在訓練中最常犯的錯誤，就是在恢復日訓練過度。如果你在恢復日訓練過度，下一次重度日到時就會太累，那麼你的鍛鍊就不如計畫中的順利。如果你像大多數跑者一樣，因為訓練不順利而懊惱，然後在下一次恢復日時更加努力訓練，因此展開惡性循環，導致重度日的訓練品質下降，結果就是在訓練和比賽中都表現平平。如同在節奏跑中你需要用紀律在你感覺欠佳時推你一把，在恢復日你也要恪守紀律，即使有餘裕也要按計畫放鬆訓練或休息。

　　另一個馬拉松跑者常犯的錯誤是在恢復日增加太多要跑的距離。訓練計畫前期，馬拉松比賽還遠在 8 週之後，在恢復日額外增加幾公里可能不會有影響，因為整體訓練的強度相對較低。然而，一旦到了馬拉松比賽前 8 週之內，就會針對特定目的安排重度訓練組。這時如果因為恢復日的額外幾公里慢跑，使身體在疲累狀態下進入重度訓練，就會損害到整體的進步狀況。

　　你不該在恢復日對你的肌肉和神經系統增加額外的訓練壓力。因此，你在那些日子要試著減少雙腿的負擔。恢復日在柔軟的表面上跑步，可以降低一週訓練中累積在腿、臀部和背部的影響。當你發覺恢復日正好在你最累、肌肉最疲憊無力的時候到來，那就理應讓你的肌肉好好放鬆。這也表示恢復日時要避免在山坡跑步，不只是因為跑上坡可能需要更費力氣，也因為跑下坡時會造成肌肉損傷，而你絕對不會想在恢復日遭受額外的肌肉損傷。

　　使用心率監測器是防止自己在恢復日過度訓練的好方法（詳見第 1 章和第 8 章透過心率訓練的資訊）。如果讓心率保持在低於你最大心率的 76%，或是你儲備心率的 68% 再加上安靜心率，就能讓身體恢復到能在重度日做好高品質鍛鍊。

　　假設，你的安靜心率每分鐘 50 下，最大心率每分鐘 185 下。如果用最大心率來推算，你就要在恢復日將心率維持在低於 141 下（即 185×76%）。儲備心率是最大心率減去安靜心率，在這個例子中，你的儲備心率是 135 下，如果用這個較複雜但也較準確的方法推算，你的心率就要在恢復日維持在低於 142 下（即 135×68%＋50）。

　　要設置適合你的恢復日訓練強度，還有另一種比較不需要技術的方法。用你 16 公里到半馬的比賽配速約每公里再慢 75 秒鐘來跑。比方說，如果你半馬跑 1 小時 18 分鐘以內，或是每公里 3 分 45 秒，你在恢復日的配速就是大約每公里 5 分鐘。

　　不要執迷在恢復日一定要到達某個配速，至關重要。在許多馬拉松訓練上，衛星定位（GPS）手錶是很有用的工具，但也可能阻礙你在恢復日用合理的力氣跑步。許多跑者有個自己認定的配速，若比那個配速慢了，對他們來說就不算真的跑步。他們隨時透過 GPS 手錶確認自己不會跑得太慢，而不是由他們的身體來支配他們在恢復日跑步的配速。一直擔心你的跑步在 Strava、Instagram 或其他網路社群上看起來怎麼樣，會使問題變得更複雜。

這麼做並不正確。沒有所謂太慢的配速，那樣的數值對我們的身體沒有意義，例如每公里 5 分鐘或每英里 9 分鐘。況且，「太慢的配速」過於僵化，忽略了恢復日時的配速每一天的變化性都遠大於 5K 比賽配速或乳酸閾值配速。確保自己快過「太慢的速度」違背了恢復日的訓練目的，恢復日為的是從上一段重度鍛鍊中恢復，讓自己準備好專注在下一段能真正增強的鍛鍊中，如長跑、節奏跑和間歇跑等等訓練。

在恢復日最好不要理會你的 GPS 手錶，並且只用能全程都感覺舒適的力度去跑。甚至，把路線記在腦中，然後把手錶留在家裡，這樣更好。曾在肯亞訓練的歐美跑者對於一些全世界最棒的馬拉松跑者能夠用很輕鬆的速度在恢復日練跑感到驚奇。為了感覺像是在儲存而不是慢慢地流失能量，用最接近你正常的節奏去跑，會讓你最不費力。很可能在跑步過程中你的速度會變快，但不要強迫自己變快。理想上，你在跑完恢復跑之後會想要再多跑幾公里，而且對隔天的訓練迫不及待。

在某些情況下，交叉訓練是恢復日練習的最佳選擇。對那些被週日長跑狠狠擊潰的跑者來說，在週一做交叉訓練是最安全的選擇。血流增加可以加強恢復，但是不會對雙腿、臀部和背部增加額外負擔。我們將在第 4 章討論交叉訓練。

在日常生活中恢復的注意事項

　　如果按照馬拉松菁英的方式過每一天，你很快會發現他們有多麼重視每次跑步之間那幾小時的恢復時間。除了跑步，他們大多數沒有其他工作，因此可以專注於恢復。而你的情況可能是一邊從事無關跑步的工作一邊練跑，以下方法可以幫助你在工作時獲得最佳恢復。

補充水分：一定要在你的工作場所放一瓶水，一天最好喝光幾次。

補充卡路里：準備一些健康的食物在身邊，這樣你整天都會有東西吃，才不會餓到拚命搥打自動販賣機。

良好的姿勢 1：確保你的電腦螢幕和眼睛在同一個水平線上，且不會離你太遠，如此一來，你坐著的時候頭部就不會因此向前傾垂一整天。

良好的姿勢 2：即使你的電腦放置在理想的位置，整天都坐在桌子前面，上半身還是很容易鬆垮下來。坐著的時候，頭部、肩部和臀部要保持在一直線，下背微彎。工作時有好的姿勢可以減少跑步中生物力學上的災難。

動一動：每小時至少站起來走動一次，減輕下背肌和大腿後側肌群的壓力。如果你辦公室裡的吸菸者都可以習慣性離開座位去抽菸，那麼你應該也要習慣性地站起來伸展一下你的雙腿。

避免過度訓練

　　對於所有積極進取的馬拉松跑者來說，過度訓練十分危險。為了努力求取進步，你會逐漸增加訓練分量和強度，有時你會練到自己的訓練門檻。如果你練到超過了訓練門檻，正面的適應會停止，並產生負面的適應，你在跑步和比賽中的表現就會受到不良影響。

　　每個跑者的訓練門檻都不盡相同，奪得四屆奧運和紐約馬拉松冠軍的夏琳・弗列根能夠連續每週跑上 193 公里，而有些運動員要保持每週跑 64

公里都有問題。同樣地，有些跑者能應付連續 2 個重度日訓練，而有些則在每次重度鍛鍊後都要間隔 3 個輕度日才行。你的訓練門檻也會隨著時間改變，像弗列根也不可能一直都維持這麼高的里程數，她也是在身體能承受增加的壓力之後，才慢慢增加里程數。詳細的訓練記錄可以幫助你了解自己的門檻在哪，以及這些門檻如何影響你的跑步生涯。可以使用軟體來追蹤訓練記錄，這對於觀察自己隨時間變化的進展情況特別有幫助。

過度訓練的定義

弄清楚是否過度訓練，至關重要。在一次重度訓練後的 1-2 天感到疲勞並不算過度訓練，這其實是恢復和進步必經的過程。當訓練的壓力合理且適量，就能使你進步得越快越好。如果訓練壓力已經超過最佳範圍，你還是能進步，但進步的速度會慢下來。只有在超過訓練門檻時（你個人的訓練門檻），才會造成真正的過度訓練。

比過度訓練更常見的是過量負荷（overreaching）。偏偏許多馬拉松跑者在這裡花費了許多時間。當你把太多天的重度訓練安排在一起時，就會發生過量負荷的狀況。肌肉疲勞的主因是肝醣耗盡，你只需要給身體一些時間新陳代謝就能恢復。數天的中度訓練和高醣飲食就可以快速補救。過量負荷也有可能是缺水、睡眠不足或平常訓練之外的其他生活壓力所引起。以上所有情況，只要壓力解除，你的身體都能在一週內恢復。

過量負荷若持續不斷，終究會導致過度訓練症候群。簡單來說，過度訓練症候群就是訓練的負荷和生活中其他壓力的總和長期遠大於身體恢復並產生正向適應的能力。而每個跑者引發過度訓練症候群的成因和門檻各不相同。

身體對於過度訓練的反應由下視丘 – 腦下垂體 – 腎上腺軸（HPA axis）控制。這個神經內分泌系統主導身體對壓力的反應，調節免疫系統、體溫、糖與脂肪的代謝、心情、性功能，以及釋放各種荷爾蒙，是身體處理壓力的主要控制中心。當你的下視丘 – 腦下垂體 – 腎上腺軸無法處理訓練和其他生活中的壓力時，就會出現疲勞、免疫系統功能下降、睡眠障礙、失去動力、易怒和運動表現變差等等典型症狀。缺乏充分恢復而反覆肌肉損傷所引起的慢性發炎反應，也可能導致過度訓練症候群。

　　過度訓練是由於計畫不周和不留意身體反應而引起。過度訓練不但與訓練強度有關，訓練難度（訓練負荷）和同質性也是息息相關。訓練同質性是每一天的難度負荷都缺乏變化所造成。單調的訓練通常是日復一日的中等強度訓練，而多樣化的訓練則由重度訓練，輕度訓練和休息日組成。

　　訓練負荷和訓練同質性的結果就是你的訓練張力值。最有效的訓練計畫表是在多種類的重度訓練和輕鬆的恢復日或休息日之間找到正確的平衡，達到不至於無法負荷的最佳提升效果。再次強調，在這裡做好訓練紀錄的幫助很大，用手寫或各種軟體都可以，只要定期更新就好。如果能意識到訓練的負荷和同質性已經逼近邊緣，你就可以調整這些訓練要素，獲得最理想的訓練和馬拉松表現。

克服過度訓練

　　如果你真的發生過度訓練的狀況，就必須立刻採取措施。第一個步驟是去看運動醫學科醫師，檢查自己是否罹患症狀類似過度訓練的疾病。極度的疲勞都可能是比跑步更加嚴重的原因引起。你的醫生可能會給你做很多檢驗，例如檢查你的紅血球計數、血紅素、鐵蛋白，來確認你體內的鐵質含量是否正常（參見第 2 章）。

　　除非你過度訓練的情況特別嚴重，不然大幅減少訓練 3-5 週就可以讓精力狀態回復正常。要克服過度訓練症候群，降低訓練強度比降低訓練量還重要。減低強度，只做輕鬆的有氧跑步是最重要的步驟。

　　然而，你也必須降低訓練量。該降低多少完全取決於個人的情況，以及過度訓練的嚴重程度。根據過去經驗，將里程數減少 50% 就足以讓身體恢復健康。此外，如果你每天訓練 2 組，則有必要減少為每天訓練 1 組。

身體需要時間來恢復，第 2 組鍛鍊會使你恢復的進度減慢。在最初幾週，每週至少有 1 天不安排訓練也很有用。

　　有一些例子的跑步表現變差，是由於消耗的熱量和可用的熱量之間長時間不平衡所造成。這稱為「運動中的相對能量不足」（Relative Energy Deficiency in Sport, RED-S），能量攝入少於能量消耗，最終導致健康和運動表現受損。當你的身體長時間熱量不足又加上重度訓練，身體會作出反應以保護自己。在這種情況下，體重可能保持不變或僅略有下降，這是因為隨著身體試圖適應更少的熱量，新陳代謝率也會跟著下降。而女性運動員，能量供應的不平衡會導致女性運動員三聯症（female athlete triad）：低能量可用性、月經異常（或停經）和低骨質密度。這些情況互相關聯，如長跑選手這類纖細體態與運動表現相關的運動員，就承受較大風險。三聯症通常始於限制飲食攝取和同時間進行高里程數長跑，導致雌激素生成減少，月經不規律。這也會降低骨質密度，增加壓力性骨折和其他傷害的風險。隨著三聯症發生，跑步表現會下降，但對長期健康造成的風險更為嚴重。想要克服運動中的相對能量不足（RED-S）和女性運動員三聯症，需要增加熱量和營養素的攝取，減少訓練，以及改善生活方式，並且常常尋求運動醫學科醫師、運動營養學家和心理學家的幫助。

加速恢復的技巧

　　除了在訓練中找到正確的平衡並改善飲食，還有許多技巧可用來加速身體恢復的速度。從馬拉松訓練中恢復的傳統輔助方法包括：重度鍛鍊後做緩和運動，冷水浸泡法和按摩療法；壓力運動服可能也有幫助。而第 2 章的各種研究證實，在訓練後攝取適當營養也有益於恢復。

緩和運動

　　高強度跑步後的緩和運動目的是幫助身體回復到訓練前的狀態。這是從高強度訓練或比賽中恢復的關鍵第一步。完整的緩和運動可增加血液流量，更快從肌肉和血液中清除乳酸鹽和代謝廢物，減少腎上腺素和正腎上腺素（noradrenaline）濃度以加快新陳代謝回復至靜息狀態，降低延遲性肌肉痠痛，進而提升你的恢復速度。

你的緩和運動可從 10-15 分鐘的輕鬆跑開始。如果太累，則不妨步行或嘗試一些輕鬆的交叉訓練。如果你在你最大心率的 60-75％時開始緩和跑，並且在最後 5 分鐘慢慢減速到慢跑或步行，則可以完美清除乳酸鹽、腎上腺素等等。跑步後，你的肌肉會變溫暖並有良好的血液流動，因此肌肉伸展也不易損傷，所以這也是溫和伸展肌肉的最佳時間。

冷水浸泡法

一組重度訓練後不久就浸泡冷水，可以減輕延遲發作的肌肉痠痛和疲勞感。為了產生正面的效果，你需要在冷水中浸泡一陣子，以降低肌肉的溫度。最有效的溫度範圍約為攝氏 11-15 度。要達到這個溫度範圍，可以在裝滿冷水的浴缸裡添加冰塊，而春、秋時節的溪流或海水也可以（本書的共同作者史考特就曾很不情願地在緬因州南波特蘭的家附近試過）。初入水時，你會感覺很冰冷，但請嘗試留在水中 5-15 分鐘。

監控你的恢復能力

監控你的身體狀況可為你提供有關訓練適應性、受傷或患病風險，以及預備下次進行重度訓練組的寶貴資料。有幾種好方法可以判斷你是否處於過度負荷狀態，從而避免過度訓練，保持健康。你可以使用這些資訊，依自己的條件狀況來調整訓練計畫表，以改善恢復狀況。跑者和其他耐力運動員可以利用各種應用程式，監控各種影響訓練恢復的關鍵因子，例如安靜心率和深度睡眠量。這些應用程式每天只需花你幾分鐘，就能幫助你輕鬆監控各項影響你訓練和恢復的因子，並且通常會在一些狀況朝著錯誤的方向發展好幾天時發出警告。

　　監控恢復狀況的方法很多，但最簡單的方法不僅管用，也最容易遵循。結合這些方法，檢測的數值有助深入了解你對訓練的適應性。通常，當這些檢測數值降低時，跑步的表現和恢復力會在幾天後惡化。除了訓練上的詳細資料，也請嘗試追蹤以下因子並定期查看數據，來預測自己發生過度訓練、疾病或傷害的模式。盡可能持續測量這些因子的數據也十分重要。

體重：每天（或每週數次）在同一時間測量體重。每天的體重可能會有起伏，但持續數天體重下降可能代表脫水了。持續數週體重下降可能代表你沒有攝取足夠熱量、生病或訓練過度。

早晨心率：你早晨起床時的心率可以顯示出你的恢復情況。重要的是要在醒來後立即檢查你的心率，因為一旦你開始考慮當天的計畫，心率就會增加，起床後每分鐘大約增加 10 下心跳。此外，被鬧鐘叫醒會增加你的心率，並使數據的可靠性降低。因此，為了找到你的安靜心率，這幾天請戴上心率監測器，並在醒來後立即測量脈搏。你所找到的最低心率就是你的真實安靜心率。如果你的早晨心率每分鐘比平常高出 5 下以上，則可能代表恢復不足，或者可能是你身體不適的第一個徵兆。早期發現對預防疾病非常有用。

環境條件：記錄炎熱天氣的溫度和濕度。由於核心體溫升高和脫水，比起在攝氏 16 度和低濕度下，在攝氏 27 度和 80% 濕度下跑步，身體承受的壓力要大得多。如果你在炎熱潮濕的天氣下做重度訓練或比賽，產生的熱度會超過人體消除熱度的能力，導致你的核心溫度攀升，因此延長恢復時間。同樣地，如第 2 章所述，嚴重的脫水也會延長恢復時間。跑者受熱度影響的狀況因人而異，追蹤這些因子可以幫助你針對炎熱的天氣作必要的訓練調整。

睡眠時數：單一夜晚的睡覺時數並不特別重要。然而，如果你的睡眠時間不理想的狀況累積了好幾晚，就可能影響恢復和正向適應訓練的能力。如果結合其他測量數據，可以找出恢復不佳的情況，並指出需要改變的生活方式，以增進跑步表現並幫助預防疾病或傷害。

睡眠品質：睡眠品質可以說比睡眠時數更加重要。每晚評估你的睡眠品質，問自己：「睡得好不好？半夜醒來的次數多嗎？起床後是否感到神清氣爽？」並盡量持續評估自己的狀況。睡眠品質下降通常與過度訓練有關。睡眠品質降低也可能是跑步之外的壓力所導致，但同樣對跑步表現產生了影響。如何以睡眠提升最佳的恢復效率，可參見第 91 頁「睡得越好，跑得越快」。

飲食品質：每天評估飲食的整體品質。你每餐的食物是否滿足了你在碳水化合物和蛋白質上的需求？你是否餓到暴飲暴食？你大部分的熱量都來自健康的食物嗎？缺乏能量的狀況往往源自於前幾天的不良飲食。

身體含水量：脫水對跑步表現會造成負面影響，並使訓練後的恢復速度變慢。每天評估身體的水分含量：你的尿液是否清澈？你是否規律地飲用少量水分，所以不常感到口渴？你經常覺得嘴巴和喉嚨乾渴嗎？你每天的體重也可以清楚呈現你身體的水分含量。

肌肉痠痛：跑者大多數時候覺得肌肉略有痠痛並不罕見。重度鍛鍊或下坡跑就可能導致肌肉痠痛增加。每天評估你的肌肉痠痛狀況。跑幾公里之後，痠痛會減輕嗎？你的痠痛是否可以說是因為最近的鍛鍊導致？如果增加的肌肉痠痛持續超過 4-5 天，很可能是你生病或你過量負荷。特定肌肉的痠痛代表的是潛在的運動傷害，整體的肌肉痠痛則是顯示你恢復和訓練適應的狀況

精力狀態：精力狀態是評估是否從訓練中恢復的最好指標之一。每天評估你的精力狀態：你是否有精力完成自己的跑步和日常生活目標？在跑步或執行任務時，你是否機靈和專注？如果你的精力下降超過 3 天，這時確認下降因素很重要。精力降低的典型因素有碳水化合物攝取不足、連續重度訓練日數過多、疾病、缺鐵、脫水和睡眠不足。檢視你的訓練狀況和你的生活方式等等因子，你應該能夠辨識出精力不足的可能因素。

標準配速的心率：在固定配速下，如果你的心率每分鐘比平常高出約 7 下以上，你很可能還沒有從先前的訓練中恢復過來。舉例來說，如果你以每 8 分鐘跑 1 英里的速度跑步時，心跳通常是每分鐘 145 次，而有一天你發現以該速度跑步的每分鐘心跳卻高達 155 次，那麼你可能需要額外的恢復才能進行下一次重度訓練。以特定速度跑步，每天每分鐘的心跳會有些許不同，並且還會受到脫水、炎熱或潮濕的環境條件等因素影響，因此在評估高於平常的心率時，要把這些也考慮進去。

埃利烏德・基普喬蓋 Eliud Kipchoge

最佳紀錄：2:01:39（2018 年柏林馬拉松）
重要佳績：2016 年奧運會馬拉松金牌；2015 年、2017 年、2018 年柏林馬拉松冠軍；2015 年、2016 年、2018 年、2019 年倫敦馬拉松冠軍；2018 年在柏林馬拉松打破世界紀錄；2017 年在 Nike 策劃的破二挑戰馬拉松（Nike Breaking2），創下人類在馬拉松史上前所未有的最快極限。

Lintao Zhang/Getty Images

2003 年，年僅 18 歲的基普喬蓋意外贏得了 5,000 公尺世界冠軍頭銜。但當基普喬蓋在 2018 年柏林馬拉松中打破世界紀錄時，就沒有人為此震驚了。來自肯亞的他用 2:01:39 的時間（比舊紀錄整整快了 78 秒）證明自己是歷史上最偉大的男子馬拉松運動員（編按：2022 年 9 月，再度刷新世界紀錄，比舊記錄快了 30 秒──2:01:09）。

看看基普喬蓋的紀錄：在他的前 11 場全馬比賽中，他贏了 10 次。那段時間裡，他唯一一次失利是在 2013 年的柏林馬拉松，那時他跑出了生涯最佳紀錄，卻敗給一位打破世界紀錄的跑者。在柏林、倫敦、芝加哥等馬拉松賽事的勝利光環圍繞下，他在 2016 年奧運會拿下金牌簡直是理所當然。更為人津津樂道的，是 2017 年春季的 Nike 破二挑戰活動，基普喬蓋以 2:00:25 的時間跑出有史以來最快的馬拉松比賽（但因為配速、補給等因素，該成績並不能當作正式紀錄）。

基普喬蓋顯然具有非常優秀的身體天賦，否則也無法在奧運會和世界賽道上稱霸。他的主要天賦之一就是能夠應付世界級的訓練。基普喬蓋好幾年來都沒有嚴重的受傷，這使得他之前的每個訓練週期所培養的體能都成為他當前的基礎。

我們雖然相信在眾多競爭者中，還是有人在實驗室的生理數據上與基普喬蓋相當甚至超越他，但真正讓他脫穎而出的是他的心態，而這是所有馬拉松選手可以花時間培養的能力。

基普喬蓋說：「如果你不掌控自己的心智，那麼它就能掌控你。我總是告訴自己，我有能力做到，而且我一定會全力以赴。」

基普喬蓋並非妄想要跑出 1 小時 30 分鐘的馬拉松比賽，他所談論的是他對所有可能性保持開放，只要他的身體準備好、心態正確，那麼任何事都有可能發生。基普喬蓋可能會跟前馬拉松世界紀錄保持者保羅・塔蓋特（Paul Tergat）說一樣的話：「問問自己，我能付出更多嗎？答案幾乎總是肯定的。」

這種心態比鞭策自己，或其他的忽略身體發出的信號更加複雜棘手。這是關於在訓練和比賽中學習如何克服不可避免的艱鉅任務，同時保持積極、放鬆和高效率的態度。越來越多的研究表明，專注於保持放鬆狀態不僅會轉移你的思想，使你不再思考不愉快的事情，同時稍微推升跑步經濟性。

基普喬蓋會練習在賽前作觀想；他會在腦中形成贏得比賽、跑得愉快且克服挫折的具體意象。他擁有一系列充滿意義的箴言，在比賽和訓練中不斷向自己唱誦，激勵他專注於自己的目標。正是這些技巧，勝過某些心理韌性的籠統概念，使他贏得了 2015 年柏林馬拉松冠軍，儘管他的鞋墊在比賽的大部分時間都滑出鞋子外。

基普喬蓋另一個心理建設的關鍵是，他熱愛馬拉松的準備過程。這並不是說每次跑步都能使他腦內啡奔流，或者每次在週三早起練習中長跑時都應該保持快樂。基普喬蓋的看法與美國馬拉松紀錄保持者迪娜・凱斯特相似：我們是作出選擇，而不是作出犧牲。也就是說，將你為提升自己的跑步所做的努力，看作是為了實現自己的遠大願景所做出的貢獻。對於基普喬蓋，這就包括付出時間在訓練上，而無法陪伴家人。對於你，你可以把軸心放在你的飲食、睡眠和肌力訓練上。這就是一個冠軍的心態，不管你跑了多少次馬拉松。

按摩

競賽馬拉松跑者廣泛使用按摩療法來提升恢復力、放鬆身心並防止受傷。越來越多科學和非科學證據都顯示按摩療法普遍對運動員深有助益，尤其是長跑運動員。肌肉會在按摩後感到疲勞，所以跑者通常在訓練結束後才做按摩，而且會避免在重度鍛鍊或比賽前一天做深度按摩。

按摩的好處包括改善按摩部位的血液流動、幫助肌肉放鬆、改善肌肉和周圍結締組織的活動度和柔軟度、運動員的整體放鬆、鬆解瘀傷組織，以及發現身體緊繃區域以避免運動傷害。越來越多的證據表明按摩可以減少延遲性肌肉疲痛。有趣的是，在一項對馬匹的研究顯示，按摩療法可以增加運動範圍和步幅。

如果你受得了按摩，還可以幫助你從重度馬拉松訓練中加速恢復。為了產生效果，運動按摩會讓人感到痛快（也就是不會太溫和）。在容易觸及的緊繃肌肉（如股四頭肌群、小腿後側肌群和腳）自己做幾組輔助按摩會很有幫助。也可以利用各種工具自行按摩，包括泡棉滾筒、按摩球和滾筒放鬆按摩器（roll recovery）。

按摩療法的形式很多，如同其他學科，按摩療法專家的專業知識也很廣泛。你選擇的按摩治療師最好是美國按摩療法協會（或其他國家的類似機構）的成員，並得到其他跑者推薦，如此你會對療程的效果更有信心。

使用泡棉滾筒是自己做按摩的好方法。

睡得越好，跑得越快

睡個好覺對於恢復和產生正面的訓練適應性十分重要。跑步通常會改善睡眠的量和品質，但是過度訓練會干擾睡眠模式。沒有人能確定運動如何改善睡眠，但可能是交感神經與副交感神經系統作用變平衡的結果。交感神經系統的刺激會增加心率、血壓，促進新陳代謝率和智力活動，這些全都對睡眠沒有幫助，但副交感神經作用則正好相反。跑步時交感神經作用增加，但不運動時，耐力訓練會導致交感作用減到比副交感作用還要弱。交感神經作用與副交感神經作用之間平衡的改變，可能使你更快入睡並睡得更深。

睡眠的好處包括增加人類生長激素分泌，改善腦部功能和記憶、免疫功能、反應速度和心理健康。睡眠可改善下視丘功能，從而改善恢復力和人體適應壓力的能力。睡眠的好處既複雜且環環相扣；長期缺乏睡眠會妨礙你適應訓練的能力，並損害馬拉松表現。

睡眠習慣改變是過度訓練的預警信號。超出個人極限的訓練會給生理和心理帶來壓力，可能會刺激交感神經系統，導致煩躁不安並降低睡眠的量和品質。減少睡眠對於跑者可說是雙重損害，因為身體的大部分恢復和重建都發生在睡眠過程中。在準備馬拉松比賽期間，應確保睡眠充足，否則你的運動表現可能會下降、免疫系統受到抑制，而且更容易受傷。

當你有異常的睡眠困難，可能代表你重度訓練太過頻繁。透過減少訓練，並且不要跑得太晚，你就可以輕鬆改善睡眠。跑步強度越大，對神經系統的刺激就越大，因此減少訓練強度可能比減少訓練里程數更有益於睡眠。

為了改善你的睡眠模式，請保持規律。每天大約在同一時間吃晚餐和睡覺，有助於調控你的生理時鐘，使你的身心在每晚的同一時間自動關閉。此外，晚上應避免電子設備螢幕上發出的藍光，因為藍光可影響誘發睡眠的褪黑激素，並且在睡前幾個小時內應避免含咖啡因或酒精的飲料。最後，除非你準備要睡了，否則不要躺在床上。如此一來，在你確實躺平時，你的大腦就會收到另一個進入夢鄉的信號。

現在有各式各樣的個人睡眠追蹤設備可用，這些設備可以提供諸如心率、呼吸頻率、在床上翻覆的狀況、快速動眼期、溫度、濕度和心率變異度等數據。有些還特別設計來幫助入睡和從睡夢中逐漸醒來。這些設備許多都沒有紮實的研究支持，但如果你熱愛科技，也有一點預算，這些設備可能會幫助你更加了解自己是否睡眠充足，以及如果睡眠不足該怎麼辦。

壓力運動服

壓力褲能加快恢復速度嗎？有可能。壓力褲和壓力襪廣泛應用於訓練和恢復期間。壓力運動衣會向肌肉群施加外部壓力；最有效的壓力衣會在不同部位施加不同壓力，壓力從腳（或腳踝）到腿部往臀部逐漸減少。製造商聲稱壓力衣有很多好處，包括改善靜脈血液回流到心臟，加速排出乳酸鹽，加速肌肉恢復和減少疲勞。

壓力衣的研究正迅速發展，但是最近的證據顯示，壓力褲和及膝壓力長襪對於跑者在減少延遲性肌肉痠痛和恢復過程中的疲勞感很有用。壓力襪還可以幫助搭飛機的馬拉松跑者，因為它們在減少飛行中的僵硬度和腳踝腫脹方面特別管用。

在本章中，我們研究如何用最低程度的恢復使你從長跑和重度鍛鍊中獲得最大效益。然而，成功的馬拉松所涉及的不僅僅跑步而已。正如真正的恢復日能決定你的訓練是差強人意還是最佳狀態，輔助訓練也一樣，例如柔軟度和核心肌力的訓練就可以幫助你獲得最大的馬拉松訓練效益。

第4章
輔助訓練
Supplementary Training

本章著重在訓練裡某幾個攸關馬拉松表現是否卓越的重要方面。我們將討論五種時常被歸類為交叉訓練但應該獨立出來探討的輔助訓練。

首先,我們會探討柔軟度對於馬拉松的重要性,以及改善的方式。接著,我們會檢視對於馬拉松跑者尤其重要的核心穩定性訓練。第三,我們將討論肌力訓練對馬拉松跑者為什麼有益處,以及如何將它融入整體訓練計畫中。隨後,我們會介紹一些能改善跑步姿勢的技術操練,最後則討論一些能增強心肺功能、降低受傷機率的有氧交叉訓練。

我們會簡短說明柔軟度、核心、阻力和姿勢運動如何造福馬拉松跑者。如果你覺得某項運動特別難受,很可能代表該部位特別無力或緊繃,甚至兩者皆是。針對問題最多的部位加強,可讓你在訓練和比賽上都能跑得更快、更樂在其中。圖 4-1 為人體肌肉分布圖,在進行本章的伸展及運動時可作為參考。

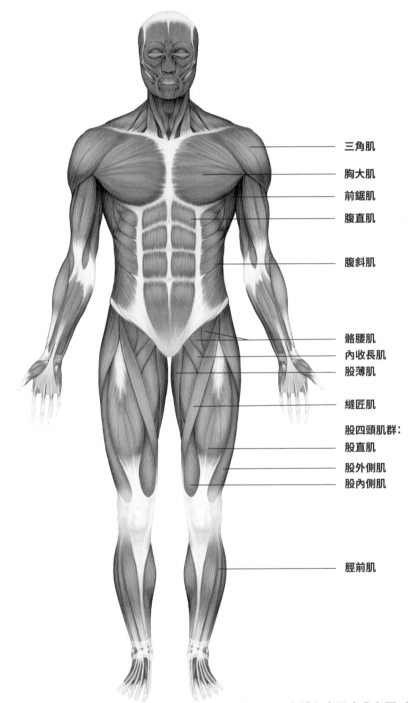

三角肌
胸大肌
前鋸肌
腹直肌

腹斜肌

髂腰肌
內收長肌
股薄肌

縫匠肌

股四頭肌群：
股直肌

股外側肌
股內側肌

脛前肌

圖 4-1　人體全身肌肉分布圖（正面）

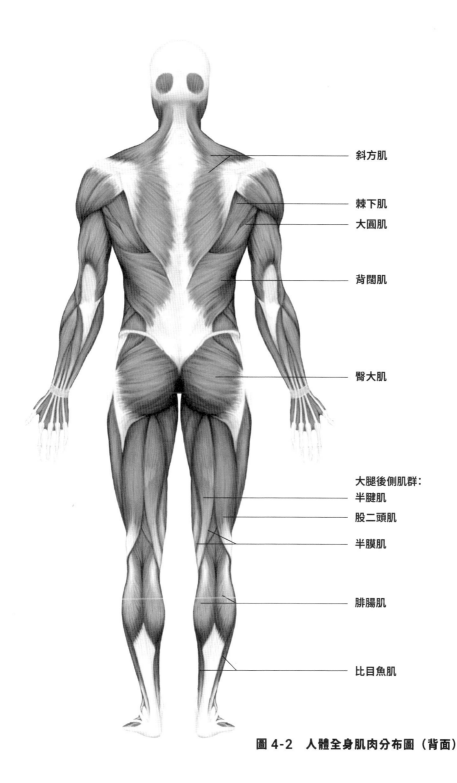

斜方肌

棘下肌

大圓肌

背闊肌

臀大肌

大腿後側肌群：
半腱肌

股二頭肌

半膜肌

腓腸肌

比目魚肌

圖 4-2　人體全身肌肉分布圖（背面）

當你疲憊且專注於長跑或節奏跑的訓練時，很容易會跳過核心穩定性訓練、姿勢操練和柔軟度運動這一類的輔助性訓練。然而，這些額外的訓練提供的變化不但令人精神大振，更重要的是，還可以修正身體的失衡及弱點，對於矯正跑步姿勢極有幫助。良好的姿勢有助於增加訓練強度和長度，並降低受傷的風險，且在馬拉松過程中能夠維持更有效率的跑步技巧。在準備馬拉松訓練計畫時，務必將這些訓練組的實行時間也安排進來。

柔軟度訓練

馬拉松訓練對身體會造成損傷。其中最主要的代價就是柔軟度的喪失。增加身體自然活動的範圍可以改善跑步技術、擴大步幅，同時降低受傷風險。

緊繃的肌肉造成的阻力會限制你的步幅。伸展不但可以增加肌肉的長度，同時也能增長肌肉纖維周圍的結締組織。

伸展運動主要分為兩大類：靜態伸展和動態伸展。靜態伸展是將特定肌群獨立出來，使該肌肉維持在伸展狀態，動作持續 20 秒以上。動態伸展則是在活動範圍內重複活動關節（如髖關節）。

這兩種伸展在馬拉松訓練上都相當重要。動態伸展可使不同肌群在暖身前充分伸展，適合在一般訓練跑之前做。相較於完全不做伸展或只做靜態伸展的人，跑步前做動態伸展可以幫助血液循環，增加關節活動度，增強肌肉力量。你也可以將動態伸展加入鍛鍊或比賽之前的暖身運動。此種伸展對早起跑步的跑者特別有助益，不僅省時，也能有效舒展徹夜未活動的身軀。

靜態伸展則適合在跑步後進行，或作為輔助訓練組的一部分。有些靜態伸展的動作也可以加入暖身時的動態伸展。靜態伸展可以增長肌肉纖維和肌肉纖維末端和周遭的結締組織。跑步後，盡可能做至少 10 分鐘的大肌群伸展。最理想的情況是每次跑步後就做第 107 頁表 4-2 的「24 分鐘靜態伸展柔軟度計畫」，但在忙碌的生活中，很少跑者願意投入那麼多時間伸展。若要規畫每日例行跑後伸展，你可以挑選幾個最緊繃的部位，參照表中的方式來做。為了確實提升柔軟度，每週應做上 2-3 次完整的 24 分鐘靜態伸展柔軟度計畫。

跑步前後的柔軟度運動可以改善跑步姿勢並降低受傷的風險。

　　若時間許可，對瑜伽也有興趣，你也可以將瑜伽加入馬拉松訓練中。瑜伽可以藉由改善柔軟度、核心肌力、跑步姿勢，以及矯正肌肉平衡來減緩長跑對身體造成的負擔。哈達、阿斯坦加、流瑜伽、力量瑜伽等等的瑜伽派別都相當適合跑者。在馬拉松訓練期間，一週一組瑜伽課或許是極限，但可能是最令人期待的活動。在我們的訓練計畫表中，瑜伽可安排在休息日或有氧訓練日。馬拉松訓練過程中，你很可能無法定期去瑜伽中心上 1 小時的課，市面上許多針對跑者設計的應用程式和影片這時就可派上用場，讓你在家就能做瑜伽。

跑步前的動態柔軟度例行操

　　將表 4-1 的每個動作各做 2 遍。第一遍用溫和的強度，第二遍再調整為中強度即可。切記不要過度用力。

表 4-1　動態柔軟度暖身運動

動作	重複次數
1. 手臂交叉	10 下
2. 貓牛式	8 次
3. 站姿前後抬腿	每一腿 15 下
4. 站姿側抬腿	每一腿 15 下
5. 臀部繞圈	順時針、逆時針各 10 圈
6. 躺姿抱膝	每一腿各 10 次（交替做），接著雙膝 5 次
7. 側邊跳步	左右兩側各 15 下

動作 1：
手臂交叉

次數：10 下。

效果：改善雙肩和上背的柔軟度。

作法：先將兩手臂張開，接著輕輕擺動，使兩臂在胸前交叉，並保持放鬆，與肩平齊。

每次擺動，左右臂輪流交疊在上。

a

b

動作 2：
貓牛式

次數：8 次。

效果：改善頸部、雙肩、脊椎和髖部的柔軟度。

作法：四肢著地跪姿，手臂和大腿皆與地板垂直。一邊吸氣，一邊緩緩挺背，拉長脊椎（圖 a）。停留一下，再吐氣，頭部朝下，腹部肌肉往內縮，慢慢拱背（圖 b）。

重複 8 次。

a

b

動作 3：
站姿前後抬腿

次數：每一腿 15 下。

效果：改善髖屈肌群、臀部肌群和大腿後側肌群的柔軟度。

作法：側身單手扶牆或堅固物體。抬起離牆的腿，以最大幅度向前後擺動。（圖 a 和 b）

轉身，換手扶牆，換腿重複相同動作。

動作 4：
站姿側抬腿

次數：每一腿 15 下。
效果：改善內收肌群、外展肌群和臀部肌群的柔軟度。
作法：面牆，雙手與肩同寬，扶牆。腳尖離牆約 2 個腳掌長的距離。
抬起一腿，以最大幅度向兩側擺動（圖 a 和 b）。
換腿，重複相同動作。

動作 5：
臀部繞圈

次數：順時針、逆時針各 10 圈。
效果：改善軀幹和髖部的柔軟度。
作法：雙手放在髖部兩側，雙腳與肩同寬，雙膝微蹲。
雙腳不動，臀部和骨盆慢慢畫圓。
動作結束後，換方向重複畫圓。

動作 6：
躺姿抱膝

次數：單腿各 10 次（交替），接著雙腿 5 次。
效果：改善臀部肌群、大腿後側肌群和下背的柔軟度。
作法：平躺。雙手抱單膝，並使膝蓋盡量貼近胸前。動作維持 3 秒後，
放開膝蓋，伸直腿部平放於地板，兩腿交替重複 10 次。
雙手同時將雙膝抱至胸前貼緊。動作維持 3 秒後，輕輕放下，重複 5 次。

動作 7：
側邊跳步

次數：左右兩側各 15 下。
效果：改善雙肩、上背、臀部肌群、內收肌群、外展肌群和小腿後側肌群的柔軟度。
作法：雙手展開，雙腳與肩同寬。向一外側邊跨步跳開，雙腳內側鞋緣在每一跳步間輕點一下，同時雙手向上做最大幅度垂直揮動（就像開合跳）。
一邊做完，換向另一側重複動作。

跑步後或輔助性的靜態例行操

在馬拉松訓練中做靜態伸展，無論是跑步後或作為單獨訓練組，都有助於維持柔軟度。靜態伸展時，要做到足以使肌肉拉開的強硬，同時也能使肌肉放鬆的溫和。伸展太過猛烈會讓肌肉為了避免拉傷或撕裂肌肉纖維而反射性緊繃。做伸展時要溫和且持續，才能使肌肉和周圍的結締組織獲得改善。

做靜態伸展時，一般建議停留約 30 秒，每種伸展做 1-2 次。若想在效率與效力間取得完美平衡，我們建議每次停留 20-30 秒，每種伸展做 2 次。強度由緩和慢慢加重，維持在身體限度內即可。如果伸展時開始疼痛，立即停下來，並檢視自己使用的技巧是否正確。伸展的同時，也要注意呼吸。有些跑者在伸展時會不自覺屏氣，這會降低伸展的效果。

髖屈肌群和大腿後側肌群是馬拉松跑者要注意的兩個重要部位。髖屈肌群（主要是髂腰肌和股直肌）是連接髖部並抬起大腿的肌肉群。這個肌群是人體最強壯的肌肉之一，也是跑者最常發生縮短和缺乏彈性的肌群。改善髖屈肌群的柔軟度，可以使連接骨盆的大腿向後伸展的幅度增大，你的步幅也能因此擴大。

緊繃的大腿後側肌群會使大腿無法完整地前後擺動，而限制跑步時的步幅。髖屈肌群和大腿後側肌群緊繃的結果，會使跑者在跑步時無法將腳好好抬起。持續緩慢而穩定地伸展大腿後側肌群將可使步幅自然而然增加到最大。做表 4-2 的靜態伸展將有助改善柔軟度。

提醒
■ 每個動作重複 2 次，再進到下個動作。
■ 伸展時保持正常呼吸，不要屏氣。
■ 不要伸展會疼痛的部位。

表 4-2 24 分鐘靜態伸展柔軟度計畫

動作	重複次數	每次時間
1. 小腿後側肌屈膝伸展	每邊 2 次	20-30 秒
2. 小腿後側肌直膝伸展	每邊 2 次	20-30 秒
3. 大腿後側肌直膝伸展	每邊 2 次	20-30 秒
4. 大腿後側肌躺姿伸展	每邊 2 次	20-30 秒
5. 股四頭肌群伸展	每邊 2 次	20-30 秒
6. 髖屈肌伸展	每邊 2 次	20-30 秒
7. 臀部肌肉伸展	每邊 2 次	20-30 秒
8. 髖部旋轉伸展	每邊 2 次	20-30 秒
9. 肩膀和背闊肌伸展	2 次	20-30 秒
10. 胸部伸展	每邊 2 次	20-30 秒
11. 抗力球下背伸展	2 次	20-30 秒
12. 下犬式	2 次	20-30 秒

動作 1：
小腿後側肌
屈膝伸展

次數：每一腿 20-30 秒，重複 2 次。
效果：改善比目魚肌（小腿裡層到小腿下半部的肌肉）的柔軟度。
作法：面壁站立，離牆一個手臂長的距離。雙腳與肩同寬，腳趾朝前。
左腳向後滑，使重心落在右腳。
慢慢屈下右膝，直到小腿下半部肌肉感覺伸展開來。
換邊重複。

動作 2：
小腿後側肌
直膝伸展

次數：每一腿 20-30 秒，重複 2 次。

效果：改善腓腸肌（小腿上半部的肌肉）的柔軟度。

作法：面壁站立，離牆一個手臂長的距離。雙腳與肩同寬，腳趾朝前。
右腳往後跨一步，身體向前傾，雙手手掌平貼牆面。
右腳掌平貼於地面，右膝伸直。
髖部緩慢朝前方移動，直到右腿的小腿後側肌肉感覺到伸展開來。
換邊重複。

動作 3：
大腿後側肌
直膝伸展

次數：每一腿 20-30 秒，重複 2 次。

效果：改善大腿後側肌群的柔軟度。

作法：準備一個凳子或其他穩固的物品，其高度介於膝蓋與臀部之間。
面對凳子站立，距離凳子不超過腿的長度。

抬起右腿，腳跟置於凳子上。下背微彎時，背部其他部分盡可能保持
挺直，身體向前傾，直到大腿後側肌群感覺伸展開來。

換邊重複。

動作 4：
大腿後側肌
躺姿伸展

次數：每一腿 20-30 秒，重複 2 次。
效果：改善大腿後側肌群的柔軟度。
作法：平躺於地面。
抬起一腳，盡量伸直，雙手扶住大腿後側。
將腿帶向身體，直到大腿後側肌肉感覺到伸展開來。
換邊重複。

動作 5：
股四頭肌群
伸展

次數：每一腿 20-30 秒，重複 2 次。

效果：改善股四頭肌群（伸直膝蓋的主要肌群）的柔軟度。

作法：手靠牆站立，保持平衡。

右膝屈曲，右小腿抬離地面，且將腳跟盡可能拉向臀部，直到股四頭肌群感覺伸展開來。

注意身體不要向前傾，不要彎下背。

換邊重複。

動作6：
髖屈肌伸展

次數：每一腿 20-30 秒，重複 2 次。

效果：改善髖屈肌群（連接前髖部和軀幹的主要肌群）的柔軟度。

作法：先採跪姿，左腿膝蓋撐在地墊或薄枕頭上，右腳掌前踩並平貼於地面，小腿與地面成 90 度。保持上身垂直，頭部向上提，髖部緩緩往前移動，直到髖部前端肌肉感覺伸展開來。啟動下腹部肌肉，就能調整你感覺到伸展的地方。要進階加強伸展，將左手抓住向後伸的左腳踝。將腳跟往屁股帶，如同伸展股四頭肌群的動作。換邊重複。

動作 7：
臀部肌肉伸展

次數：每一腿 20-30 秒，重複 2 次。

效果：改善臀部肌肉和外旋轉肌的柔軟度。

作法：平躺於地面，雙腿抬起和地面垂直，雙膝屈曲 90 度，兩腳腳掌平貼抵住牆面。

左腳腳踝移至右膝上，左手輕壓左膝，朝牆面推，直到左邊髖部外側感覺伸展。

換邊重複。

動作 8：
髖部旋轉伸展

次數：每一腿 20-30 秒，重複 2 次。
效果：透過伸展臀部肌群和下背部肌群來改善髖部的旋轉幅度。
作法：平躺於地面，雙手雙腳攤開。
抬起左腳，使左大腿與地面垂直，左膝屈曲 90 度。
將左膝往右方帶，直到髖部、軀幹、下背部感覺伸展開來。
用右手輕壓左膝，盡可能靠近地面。頭部和雙肩保持貼地。
換邊重複。

動作 9：
肩膀和
背闊肌伸展

次數：每次 20-30 秒，重複 2 次。

效果：改善肩膀、上胸部和背部肌肉的柔軟度。

作法：雙膝跪於一張椅子或一個抗力球前，或者站立於一張桌子或檯面前，雙手向前伸直，使手掌平放於椅子或桌子表面。

上半身保持水平，頭部保持直視地面，慢慢將胸部朝地面推，直到胸部、上背部和雙肩感覺伸展開來。

換邊重複。

動作 10：
胸部伸展

次數：每一邊 20-30 秒，重複 2 次。
效果：改善肩膀和胸部肌肉的柔軟度。
作法：雙膝跪於一張椅子、一個抗力球或一個高度相近的物品旁。一隻手平放在該物品上，手肘屈曲 90 度。
另一手撐於地面，並保持身體平衡。
上半身緩緩朝地面推，直到胸部和肩膀肌肉感覺伸展開來。換邊重複。
屈曲的手臂保持伸直也可以完成這個動作。

動作 11：
抗力球
下背伸展

次數：每次 20-30 秒，重複 2 次。
效果：改善下背部和腹部肌群的柔軟度。
作法：坐在抗力球上，雙腳腳掌平貼地面。
髖部慢慢向前滾，背部後傾，躺在抗力球上。下背部和腹部肌群會感
覺到溫和的伸展。
只有在舒適的情況下才將雙手伸過頭頂。

動作 12：
下犬式

次數：每一邊 20-30 秒，重複 2 次。

效果：伸長脊椎，並改善雙肩、大腿後側和小腿後側肌群的柔軟度。

作法：雙膝跪姿，身體向前傾，雙手向前伸直，手掌平貼地面，並往下施力（圖a）。雙膝慢慢伸直，將髖部抬高，直到大腿後側肌群感覺伸展開來（圖b）。如果雙腿無法完全伸直，依自身柔軟度做即可。如圖所示，伸展過程中，背部保持平直，頭部朝下。踮起腳尖或放下腳跟，則可交替伸展大腿後側肌群和小腿後側肌群。屈曲的手臂保持伸直也可以完成這個動作。

核心穩定性訓練

長跑可以針對腿部和臀部肌群增加肌耐力，也對心血管系統很有幫助，但除此之外，其他的部位或系統還是很虛弱。現代生活方式使這個問題更加惡化。成天久坐使髖屈肌群變得緊繃，使臀部和腹部肌群變得虛弱，也使臀部肌群鬆垮，這些問題都會導致姿勢不良，而且經常造成背部痠痛。坐姿不良對腰椎間盤帶來過大壓力，也使頭部前傾、肩膀不良旋轉。坐在車子裡也會造成同樣後果，這對坐在辦公桌前工作又得長時間通勤的人來說，等於是雙重挑戰。低頭滑手機也會導致圓肩和頭部前傾的問題。這一切對於仰賴穩定核心來保持良好跑步姿勢的全馬跑者，毫無益處。

核心穩定性訓練可以消除這些身體失調，以至於可以預防受傷，並減少馬拉松賽程中因疲勞造成姿勢不良的程度。核心穩定性訓練透過一系列的動作，加強你的腹部、髖部、下背部和臀部肌群。你可以在舒適的家裡自行訓練，不需要到健身房或使用器械，只要持之以恆即可。

跑步時，身軀就像是一個穩固的基底，雙腿則是連結這個基底的槓桿，推動你前進。如果建構這個基底的軀幹和骨盆肌肉變得衰弱或迅速疲乏，跑步時就無法保持有效率的跑步姿勢。透過增強骨盆及軀幹肌肉的肌力與肌耐力，可以提供腿部更穩定的基底支撐。這個進展能使你跑馬拉松時全程保持你的步幅，許多馬拉松跑者在比賽時會變慢，部分原因就是他們疲累的時候，步幅也跟著變短。

此外，過著現代生活的跑者通常腹肌無力，而這會使骨盆向前傾，拉長大腿後側肌群。這個姿勢對跑步沒有益處，且容易增加下背部損傷的風險。核心穩定性的動作可以增強腹部肌群，並鍛鍊骨盆和軀幹的其他穩定肌群。改善骨盆的姿勢，軀幹基底就可以更穩定。

核心穩定性的工作是所有菁英馬拉松跑者訓練的一環，不做核心訓練就無法成為菁英。有些菁英跑者做的是一週多日的短訓練組，有些則是一週少日的長訓練組。這兩種方式的成果，從他們的受傷率和比賽後期的姿勢都與比賽初期幾公里的表現差不多，都可以看得到。

　　對於繁忙生活的馬拉松跑者，應以一週 3 次核心穩定性訓練為目標。這項訓練可以安排在任何時間，唯一不建議安排在高強度跑步鍛鍊之前，所以你可以安排在你最有可能去做的時段。

　　以下是兩個核心肌力訓練計畫，第一個計畫（表 4-3）針對核心訓練經驗少的跑者，所以包含較多基礎動作。第二個計畫（表 4-4，第 128 頁）比較進階，包含較困難的動作。想獲得最佳成果，這兩個計畫選一個，每週做 3 次。如果你不想做完計畫內的所有動作，至少針對你最弱的部位選出幾個動作來做。

　　在某些動作中，關鍵步驟是啟動你的腹橫肌。腹橫肌位於腹部內層，像緊身衣一般包覆軀幹前部，並且穩定脊椎。單獨啟動腹橫肌十分重要，對多數人來說，這樣做需要有意識的練習。要啟動腹橫肌，在緩緩吐氣時，將肚臍溫和地往脊椎方向收縮，如同要把肚子掏空那樣。

表 4-3　基礎核心肌力訓練組

動作	重複次數
1. 腹部扭動	交替換邊，共 20 次
2. 推單腿	每一腿 10 下，共 20 下
3. 橋式	6 次，每次 5 秒
4. 鳥狗式	每邊 10 次
5. 平板式	4 次，每次 5-15 秒
6. 字母撐體	每一腿 1 次

提醒

■這六個動作是一個循環。意即，做完第一個動作，接著馬上進行第二個動作，依此類推。當你完成第六個動作，就回到第一個動作繼續，直到完成 2 個循環。
■每個動作之間要休息（15-20 秒），每組循環之間休息 1-2 分鐘。

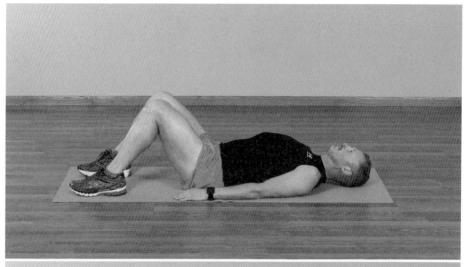

動作 1：
腹部扭動

次數：兩邊交替做，共 20 次。

效果：加強腹部肌群（如六塊腹肌），有助於產生力量及跑步速度；加強腹斜肌群，可減少多餘的左右搖動；進而加強保持骨盆穩定。

作法：平躺於地面，雙膝屈曲，雙腳腳掌平貼地面。雙臂置於身體兩側的地板。肚臍往內收縮，啟動腹橫肌。抬起頭部、肩膀和上背部，直到離開地面。將左手臂和左半邊身體在地板上往左腳掌滑動，就像左手伸向左腳踝。

回到最初的姿勢。換邊重複。

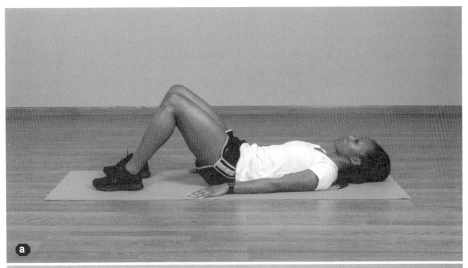

動作 2：
推單腿

次數：每一腿 10 下，共 20 下。

效果：改善深層核心肌群的啟動力，以加強髖部與軀幹的控制力；改善穩定度及維持有效率的跑步能力。

作法：平躺於地面，雙膝屈曲，雙腳腳掌平貼地面。雙臂置於身體兩側的地板（圖 a）。肚臍往內收縮，啟動腹橫肌和下腹部肌群。保持下腹肌肉收縮，不要屏氣；確認自己正常吸氣和呼氣。慢慢抬起一腳，使大腿和地面垂直（圖 b）。回到最初的姿勢，再換抬另一腳。目標是做動作時要保持下腹收縮，抬腿時背部不要拱起，臀部也不要移動。換邊重複。

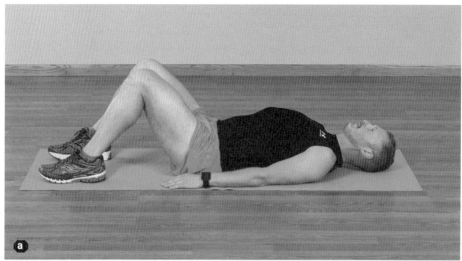

動作 3：
橋式

次數：6 次，每次 5 秒。

效果：加強髖部、下背部、臀部和大腿後側肌群，可使髖部完全延展，步幅更大。

作法：平躺於地面，雙膝屈曲，雙腳腳掌靠攏，並平貼地面（圖 a）。雙臂平貼於身體兩側的地板，以維持平衡。

抬起臀部，離開地面，身體從肩膀到膝蓋呈一直線（圖 b）。

停留 5 秒，回到最初的姿勢，短暫休息，再重複動作。

動作4：
鳥狗式

次數：每一邊 10 次。

效果：加強下背部和臀部肌群，改善平衡與協調性，疲累時也能維持良好的跑步姿勢。

作法：採四足跪姿，雙手雙腳同時支撐地面。肚臍往內收縮，啟動腹橫肌。（圖 a）如圖所示（圖 b），抬起一手和對側的一腳，停留 2-3 秒，接著放下手腳回到地面，再換邊重複。

抬起的手和腳要平行於地面，同時髖部也要注意對齊。

動作 5：
平板式

次數：4 次，每次 5-15 秒。
效果：啟動多數腹部肌群；減少跑步時腹部不良的水平搖動，以維持最佳的跑步技巧。
作法：臉部朝下，趴在地面，以雙腳腳尖和雙手上臂支撐你的體重。雙手手肘要與肩同寬，並保持在肩膀正下方，雙腳腳掌微微分開，並啟動腹橫肌。頭部和脊椎保持對齊，不要向前或向側面看。停留這個姿勢 5-15 秒，放下雙膝回到地面，短暫休息，再重複動作。

動作 6：
字母撐體

次數：每一腳 1 次。

效果：改善平衡和本體感覺（proprioception）；加強足部和臀部的穩定肌群；改善腳踝活動度。

作法：赤腳，以單腳站立。抬起的腿再抬高，使腳掌離地大約數寸的距離。一邊保持平衡，一邊用抬起的腳掌在空中書寫英文字母，從 A 寫到 Z（圖 a 和 b）。如果很難維持平衡，可以輕輕扶著一張椅子或牆壁。換邊重複。

表 4-4 進階核心肌力訓練組

動作	重複次數
1. 推單腿（進階版）	每一腿 10 下，共 20 下
2. 棒式	6 次，每次停留 5 秒
3. 單腳抱膝站立	每一腿 6 次，共 12 次
4. 背部開展	12 次
5. 側平板式	每一邊 5 下，每 1 下停留 10 秒
6. 單腿深蹲	每一腿 12 下

提醒 ━━━━━━━

■這六個動作是一個循環。意即，做完第一個動作，接著馬上進行第二個動作，依此類推。當你完成第六個動作，就回到第一個動作繼續，直到完成 2 個循環。

■每個動作之間要休息（15-20 秒），每組循環之間休息 1-2 分鐘。

動作 1：
推單腿
（進階版）

次數：每一腿 10 下，共 20 下。

效果：改善深層核心肌群的啟動力，以加強髖部與軀幹的控制力；改善穩定度及維持有效率的跑步能力。

作法：平躺於地面，髖部和雙腿屈曲呈 90 度，使大腿會與地面垂直，腳掌離開地面。雙手放在髖部兩側，肚臍向內收縮，啟動腹橫肌，收縮下腹部肌群，背部平貼地面（圖 a）。下腹部保持收縮，同時確認你可以正常吸氣和吐氣。一腳緩緩放下並伸長，直到腳跟快要碰到地面（圖 b）。回到最初的姿勢，並換邊重複。

動作 2：
棒式

次數：6 次，每次停留 5 秒。

效果：啟動多數腹部肌群；改善上半身和核心肌群的協調性，使肩膀和髖部保持最佳位置，維持跑步速度。

作法：採伏地挺身的姿勢，雙手伸直，與肩同寬。肚臍向內收縮，啟動腹橫肌。壓低身體，直到胸腔降至雙手手肘的高度。這個姿勢停留 5 秒，接著將身體推回最初的姿勢。短暫休息，再重複動作。

試著將身體維持一直線，注意髖部不能下沉。

動作 3：
單腳抱膝站立

次數：每一腿 6 次，共 12 次。
效果：加強膝蓋和腳踝的穩定肌群，並改善單腳平衡；幫助減少跑步姿勢中的多餘動作；增加步幅。
作法：站立，雙腳與肩同寬，雙臂自然垂放兩側。
單腳離地，雙手環抱抬起的膝蓋，往胸部方向帶。
此姿勢停留 5 秒，換邊重複。

動作 4：
背部開展

次數：12 次。

效果：加強下背部；疲累時也能維持良好的跑步姿勢。

作法：臉部朝下，趴在地面，雙手往前伸直。眼睛直視地板，使頸部和脊椎呈一直線。

抬起胸部和肩膀，離開地面，停留約 1-2 秒，接著放鬆回到地板，再重複動作。

動作 5：
側平板式

次數：每一邊 5 下，每 1 下停留 10 秒。

效果：加強從肩膀到臀部的側邊穩定肌群；幫助減少多餘的左右搖動。

作法：側躺於地面。手肘支撐於地面，並使肩膀在手肘正上方，位在上方的手掌放在同側髖部（圖 a）。

雙腿併攏，肩膀到腳跟前後對齊，呈一直線。肚臍往內收縮，啟動腹橫肌。抬起髖部，離開地面，停留此姿勢 10 秒（圖 b）。

放下身體，短暫休息，再換邊重複。

動作 6：
單腿深蹲

次數：每一腿 12 下。

效果：加強臀部和股四頭肌群；加強足部和腳踝的穩定肌群。

作法：站立於矮階邊邊，一腳踩在椅子邊緣，另一腳靠邊懸空（圖 a）。肚臍向內收縮，啟動腹橫肌。緩慢下蹲，重心腿的膝蓋屈曲到近 90 度，懸空腿則自然垂靠在矮階下邊（圖 b）。懸空的腿可能要稍微屈曲膝蓋，以免碰到地面。注意重心腿的膝蓋前緣不能超過腳趾尖。

緩慢回到最初的姿勢，並重複動作。

肌力訓練

　　阻力訓練利用負重、彈力帶或自身體重，可以矯正肌肉失調，並預防運動傷害。前面討論過的核心穩定性訓練，就是一種針對特定目的的阻力訓練。其他類型的阻力訓練還能加強腿部、手臂和肩膀肌群，推動你持續進步，練得更有效率。操作正確的阻力訓練可以藉由強健你的肌肉和結締組織（包含肌腱和韌帶），來降低受傷的風險，還可以改善你的跑步經濟性，使你可以在固定配速下消耗更少的氧氣。操作不正確，則會使肌肉變得粗大僵硬而緊繃，不只導致受傷，還會增加一身多餘的肌肉負擔。接下來，我們將針對只增加肌力、不增加非必要肌肉量，精心設計各種運動計畫。

　　對馬拉松跑者來說，最大的收穫就是做到能強化推進和穩定肌群的運動。當這些運動刺激越接近比賽中會使用的肌肉，你的跑步表現也會更好。

　　高強度的跑步鍛鍊前後，不要安排阻力訓練組。如果你習慣在上班前或下班後跑步，午餐時間就是舉重訓練的絕佳時機，這樣就不會影響到跑步了。

長跑的肌力訓練規劃

　　多數跑者在特定跑速下會使用最省力的步幅，這也意謂著跑者不該改變自己的步幅。短期內而言，這個建議沒有錯，但這不代表你就不能或不該嘗試提升自己的身體條件，讓自己跑得更有效率。你可以投入數月甚至數年的努力來改善肌力和柔軟度，也許增加的步幅可能有點少，但積少成多，終究能得到豐碩的效益。

　　阻力訓練提升跑步表現的方式，是透過增加慢縮肌纖維來產生力量。透過肌力訓練增加肌肉大小，這對肌耐力（特別是馬拉松）表現是會造成反效果的。肌耐力訓練可以增加肌肉內微血管的密度和粒線體含量。當肌肉變大，微血管和粒線體密度就會隨之下降。因此，設計不會增加肌肉大小的訓練計畫是很重要的事。以下計畫就是專門設計來提升肌力，而且不會增加不必要的肌肉。

　　一般來說，阻力訓練會建議一週訓練 2 次。（見表 4-5 的範例）透過這個頻率的訓練，你可以看見肌力的穩定成長，而且不會因為過度疲勞而影響原有的跑步訓練計畫。核心穩定性訓練則可以作為肌力訓練之前的暖身運動。進行阻力訓練最佳的時間點，就在你的肌肉沒有過於疲累，且在訓練之後或隔天沒有高強度跑步鍛鍊的時候。一般的有氧訓練日和中長度的跑步日就很適合做肌力訓練組。

提醒 ————————

■溫和的有氧暖身運動或完成核心肌力訓練計畫，都能提升本計畫的安全性和效率。
■肚臍向內收縮，會啟動腹橫肌，可以使脊椎穩定，並降低運動過程中受傷的可能性。

上坡跑：最原始的阻力訓練

　　如果你不喜歡舉重訓練，試試另一種阻力訓練吧，那就是上坡跑。在上坡跑的過程中，自身的體重就是訓練的阻力。有一些證據指出，上坡跑能增進跑步經濟性，這和一般阻力訓練帶來的十分相似。當然，傳統的肌力訓練和上坡跑不會產生相同的成果，你還是需要將上半身阻力訓練加入你的輔助訓練計畫中。

　　上坡跑的過程中，需要用你的腿推動自身體重來對抗重力。此外，上坡跑比那些專門設計過的重訓器材，更能模擬真實比賽情況。今日的肯亞和衣索比亞跑者，甚至追溯到過去的傳奇田徑教練亞瑟・利迪爾德（Arthur Lydiard），以及那些在 1960-1970 年代的紐西蘭跑者，都是上坡跑效益的顯例。世界上最頂尖的跑者會日復一日跑上坡跑。當然，天生基因會讓菁英跑者脫穎而出，但上坡跑訓練仍毫無疑問是一個極為重要的基礎，無關基因，操之在己。

上坡跑還有一個優於舉重訓練的好處，就是在訓練的同時也強化了自己的心血管系統。如同我們在第 1 章所討論，在中等斜度的山坡上，重複跑 10-12 秒的短程上坡跑，能提升肌力和爆發力，並改善跑步經濟性。而短程上坡跑，在第 8 章會有更多的討論，也會列入訓練計畫表中。

表 4-5　肌力訓練組

動作	重複次數
1. 伏地挺身	10 下
2. 登階	每一腿 15 下
3. 單手啞鈴划船	每一邊 15 下
4. 提踵	10 下
5. 板凳撐體	15 下
6. 弓箭步	每一腿 15 下
7. 肱三頭肌推舉	15 下
8. 深蹲	15 下

＊做這組動作，要照順序做 2 輪。

動作 1：
伏地挺身

次數：10 下。

效果：加強胸部、肩膀和肱三頭肌群；改善激烈跑步時（如上坡跑、終線前的衝刺跑）手臂的擺動，以及疲累時上半身也能維持良好姿勢的能力。

作法：採伏地挺身動作，腳趾踮地，雙手手掌略寬於肩膀（圖 a）。
手肘屈曲，壓低身體，直到胸部剛好貼近地面（圖 b）。將身體推回最初的姿勢。做動作時，頭部和髖部不能往下掉。雙手手肘盡可能貼近身體，確保使用到肱三頭肌。

動作 2：
登階

次數：每一腿 15 下。

效果：加強小腿後側肌群、股四頭肌群、大腿後側肌群和臀部肌群；擴展胸部，支撐挺直的跑步姿勢；改善平衡，增加往前跨步的力量，並拉長步幅。

作法：站立於訓練椅前，距離約一步。也可以在椅子或臺階上操作。
一腳置於訓練椅上，腳掌平貼於椅面。另一腳腳跟提起，腳拇趾掌丘踩穩，直視前方。這也是後續每下動作的最初姿勢（圖 a）。踩在訓練椅面上的腳盡可能出力，後腳盡量放鬆，站上訓練椅，雙腳併攏，站好（圖 b）。 動作時，上半身維持直立，不要過度前傾。小心往後步下訓練椅，並換邊重複。

動作 3：
單手啞鈴划船

次數：每一邊 15 下。

效果：加強上背部側邊的大塊肌群；調整胸部和肩膀肌群的肌力平衡，來改善跑步姿勢。

作法：屈曲左膝，單膝跪在訓練椅上，左手也撐在訓練椅上，保持平衡。身體前彎，使上半身與地面平行。右手握住一個輕啞鈴，手臂朝下自然伸直（圖 a）。拉起啞鈴，手肘高度要高於肋骨（圖 b）。放下啞鈴，回到最初的姿勢，並重複動作。

動作 4：
提踵

次數：10 下。

效果：加強小腿後側肌肉和阿基里斯腱；改善跑步時腳跟離地的狀態；減少運動傷害。

作法：站立於椅子或跳箱的邊緣，雙腳腳跟懸空（圖 a）。雙腳腳跟慢慢朝地面壓低，直到接近舒適範圍的極限。前腳掌用力，腳趾踩穩，將腳跟往上帶（圖 b）。重複動作。

注意：要增加動作難度，用特別的方式訓練小腿，可先以單腳慢慢壓低，再用雙腳上提。

動作 5：
板凳撐體

次數：15 下。

效果：加強肩膀和雙臂肌；疲累時也能維持良好的跑步姿勢。

作法：反身背對訓練椅，雙手支撐於訓練椅或椅子上，雙腳腳掌平貼地面，髖部懸空，靠近椅子邊緣（圖 a）。

雙手手肘屈曲，髖部朝地面往下移動（圖 b）。

身體向上推回最初的姿勢，並重複動作。

要增加動作難度，可將雙腳往前移，離訓練椅遠一點。

a b

動作6：
弓箭步

次數：每一腿 15 下。

效果：加強股四頭肌群、大腿後側肌群和臀部肌群；改善左右腳之間的平衡；有助控制下坡跑時貫穿腿部的龐大壓迫力，並保持良好的跑步姿勢。

作法：站立，腳趾朝前，雙腳與肩同寬。雙手各握住一個輕啞鈴（小於 5公斤），垂放於身體兩邊，保持上半身直立，眼神直視前方（圖 a）。一腳大步往前跨，後腳膝蓋壓低，直至幾乎貼近地面（圖 b）。

前腳出力，用力將身體推回站立姿勢。換邊重複。

動作 7：
肱三頭肌推舉

次數：15下。

效果：加強上臂後部肌肉；疲累時也能使手臂放鬆動作。

作法：雙手握住一個輕啞鈴，將啞鈴高舉過頭，站姿或坐姿皆可
（圖 a）。

上半身保持直立，雙手手肘屈曲，如圖所示，在頭部後方將啞鈴
向下移（圖 b）。

回到最初的姿勢，並重複動作。

動作 8：
深蹲

次數：15 次。

效果：加強下背部肌群、小腿後側肌群、股四頭肌群、大腿後側肌群和臀部肌群；提升肌力，使膝部、髖部和腳踝能呈一直線對齊，便可降低受傷風險、提升跑步效率，同時有助於強化三關節（腳踝、膝部和髖部）的開展，使跑步技術更加完善。

作法：站立，腳趾朝前，雙腳與肩同寬。雙手捧一個輕啞鈴，置於下巴下方（圖 a）。開始深蹲，髖部向後推，想像你現在正坐在一張椅子上。當你將髖部向後推，你的身體就會微微前傾，以避免跌倒。壓低身體，注意保持平衡，直到你的大腿與地面平行（圖 b），接著回到站立姿勢。動作時，頭頂向上提，眼神直視前方。確保你的雙膝與雙腳呈一直線對齊，雙腳之間的距離維持不變。

跑步姿勢的操練

人體的生物力學,包括骨骼長度、肌肉與肌腱的柔軟度、不同種類肌肉的肌力與肌耐力,以及肌肉帶動四肢的協調過程和產生的動作,皆會影響跑步風格。每一個人的身體構造都是獨特的,所以也沒有所謂的理想或完美的姿勢。

經過前面關於柔軟度和肌力訓練運動的說明,你學會了如何控制自己的身體,改進跑步姿勢,並在馬拉松比賽中維持良好跑姿。例如,步幅幾乎由天生的生理構造所決定,但可以藉著增加肌力和柔軟度來改善。其他例子包括強化臀部和腹部肌肉來矯正腰部的過度前傾,以及用本章所介紹的核心肌群訓練來改善軀幹不穩定的狀況。

但還有其他方法能改進你的跑步姿勢。你可能已經看過短跑運動員常常會做各種組合動作,如高抬腿、踢臀跑和踮步跑等等,有些操練對長跑運動員也很有幫助。首先,這些動作可以改善你的協調性和跑步姿勢。再來,肌力和肌耐力也能藉此提升,使你整場比賽都能保持步幅。在適當的斜坡上操練,甚至能提供更多阻力。專注於高抬腿的每一步,腳尖離地,做好擺臂,頸部放鬆並使頭部與身體垂直,放鬆肩膀、手臂、手掌,最小幅度的垂直動作(但不彈跳),保持身體直立(不要過度前傾),這些都能幫你維持良好的跑步姿勢,使跑步效率達到最高。跑步姿勢的缺陷無論多麼細微,都會在馬拉松過程中放大,當你在跑步姿勢中增加了致勝新方法,卻在比賽最後幾公里令你腳步蹣跚,你就會明白鑽研這些跑步技巧能讓自己跑得更快。

做這些操練的關鍵在於,先擴增跑步步伐的各種方面,然後在開始疲累時,專注於維持跑步姿勢。當你開始注意到步態上的各種差異,久而久之就會養成習慣,並在比賽中獲得回報。

操練的方法很多,我們選了四種能大幅改善馬拉松比賽的方法。這幾種方法都能幫助你維持步幅,並縮短你的觸地時間,這兩方面的跑步姿勢問題,常因為比較慢速的馬拉松訓練而惡化。

做這些操練，要在暖身完成但仍有相當體力的時候，因為身體疲憊不堪的狀況下要提升協調性和技術，是徒勞無功的。如果有規律的實行操練，一週至少 1 次或 2 次，你就會看到努力的成果。有個很好的方式可以把這些操練法加入例行訓練裡，就是在步伐訓練組或高強度鍛鍊（如節奏跑和最大攝氧量訓練）之前，就做這些操練。

將這些操練動作當成一個循環，也就是每個動作各做一次，再重複做一輪。每個操練動作要做 15-20 公尺，做完一次之後，趁走回起點當作休息。腦中要想像自己完美地完成操練動作。

踮步高抬腿　　**作法：**用腳趾掌丘踩地，慢慢小步往前。一腳抬高膝蓋，使大腿與地面平行。另一腳抬起腳跟，腳尖踩穩，將腿打直。身體保持直立，胸部挺起，肩膀向後。頭部保持固定，頸部放鬆。手臂以跑步時的動作，大幅度前後擺動。肩膀、手臂和手掌保持放鬆。

踮步高抬腿跑　**作法**：開始的姿勢跟踮步高抬腿相同。動作方式與踮步高抬腿相同，但要增加腿部跳動和手臂擺動的幅度。

踢腿跑　**作法**：用腳趾掌丘踩地，慢慢往前。一腳抬高膝蓋（圖 a），使膝蓋與髖部同高，膝蓋再打直，開展到最大。你的腿會幾乎與地面平行。讓這個動力帶動身體前進（圖 b），向前邁進之前，後腳跳起（圖 c），接著另一隻腳重複動作。身體保持直立，頭部維持固定，雙臂以正常跑步動作擺動即可。當你越來越熟悉這個動作，就試著從走步變成跑步。

快步跑　　**作法**：以小步伐跑步，並盡可能加快速度。全程以腳趾掌丘的部位跑，手臂擺動也要快速。不要過度前傾。身體保持直立，維持頭部固定。

有氧交叉訓練

　　可預知的訓練失誤，像增加訓練里程數和速度太過倉促，這類失誤多數會導致運動傷害。如同冠狀動脈疾病可以透過規律運動來降低風險，運動傷害的風險也能透過減少風險因子來降低。有一個方法就是用交叉訓練來取代一部分的跑步訓練，來減少腿部和下背部的負擔。

　　做交叉訓練的主要原因就是要提升額外的心肺耐力，同時不用因此增加跑步為身體帶來的重複損耗。天候不佳或空氣汙染嚴重無法外出跑步時，室內的交叉訓練就可以發揮作用。可惜的是，多數跑者只有受傷期間做交叉訓練，當他們傷後復原，就又投入跑步訓練。確實，在受傷期間要維持體能，交叉訓練是十分高效率的方法，但不該只是在這段期間做。如果你已經很注意訓練里程數、強度和路面等等狀況，仍無法穩定達成理想的每週里程數，就該把交叉訓練加入你的常年訓練計畫。

沒有一種交叉訓練能完全取代跑步，因為身體已經對跑步產生各種適應。雖然你會從交叉訓練中得到心血管方面的提升，但你的神經肌肉系統並不會獲得相同的成長，因為能提升這兩者的運動型態是截然不同的。本來就該將交叉訓練視為一種輔助訓練，而不是替代跑步的訓練。交叉訓練可以用來代替恢復跑，如果必要，也可以用來代替一部分的有氧訓練。交叉訓練用來作為恢復訓練有個好處，就是可以增加血液循環、提升恢復效率，而不會使身體累積過多壓迫。

有必要做交叉訓練嗎？

如果用交叉訓練來代替一部分的跑步訓練，不會影響比賽表現嗎？訓練上有個特殊性的原則，就是身體會大幅度適應你所做的訓練。這也是為什麼如果你的訓練都是騎自行車或游泳，就很難在跑步上取得成功。但如果跑步占了你訓練裡很大部分，那麼其他有氧鍛鍊就有助於增加運動表現。

科學證據指出，合理的交叉訓練有助於提升運動表現，但進步幅度會小於單純增加跑步訓練。

交叉訓練項目中，使用腿部大肌群的活動，例如自行車、橢圓機訓練、水中跑步和越野滑雪等等，這些和跑步最相似的活動最有益於提升跑步表現。至於像划船這種與跑步較無涉的運動，提升就有限。

即使證據顯示，對於訓練程度中上的跑者，交叉訓練能提升運動表現，但沒有任何科學證據指出，交叉訓練能對頂尖跑者會有什麼影響，也許在高階的運動表現上，身體適應特定訓練才是關鍵。但在過去十年，頂尖跑者的增加，特別是那些有過傷病史的，都選擇把有氧交叉訓練當作日常訓練的一環。

對多數跑者來說，增加交叉訓練的訓練量好像就可以提升自己的跑步表現。然而，進步成果並不會比你增加訓練里程數來得好。這就是訓練里程數和運動傷害之間如何拿捏的重心所在。確實，多跑一點會讓你進步，但相對的，你受傷的機會也會提高。馬拉松跑者的挑戰，就是要不斷權衡，如何在受傷風險升高之前，極盡所能增加訓練。畢竟，如果能不受傷地持續訓練，效果當然比跑恢復跑要來得好。

四種類似跑步的運動模式，也能提升運動表現的交叉訓練項目，分別是自行車、水中跑步、越野滑雪和橢圓機（elliptical trainer）訓練。一起來看看這些交叉訓練能為馬拉松跑者帶來的好處。我們也會討論到游泳，雖然游泳的運動模式跟跑步很不一樣，但這可以提升你的心血管系統，也是一種很好的全身性運動。

自行車

自行車訓練有很多種選擇，你可以在戶外騎自行車，或是使用室內自行車訓練台，也可以在家裡或健身房踩飛輪。自行車訓練有個好處，就是改善心血管系統，同時減少最常造成跑步傷害的衝擊壓迫力。因此，你可以放心把自行車加入你的訓練計畫裡，不需要擔心太多的受傷風險。相較於其他交叉訓練，自行車訓練還有一個優點，就是你能像跑步一樣在路面上移動，並感受和風吹過髮間。

這個訓練的缺點則是車禍的風險，而且相對於跑步來說，也需要較長的訓練時間，以及可能會縮短你的步幅。這個缺點發生的可能性實在太高，特別是那些心肺耐力良好，但不擅於操控自行車的跑者。在交通流量不大的地區，戶外騎自行車會是一個好選擇，但如果在市區且沒有自行車道，你可能要選擇比較無聊的室內運動。

室內的自行車訓練也許會讓你大感滿意，因為你可以專注在鍛鍊上，不用分心理會紅綠燈或汽車這類潛在危險。在受傷期間，要做較高強度的訓練，像是乳酸閾值或最大攝氧量訓練，也可以用室內自行車訓練替代。如果傷期較長，迫使你必須待在自行車上長達數週，有許多的鍛鍊 APP 和模擬器能幫助你充實地度過這段時間。

要獲得和跑步一樣的鍛鍊效果，在自行車上要花費差不多三倍的訓練時間。但因為恢復跑的基本原理是增加肌肉的血液流量，你可以利用約 45 分鐘的自行車訓練來取代 30 分鐘的恢復跑。

由於自行車是一種高度重複且只用到有限肌群的訓練，所以極有可能會縮短你的步幅。要解決這個疑慮，不妨在自行車訓練之後快走幾分鐘，然後伸展你的大腿後側肌群、股四頭肌群和髖屈肌群。再來，確保你踩自行車的轉速至少有每分鐘 90 轉，這樣才能保證你達到該有的強度。

梅柏 · 柯菲斯基 Meb Keflezighi

最佳紀錄：2:08:37（2014 年波士頓馬拉松）
重要佳績：2014 年波士頓馬拉松冠軍；2012 年奧運選拔賽；2009 年紐約馬拉松冠軍；2004 年雅典奧運銀牌。

TIMOTHY A. CLARY/AFP/Getty Images

梅柏 · 柯菲斯基是歷史上唯一贏得紐約馬拉松、波士頓馬拉松，並奪得奧運獎牌的跑者。讓這項成就更為耀眼的是贏得這幾場比賽所跨越的時間幅度，他在 2004 奪得奧運銀牌，2009 年拿下紐約馬拉松冠軍，2014 年在波士頓奪得冠軍頭銜，最後一座冠軍甚至是在他 39 歲生日前兩個星期獲得的。目標放遠、相信自己，並適時在這段旅途中作出改變，柯菲斯基的馬拉松生涯就是最佳見證。

柯菲斯基較常參與排名賽，排名比起時間多寡相對重要許多（我們把獨特的紐約和波士頓馬拉松歸類於此）。因此他的最佳紀錄可能會讓你認為他憑什麼成為著名的馬拉松好手。而他相信有朝一日能跟世界級好手同場競爭。從他的生涯紀錄來看，這個想法並不是空談。柯菲斯基總是可以在比賽中拿下前幾名，而這還是在有數位參賽者生涯紀錄都比他好的情況下。

穩定，一直都是柯菲斯基的代名詞。他有 9 次 2:10:00 內完賽的記錄，是美國跑者中次數最多的，而在他 25 次的參賽紀錄中，平均完賽時間是 2:12:52。他也維持每年出賽的穩定性，從 2002 年紐約馬拉松的首次亮相，退休前的最後一場比賽：2017 年紐約馬拉松。他只因傷缺陣 2008 年的比賽。

柯菲斯基能夠維持如此漫長的職業生涯，關鍵之一是他寧願稍微減少訓練量，也不過度訓練。他刻苦訓練，但也會抽出時間用較慢的跑步來代替訓練。柯菲斯基藉由中等配速的長跑當作基礎，還有比賽強度的長時間節奏跑，加上 5-10 公里比賽配速的間歇訓練，穩定地加強體能。他把體力留在比賽日，而非鍛鍊上。他是名成熟的跑者，所以有辦法在訓練強度和里程數上取得平衡，這也是為什麼他能長期達到馬拉松跑者的終極目標──保持健康且精力充沛地從起跑線出發。

另外一個關鍵，柯菲斯基對於調適自己的心理狀態十分熟練。他在比賽前會設立一層層的目標，第一順位當然是贏得冠軍或打破個人紀錄。只要有機會，他就會拚了命地往目標前進。但如果發現目標太過於遙不可及，他就會轉向下一個目標，像是拿到前三名，並且拿出一樣的拚勁來努力。他對於其他目標也是一樣的態度，至少要拿出力氣越過終點線。目標設定讓他有動力去完成比賽。柯菲斯基表示：「維吉爾教練（Joe Vigil）常說腦袋是比賽中最重要的東西，不論情況多糟糕，我總是試著在比賽中去找到正面的事物來專心。」

2012 年倫敦奧運會上，他就用這個方法逆轉了比賽結果。比賽進行將近快一半時，柯菲斯基僅僅排名 21，被認為與比賽勝利無緣，但他決定要跑完比賽。他知道跟著人群一起跑感覺會比較容易，因此他試著追上一群跑者。退出比賽的念頭已經消失，他決定至少要追過一名競爭者，接著兩名，然後三名。他不斷提高自己的目標，隨著比賽進行，就在贏得奧運銀牌的八年之後，他拿下了第四名。

2012 倫敦奧運會的表現，不過是柯菲斯基在 30 歲後期驚人表現的其中之一。從 2011 年 11 月到 2014 年 4 月，柯菲斯基跑出了他生涯中最快的三次馬拉松，贏得了美國奧運選拔賽，並在奧運會上得到了第四名，最廣為人知的是，2014 年他成為第一位 30 歲後贏得波士頓馬拉松的美國男性跑者。

柯菲斯基總是學習運動新知，並長期觀察狀況。他了解到在 30 歲中期這個年紀，必須要作出一些改變來維持競爭力（我們會在後面章節討論年長跑者可以作出那些改變）。他在比賽前後都會做伸展，多數時間則做核心穩定性訓練或其他肌力訓練。他改變飲食習慣，每餐都攝取高品質蛋白質，減少吃垃圾食物，並且嚴謹地在一整天主要訓練後喝上一杯恢復飲料。他利用 ElliptiGO 取代一些短程的恢復跑，更有體力地面對主要訓練。除了長跑之外，他每天會在跑步過後活動一下，來維持活動度和神經肌肉的健康。

柯菲斯基也向寶拉·拉德克里夫（Paula Radcliffe）等成功的資深前輩學習，將傳統的 7 天訓練循環改成 9 天的訓練區段。他依然用相同的強度鍛鍊基本的長跑、節奏跑和間歇訓練，但現在會在其中穿插兩天較低或是中等強度的跑步。這些改變讓他維持健康，並有足夠體能去達成在波士頓馬拉松奪冠的夢想，2016 年巴西奧運會上，他在其第四場奧運比賽，以 41 歲的年紀成為美國年齡最長的奧運參賽選手。

每一天，柯菲斯基都會花上 1-2 個小時在跑步以外的小事上。即使我們未必能花那麼多時間在跑步外的訓練，但柯菲斯基的指導原則相當值得借鑑：總有什麼能讓你進步的事。下次的訓練區段，花一點點時間練習這章節介紹的非跑步訓練，一定會對你的跑步表現有所幫助的。

水中跑步

可惜的是，有些交叉訓練會加劇一些因跑步受傷的傷勢，但幸運的是，水中跑步是安全的，對大多數因跑步受傷的狀況不會有這個問題。穿著救生衣或漂浮帶在水中跑步，可以提供絕佳的訓練刺激，而且比其他交叉訓練更能模擬真實跑步狀況。水中跑步是一項全身運動，能活動到你的腿部、軀幹和手臂，而且對你的心血管系統有所助益。

各式各樣的研究證實，跑者可以利用水中跑步來維持有氧體能、乳酸閾值、跑步經濟性和個人計時賽表現至少 6 週的時間。研究也利用超過三十年的實例來說明，在受傷期間實行水中跑步有助於維持體能，且能更快回歸賽場。

水中跑步這項技術還是有些爭議。有些教練堅持你必須要盡可能模擬陸上的跑步姿勢。這聽起來很理想，但最重要的考量應該是盡可能維持最高的訓練強度。為了達到這個目的，你的跑步技術可能要做些改變，你可能會更像一個短跑選手，在水中強力地擺動你的腿和手臂。

先不管你的跑步姿勢，你的步頻（每分鐘腳步交替的頻率）會因為水中的阻力而比正常跑步來得慢。如果想模擬得很接近陸上跑步的狀況，步頻可能會更慢。因此，不用擔心你在水中的跑步情況和在陸上的不同，就找一個在合理姿勢和穩定移動之間的折衷辦法吧。

有些運動員鍛鍊時會在水中跑步時往前移動，並且非常緩慢地繞圈。你會往前移動或維持相對靜止，取決於你身體姿勢的細微變化。試著在水中跑步時維持身體直立，這會運動到你軀幹的肌肉，並讓你在水中相對靜止。

在水中跑步也無法達到和在陸上一樣的心跳速率。一項來自斯德哥爾摩卡羅琳斯卡學院的研究指出，在相同氧氣攝入量的條件下，在水中跑步每分鐘的心率會比在陸上少 8-11 下（Svedenhag and Seger 1992）。這項研究也指出，平均來說，全力水中跑步的每分鐘最大心率會比在陸地上少 16 下。在水中的心率較低主要是受到水中壓力的影響，水壓讓更多血液回流心臟，因此每下心跳輸出的血液就更多。

一個實用的粗估方法是，在水中跑步的心率會比在陸上慢約 10%。舉例來說，在水中心率每分鐘 140 下，大約等於正常跑步的心率 156 下。此外，水溫也是一個影響心率的因素，在冷水中會較慢，而在溫水中會較快。有趣的是，研究發現在水中跑步時，女性的心率和攝氧量會稍微比男性低。這被認為是因為女性天生較高的體脂率而導致的較大浮力所造成。

卡羅琳斯卡學院的研究也顯示，在特定心率或攝氧量的情況下，在水中跑步的自覺努力強度會比較高。換句話說，要在水中得到有效的鍛鍊結果，你會感覺你需要消耗更多的力氣。（用我們之前提到的例子來解釋，就是在自身感覺上，在水中讓心跳 140 下所要花費的力氣大於在陸地上讓因此，如果你受傷，並利用水中跑步來代替正常跑步，你需要更注意水中間歇鍛鍊的重要性。如果只做持續且固定的水中跑步訓練組，那是不足以用來維持體能的。但是，水中的間歇訓練組，在身心方面都可以讓你短暫喘息，讓你可以更加努力，得到更好的鍛鍊結果。間歇訓練另一個額外的好處是，時間好像會過得特別快，因為水中跑步其實相當沉悶。一個典型的 40 分鐘水中跑步鍛鍊包括 5 分鐘暖身，10 組 45 秒中等強度加 15 秒休息的訓練，休息 1 分鐘後，再持續進行 10 組 1 分 40 秒中等強度加 20 秒休息的訓練，最後是 4 分鐘的緩和訓練。至於比較有挑戰性的 50 分鐘鍛鍊，包括 5 分鐘暖身，10 組 1 分 40 秒中等強度加 20 秒休息的訓練，休息 1 分鐘後，繼續做 6 組 2 分 30 秒高強度加 30 秒休息的訓練，最後是 6 分鐘的緩和訓練。即使在馬拉松訓練的恢復日做水中跑步訓練，想要有像樣的鍛鍊結果，你還是得注意讓自己的訓練強度大過輕鬆的跑步。

越野滑雪

越野滑雪是唯一對心血管效益，能等於甚至稍大於跑步相關訓練的運動。這是一種能強化心血管系統的全身性運動，一些最大攝氧量的紀錄也出現在越野滑雪運動員身上。居住在新英格蘭、紐約州北部、科羅拉多和明尼蘇達的跑者常會在冬天越野滑雪，除了充滿樂趣之外，也可以用來減輕因為氣候惡劣導致路況不良進而影響跑步狀況帶來的壓力。

如果你知道如何操作，越野滑雪應該是最完美的交叉訓練。可惜的是，越野滑雪還是需要滑雪技巧。訓練良好的跑者如果滑雪經驗不足或協調性不佳，滑雪時可能就無法迅速完成夠長的訓練，也就無法獲得完整的鍛鍊。但是，經過數週讓越野滑雪技巧漸漸上手，訓練就會更有效率，滑 1-2 個小時也會覺得時間過得飛快。越野滑雪機也是一種選擇，但還是不如在雪地上滑行來得有樂趣。

橢圓機訓練（室內訓練或利用橢圓自行車）

　　橢圓機訓練可以提供很好的心血管鍛鍊，在室內可以使用橢圓機，在戶外可以使用像 ElliptiGO 這樣的橢圓自行車。這種訓練類似跑步模式，可以訓練到腿部和臀部，同時還能訓練上半身肌肉。橢圓機訓練對身體的衝擊壓迫力相對較小，很適合作為各種跑步傷害的復健運動。如果你身體狀況良好，橢圓機訓練可以代替恢復跑或一般的有氧訓練跑。柯菲斯基在職業生涯晚期，就是這麼使用 ElliptiGO。他把在三、四十歲贏得波士頓馬拉松的勝利，和第四度入選奧運代表隊歸功於 ElliptiGO。橢圓自行車也可以用來做乳酸閾值訓練和上坡間歇訓練，這也是為什麼它越來越受頂尖跑者青睞，也被視為一種輔助訓練。

游泳

　　游泳也是一種很有樂趣的交叉訓練，能強化你的心血管系統，也完全不會有像跑步那樣令人不快的壓力。游泳鍛鍊要有效果需要一些技巧，但經過指導或上網看教學影片，即使是再冥頑不靈的馬拉松跑者，也能快速做個 1 小時的游泳鍛鍊。重複游上 46-183 公尺（50-200 碼）可以強化心血管系統，分段鍛鍊則有助於累積更多有氧訓練。多用幾種泳式訓練，像是大部分時間游自由式，但適時改游蛙式和仰式，這樣可以增加訓練的多變性，也可以減少特定肌群的疲勞。使用浮板和夾腿浮板，也能提供多變性，還能累積更多有氧訓練。相對於其他交叉訓練，游泳的運動模式比較不像跑步，但如果你大部分的訓練都是跑步，游泳也無妨。游泳可以促進身體恢復和維持一般有氧體能，也不會增加跑步造成運動傷害的風險。

　　在這章節，我們認識了數種在第 1 章到第 3 章所討論的建立馬拉松基礎的訓練。這幾章討論到的原則適用於每個跑者。而你的年齡會決定如何將各個原則的效果最大化。在下一章節，我們將會探討年逾 40 的跑者在和諧的年齡下，如何適應充滿企圖的訓練和比賽目標。

第 5 章
更年長（且更睿智）的馬拉松跑者
The Older (and Wiser) Marathoner

本章將檢視老化與跑步表現，並提供一些實用的建議，教你如何挑戰更進一步的馬拉松目標，並兼顧健康。這些建議一如本書其他篇章，綜合了運動科學、菁英實戰方法，以及我個人擔任跑者和教練的經驗。

年長跑者的跑步經驗、背景和傷病史都差異很大。一個有 30 場馬拉松經驗且為下背痛所苦的 55 歲跑者，跟一個 40 歲的新手跑者相比，兩者適用的訓練大不相同。但有個共同點，就是所有訓練建議都一定要針對個人的情況去量身打造。

一位年長的跑者能夠多接近自己的青春盛年？這個答案取決於你過去訓練強度是否夠強、方法是否夠好，生活模式是否利於體能復原，以及你的基因。如果你現在已經做得很好了，那你的跑步表現很可能逐年趨緩。趨緩速率平均落在每年 1%，但相當因人而異。即使如此，我們遇過的大師跑者（masters runner），都能由改進自己的訓練方式、生活樣態，來提升跑步表現。好消息是，不管幾歲，只要透過調整訓練來正確刺激以達到比賽目標，同時改善睡眠及飲食習慣等等生活方式，跑步表現將很可望更上一層樓。

慢點慢下來

要審視不同年齡層的跑步紀錄，耶魯大學教授菲爾（Ray Fair，一位七旬跑者）和卡普蘭（Edward Kaplan）曾計算長跑表現（5K 馬拉松）隨年齡變慢的趨勢。在 40-45 歲，變慢的速率近於每年 1%，到了 65-70 歲，則漸增為每年 1.3%，而後逐年攀升。可惜的是，他們只有男性的數據，不過從女性馬拉松的紀錄上來看，也呈現出相似的結果，即 40-60 歲每年下降 1.3%。兩性年長組樣本的變慢趨勢略高，很可能部分歸因於該年齡組別中參賽的運動員相對較少所致。未來數十年內，我們可預期 70 歲以上的變慢紀錄將持續降低。

真正有本事的年長跑者能長期保持跑步表現。以下就來看看四個年長跑者遇到的問題，以及如何調整訓練與作息，讓年齡不再成為你賽道上的絆腳石。

問題 1：最大攝氧量下降

在第 1 章，我們討論了馬拉松跑者的三項生理指標：最大攝氧量、乳酸閾值和跑步經濟性。三者之中，最容易隨年齡下降就是最大攝氧量。如果你多年始終保持一貫的訓練，跑步經濟性會相對穩定，乳酸閾值配速遞減也會十分緩慢。相對地，即使是經驗豐富的長跑跑者，在 40 歲之後，最大攝氧量每年都會下降 0.5-1%（Brisswalter and Nosaka 2013; Reaburn and Dascombe 2008; Suominen 2011）。

是什麼造成了最大攝氧量下降？別忘了，最大攝氧量取決於肌肉在工作時能流入並使用多少含氧血。隨著年齡老化，最大心率也會緩慢降低（平均每年每分鐘 0.7 下），你會開始流失肌肉量，每次心跳可送出的血液量（每搏輸出量）也會下降。這些改變正代表送入肌肉並有效運用的血量越來越少。

該怎麼辦？

會造成最大攝氧量下降，固然與最大心率降低有關，但影響更大的原因還是在於隨年紀增加而減少高強度跑步運動的狀況。即使調整訓練模式的幅度不大，長期下來都可能導致最大攝氧量降低，因此對抗方式就是把針對最大攝氧量的訓練納入你的馬拉松訓練。本書訓練計畫表中的鍛鍊，就包含 2-6 分鐘重度的 5K 比賽配速跑，來刺激最大攝氧量提升。

如果你近期尚未進行這類訓練，可以先做最大攝氧量鍛鍊來加強準備，再著手進入第 9-12 章的 12 週或 18 週計畫表。如果你沒做這些鍛鍊已經好一陣子了，務必先徹底暖身，並減少開頭幾組訓練的重複次數（例如原本 6 次的 1,200 公尺重複跑就改為 4 次）。

問題 2：身體組成改變

身體組成包括你的肌肉量和體脂率。如果你發現自己一年比一年還難保持體態精實，那也無可厚非。三十歲以後，身體就是會慢慢流失肌肉、儲存脂肪。

這種改變部分肇因於荷爾蒙變化，使留住肌肉越發困難，增生脂肪越來越快，男性女性都一樣。生長激素、睪固酮和雌激素分泌下降是肌肉量流失的元凶。男性體內睪固酮減少，使一種名為脂蛋白脂酶的酵素幫助身體儲存更多脂肪。女性停經後雌激素降低也造成相同現象。這些荷爾蒙變化就像溫水煮青蛙，經年累月下來，才有可能讓你感覺（和看起來）六十歲和四十歲相比有天壤之別。

訓練偏好也會導致肌肉量降低。年長跑者往往會跳過高強度運動。可惜的是，耐力訓練縱能讓你體態勻稱，對維持肌肉量卻沒有太大幫助。快縮肌纖維特別容易隨老化而萎縮。即使你定期跑步，腿部肌肉仍會萎縮，只是比你那些四體不勤的朋友們來得慢一些罷了。肌力和爆發力下降，以及最大攝氧量隨老化而減少，都與肌肉量的流失息息相關。

　　自然老化過程和肌肉流失的趨勢，都會讓靜止代謝率（resting metabolic rate）逐年下探，你燃燒的熱量也就越來越少。

該怎麼辦？

　　答案可分為兩個方面：一方面找出留住並增生肌肉，另一方面是減緩體脂堆積（策略方法上會有些重疊）。

　　要維持肌肉量，你必須做一些具目的性的阻力訓練，諸如肌力訓練或抵抗阻力的跑步（如快跑、上坡跑）。肌力訓練幫助增肌，更有刺激生長激素、睪固酮分泌的附加效益。如下文將進一步提到的，充足的蛋白質攝取還能確保肌肉增生的效果。

　　另一方面要減少（或維持）體脂率，其變因包含運動燃燒的熱量和飲食攝入的熱量。如果你逐步降低跑步里程數，就必須增加其他型態的運動或調整飲食，否則勢必會開始堆積脂肪。高強度運動後的過度耗氧，能讓你在鍛鍊後持續燃燒熱量。也就是說，在高強度鍛鍊（如最大攝氧量訓練）過後，你的代謝率仍會持續升高。

　　還有一個影響能量平衡的因素，就是你跑步之外的活躍程度。有些專家會用「活動沙發馬鈴薯」來形容那些只做表定鍛鍊，但其他時間一樣久坐不動的人。這個現象同樣隨老化而普遍，日常生活負擔吃掉的時間越多，堆積的疲勞就讓坐著不動越顯得理所當然。如果維持理想的跑步體重還是很吃力，不妨增加全日的活動頻率，如多在附近走走路，或在工作之間安插一些徒手訓練運動。要增加活躍度，可以試試第 4 章建議的肌力訓練，因為這些運動能幫助增生肌肉，並燃燒熱量。

　　如同我們在第 2 章所討論，高品質飲食會提升你對訓練的適應力，同時讓你感到飽足，並降低暴飲暴食的欲望。這不是要你對每一大卡精打細算，或對攝取的營養成分過度偏執（我們愛死冰淇淋了！）。但為什麼不吃些能使訓練效益最大化的食物呢？藉由均衡飲食，同時避開過度加工的食品，即使有靜止代謝率和荷爾蒙變化種種問題跟你作對，你都會更有把握完整吸收訓練效果，並在老化過程中控制體脂率。

問題 3：步幅縮短

跑步速度取決於你的步幅和步頻。要了解跑步表現為什麼會隨年紀變差，可以觀察這兩項參數的變化。年長跑者通常能維持他們的步頻，但步幅卻往往變短，有時甚至大幅縮短。

為什麼步幅會隨年齡增長而縮短呢？研究一般指向腳踝力量衰減，削弱向前的推進力。腳踝力量下降很可能肇因於肌力變弱、粒線體功能退化，以及小腿後側的腓腸肌和比目魚肌內運動神經元數量的減少。由於小腿後側這兩大肌群藉由阿基里斯腱連結你的跟骨，因此阿基里斯腱的彈性下降，也可能是步幅縮短的原因。

該怎麼辦？

增強腳踝力量也許能幫助年長跑者維持步幅、抵抗跑步表現的退化。透過提升腓腸肌和比目魚肌的耐力，以及提升這兩大肌群伸展縮短週期（stretch-shortening cycle）的效率，可有效提升腳踝力量。要達到這些目標，你可以做專門強化小腿的跑步訓練或運動（見第 4 章肌力訓練計畫中的登階和提踵動作），以及鍛鍊腿部和阿基里斯腱之伸展縮短循環的運動（見第 4 章跑步姿勢的操練）。第 4 章柔軟度訓練中的小腿後側肌屈膝伸展、小腿後側肌直膝伸展，也可以改善腳踝柔軟度。

提升腳踝力量的跑步訓練有兩種。第一種是用小腿後側肌群重複跑短距離上坡跑（如第 1 章和第 4 章所提及，訓練計畫表也有）。第二種是在平地衝刺的加速跑（如第 1 章所提及，訓練計畫表也有）。所有的訓練調整都一樣，增加這些項目都要小心謹慎，避免受傷；先慢慢開始，再逐步增加。

只要稍作調整，年長跑者也能壯心不已，志在千里。

問題 4：恢復時間增加

高強度鍛鍊或比賽之後經歷的肌肉傷害與疲累，大師跑者可能覺得這和年輕時的狀況相去不遠。不過，大多數年長跑者發現重度活動後要花費更長時間才能恢復體力，這倒不令人意外。

對年長跑者肌肉復原遲緩的現象，我們的理解尚不充足，但已知荷爾蒙扮演重要角色。生長激素、睪固酮、雌激素等等多種荷爾蒙掌管肌肉纖維和肌腱的修復。當荷爾蒙隨年齡減少，肌肉也會減緩修復與再生。多年跑步下來，肌肉及結締組織中累積的癒傷組織可能會降低你從重度活動中恢復的能力。

該怎麼辦？

要加速恢復，你可以做的改變有兩個方面。一是把所有小事做到好，來提升身體迅速恢復的能力。二是調整你的訓練計畫，在關鍵鍛鍊之間騰出更長的恢復時間。

第 3 章提及如何優化恢復力的方法，年長馬拉松跑者就要特別注意。比起二十幾歲的身體，訓練、伸展、飲食或睡眠等等方面若有不太理想的選擇，現在的身體要付的代價可是大得多。中年之後，若你想持續追求成為馬拉松選手這樣的高遠目標，我們要向你致敬。在年輕跑者經常忽略的非跑步練習上貫徹訓練，能大大提高你成功的機會。

在生活作息上能提高恢復力的所有改變中，最重要的兩點就是睡飽睡好，以及改善飲食。如第 3 章所提及，睡眠的時數和品質都會影響你的恢復力。缺乏高品質睡眠，會導致過度訓練，以及失去對訓練的正面適應。充足的睡眠對所有跑者都很重要，對年長跑者更是如此。足量的高品質睡眠可刺激生長激素和睪固酮分泌，對於你的恢復力、肌肉增生、保持精實的身體組成和吸收訓練成效，都有多重的正面幫助。參閱第 3 章的「睡得越好，跑得越快」，以確保你睡得夠多、睡得夠好。

不比年輕時，年長馬拉松跑者很難擺脫錯誤飲食的後果。年長跑者要注意的飲食關鍵，包含鍛鍊後的能量補充、攝取足夠蛋白質、跑後補充水分，以及避免飲酒過量。第 2-3 章提到，鍛鍊和比賽之後立即補充能量，會讓你恢復更迅速，這一點對年長馬拉松跑者尤其有效。雖然多數美國人都攝取過量蛋白質，但年長者對蛋白質的需求是略增的，因此應確保攝取足夠的蛋白質，不只為了修復肌肉，也為了增加肌肉，以負荷更高強度的訓練。

第 1-2 章也提到，補足運動中流失的水分可加強恢復。由於年長者的乾渴機制沒那麼敏銳，年長跑者更要注意訓練過後的水分補給。酒精會導致脫水、干擾睡眠，以及帶來無營養的空熱量，對肝臟的影響也會減緩恢復，年長者應盡量遠離酒精。

要作改變的另一方面，就是調整訓練計畫，來增加鍛鍊或比賽之後所需的恢復時間。關鍵訓練過後，所有跑者都需要幾天輕鬆日作準備，才能進入更高強度的訓練。然而，年長馬拉松跑者可能比年輕人需要更多或不同形式的休息日。

　　如果第 9-13 章的訓練計畫表挑戰性太高，你可以斟酌跳過一些較難的鍛鍊（風險在於，這代表你就無法為你的馬拉松比賽作好準備了），或把整體訓練時程拉長數週。舉例來說，18 週的高強度鍛鍊可以延長為 20-21 週，12 週則延長為 14-15 週。如此一來，你既能做足相同分量的特定訓練，同時可在身體可負荷的範圍內獲得更多恢復時間。只要在高強度鍛鍊之間加入更多休息日（跑步、交叉訓練或休息不訓練）即可。大師跑者會選擇交叉訓練（如第 4 章提過的自行車或橢圓機），或者乾脆多加幾天不訓練的休息日。

　　一些跑者也會將一週訓練延長為 8-9 天，以利充分恢復。可惜的是，對許多跑者來說，這個策略並不容易實行。首先，這可能代表常常得獨自訓練。你的跑友們不太可能改變他們習以為常的週日長跑或週二跑道訓練。其次，這麼做很可能跟你平時的工作規劃衝突。例如，一個 9 天的訓練計畫代表週三上班前要先跑個 35 公里。基於這些實際考量，我們的年長讀者多認為，延長馬拉松準備的週數（而非零星天數）最為恰當。

蕾貝卡・崔克索 Rebecca Trachsel

最佳紀錄：2:59:12
重要佳績：第 22 場馬拉松賽首破 3:00:00，時年 43 歲。

Courtesy of Mohawk Hudson River Marathon

過了身體的全盛時期，你能夠跑得多快？蕾貝卡・崔克索告訴我們，試了才知道。

2018 年，43 歲的崔克索在她的第 22 場馬拉松比賽中，一償多年來破三的夙願，以 2:59:12 的成績跑完在美國麻省洛厄爾市舉辦的 Baystate 馬拉松。她將成功歸因於一些方法，而這些方法對所有大師跑者都有效。

崔克索在高中和大學時期就是跑步選手。從柯蓋德大學畢業時，個人 5,000 公尺最佳成績為 18:51。慢性傷害及心理疲乏讓她暫離跑步好幾年。再次接觸跑步，主要是為了體態與健康。2001 年，她搬回故鄉麻省，幾乎每一天都會跑步。26 歲時，半馬的成績 1:40 左右（她不確定確切數字），這讓她萌生了一個念頭，有朝一日一定要參加波士頓馬拉松。成家後，她在 2004 和 2007 年各生了一個女兒，因此擱置了目標。

2007 年，32 歲的崔克索初次參加 Baystate 馬拉松。對於訓練，她說：「我完全不知道我在做什麼，這整件事對我來說都很陌生，我連 GU 是什麼都不知道。」她每週長跑一次，但沒有做自己在高中和大學再熟悉不過的速度鍛鍊。她在 28.8 公里處遭遇撞牆期，但還是以 3:39:00 左右的成績完賽，比波士頓馬拉松的參賽門檻快了 1 分鐘。2008 年受的傷推遲她的計畫，翌年參賽跑出 3:31 的成績。在後續兩次成績稍稍下滑的波馬之後，她決定參與其他馬拉松賽事，以排除波士頓賽道及天氣的挑戰。

沒過多久，穩定且深化的訓練將她的最佳成績壓到了 3:16。「我經常在放棄馬拉松，和認為自己還能有長足進步之間搖擺不定。」她開始和一位費城的教練洛威爾‧拉德（Lowell Ladd）遠端合作，且至今仍受他指導。她說：「我從那時才開始全心投入，把所有的雞蛋都放進馬拉松的籃子裡。我還是會跑跑其他距離，但以破三為主要目標。」

在真正破三之前，崔克索懷著這個目標參與了其他八場馬拉松比賽。有一回，她跑到 3:00:16。2017 年秋季，她在一場賽事中跑出了 3:00:07，包含一次中途休息。這些臨門一腳傳遞了不只一種訊息：目標近在咫尺！但她五十歲之前還能跑幾場馬拉松？還能創下幾次個人紀錄？「我感覺如果我休息太久，以我的年齡要回到先前水準不是那麼容易。我的教練說：『妳的身體允許妳這麼做，所以如果妳還有意願，就繼續吧。』」

2018 年夏季，崔克索重複進行每週高達 113 公里的跑訓，其中還包含高品質的節奏跑及間歇訓練組。相較於她三十幾歲後期，雖然訓練分量緩和得多，卻仍時常感到疲倦，有時連日常活動都力不從心。崔克索表示，一些習慣的調整可解釋此間差異。

首先，她在四十出頭時諮詢了一位運動營養學家。「我重新規劃了飲食，每一餐都有均衡的碳水化合物、蛋白質、纖維和副食品。我原本攝取的蛋白質不夠。」另外，崔克索開始貫徹在長跑或高強度跑後 30 分鐘內補充能量。「這兩項改變作用很大，我現在恢復狀況好多了。」

崔克索也開始更看重充足睡眠。「女兒長大後開始習慣晚睡。我現在學會跟她們親吻、道晚安，然後自己先睡。我才不會陪她們到十一點，隔天還起來跑 40 公里。」透過跑步後伸展、使用瑜伽滾輪，加上一週 3 天的核心穩定性運動，以及一週數天跑後的跑步姿勢操練，她進一步強化了對鍛鍊強度的耐受力。

「我總是在想，我是不是達到高峰了。我知道在我這個年紀，很多事情變得更艱難、更具挑戰性。但只要在訓練或比賽過程中做出小小的突破，我就重新獲得動力。還有許多我可以努力進步的事。」

更多大師馬拉松的成功關鍵

　　良好的規劃、健康的認知和自律，都能提升你在大師馬拉松跑步上取得成功的可能性。良好的規劃意味著了解如何因應身體耐受力來調整訓練，這也包含穿著正確的鞋子，或選擇正確的義肢或輔具（若需要）等等。有跑步機和資深跑者駐店的跑步用品專門店，可以確保你找到合適的鞋。必要的話，有跑者醫療經驗的足科醫生，能幫你量身打造適用的輔具。隨著身形改變，也不妨對不同材質、款式的跑鞋保持開放心胸（例如現在的你或許比 20 年前更需要緩衝軟墊、你的腳或許變寬了……等等）。

　　健康的認知不只在於傾聽身體的訊號，更在於接受一個事實：你可能不再能用年輕時那一套去回應那些訊號。二十幾歲的你可以無視突發的小痠痛繼續跑步，但現在這麼做可能會在跑步前、跑步時、跑步後催生一些問題，你知道這會破壞自己過去幾週的訓練。年長跑者在處置這些狀況上，就是少了些能犯錯的餘地。

　　凡事總是謹慎為上。如果你覺得自己快要受傷，尤其是這種感覺越跑越劇烈時，不要欺騙自己。堅持跑下去只會傷得更嚴重，原本只要休息一兩天不跑就好，結果你可能要耗上幾週的時間來恢復。你可以做些交叉訓練，直到能正常跑步為止，並在必要時尋求治療。

　　同樣道理，當你覺得支氣管好像快要發炎，就別勉強自己冒著雨雪跑步。最好回到你溫暖的家，好好休養，以防那些呼吸道症狀影響你接下來幾週的訓練。

　　健康的認知還包含對跑步習慣作出精細的調校。大清早跳下床就直接上路的日子該結束了。這麼做從來不是個好主意，只是現在的代價可能更高昂。如果你依舊只能利用上班前做馬拉松訓練，那麼在決定起床時間時，別忘了把跑步前的準備時間考慮進去。你可以用第 4 章提過的動態柔軟度例行操來暖身，確保開始鍛鍊時就有良好的跑步姿勢，因為拖著僵硬身軀跑開頭幾公里會增加你受傷的風險。此外，在高強度鍛鍊之前，記得預留充足的時間徹底做好暖身。

健康的認知與自律的交集，在於後者通常意味著作出正確的選擇，即使此時此刻這些選擇不如你所期望的輕鬆有趣。為了維持良好的跑步體能，全力執行規律柔軟度、核心穩定性和肌力訓練，也是年長跑者要自律的一部分。如果你有物理治療師或其他運動醫學專家開立的個人訓練處方，自律即是好好遵守專業建議，即使最初促使你尋求專業的疑難雜症已見好轉。如同身兼教練、作家及美國大師賽紀錄保持人的彼得・馬吉爾（Pete Magill）所言，如果你覺得自己沒時間持續做保養工作，那麼你很快就會受傷再也跑不動。

一位自律的年長跑者要做的不只是避免受傷（儘管這是個有力的動機）。如我們在第 4 章所見，透過幾乎日行不輟的跑前與跑後核心穩定性和肌力訓練，以及一週 6 天的跑步姿勢操練，四屆奧運選手柯菲斯基直到四十幾歲仍能維持極高的跑步水準。為了在關鍵鍛鍊前恢復更好，他也把一些較短的恢復跑改成騎 ElliptiGO。你未必能像柯菲斯基花那麼多時間在這些小細節上，但你還是可以在個人限度內展現出相近的自律水準。

史考特如何成為一位健康大師跑者

每年十二月，我都會寫下自己來年的主要跑步目標。二、三十年前，我的目標通常與破個人紀錄有關。如今我五十幾歲了，還是會給自己時間目標，也經常立下完賽目標，例如完成某特定路線超馬。然而，過去幾年，我的主要目標只有一個：不要因為受傷犧牲任何能跑步的日子。專注在這個目標上，是我現階段成就感的來源。

我的身心健康立於恆定、適當的跑步量，甜蜜點目前落在每年 4,000-4,800 公里。但我不想要只是盲目追逐里程表；我希望我跑的每一里路都是享受。我想要樂在其中，且滿意自己的跑步方式。這就是「不要因為受傷犧牲任何能跑步的日子」的由來。這是我保持健康的最佳方式，而非像聽上去那麼狂熱。

如同所有好的目標，我這個目標不只具有個人意義，而且可量化、步驟明確。「不要因為受傷犧牲任何能跑步的日子」基本上代表要照顧好自己，不讓跑步或工作累垮自己，吃好睡好，避免不必要的增重，並讓身體健壯到足以應付我想要的跑步量。

最後這點，是這個目標對我真正的幫助。這代表我幾乎每天都要做肌力、核心穩定性、平衡或活動度運動。有些在跑步前或跑步完立刻做，其他則留待當天其他時間再做。我還是有我的問題點，還是希望自己跑起來更流暢，也還是偶爾因受傷而不得不休息。當我自覺無法用一般姿勢跑步，我就不跑，在這種不理想的狀態下跑步，不只會讓當下的毛病惡化，更會連帶造成其他地方出問題。但作為一位已經跑了逾 18 萬公里的跑者，每天做一些跑步之外的運動，是我步入中年仍能長期享受跑步的關鍵。

另一個幫我達成「不犧牲任何一天」目標的方法，是跑步型態的多樣性。所謂多樣，在於距離、強度、地形和地區等各種面向。我的多數星期，都長得很像稍後會介紹的訓練計畫表中的「嘗試週」。我定期混合長跑、休息日、節奏跑、間歇鍛鍊、步頻訓練和一般有氧跑。若我不做這些步調多變的跑步訓練，比如一連好幾天都在跑中等距離、中等強度，我就開始感到單調、渾身僵硬痠痛。多樣化的額外紅利是，當我下定決心專注於某個競賽目標，平常練習的這些多元項目，使我更能從容迎接系統化的訓練。

在撰寫這個主題的週末，我在週六跑了 25.6 公里，週日跑了 8 公里和 6.4 公里。最後一次是傍晚時分，在一條下雪的小溪旁的沙路上，我克制著不要跑太遠或太快。如果花這麼多天時間在做非跑步運動，能讓我到六十歲、甚至之後，仍不時擁有這樣的體驗，那麼我也甘之如飴。

——史考特・道格拉斯

賽前減量直上高峰
Tapering for Peak Marathon Performance

平時訓練可增進體能的長遠表現，奠定馬拉松的成功基礎。但你或許也注意到，訓練也往往使你深感疲憊。我們已經提過，這不代表過度訓練，在連續數週的準備與訓練過程中，適度的勞累是無害的。訓練計畫表中訂定的恢復週，目的在於降低你累積的訓練疲勞，而非將其清除一空。

然而，隨著比賽日將近，你減少訓練的時間也要延長，才能獲得理想的休息量。以體能最高峰和最高能量儲備的狀態站上起跑線，賽前訓練減量至關重要。比賽前幾週最大的挑戰，就是在持續訓練以進到最佳狀態和休養生息以消除訓練疲勞之間，找到最佳平衡。在這一章，我們將檢視如何達成這關鍵的平衡。

賽前減量的好處

簡而言之，賽前減量可調整訓練所累積的疲勞與損傷。更確切地說，賽前減量可提升跑步經濟性（固定配速下你所需要的氧氣量）、肌力及爆發力。我們在第 1 章說過，改善跑步經濟性會直接提升馬拉松的比賽配速，所以比賽減量可確保你在馬拉松賽道上穩操勝算。知名運動生理學家暨醫學博士諾克斯就曾強調，對馬拉松選手而言，賽前減量的重要益處在於恢復肌肉的緩衝功能，也許就是為什麼跑步經濟性可獲提升。諾克斯還指出，賽前減量帶來的恢復可能增進稍後馬拉松賽程中肌肉纖維的徵召，也促進修復訓練造成的肌細胞微損，並充分補充肌肉及肝臟中儲存的肝醣，同時強化免疫系統。其他有利恢復的好處還包括降低情緒波動，正向調節壓力荷爾蒙，以及改善睡眠。賽前減量對你的幫助多半取決於你訓練的多寡和時間，以及你個人的適應力和恢復力。

有關長跑選手賽前減量的科學研究中，發現賽前減量可提升跑步表現 2-3%，這等於一位 3 小時的馬拉松選手可進步 3.5-5.5 分鐘。賽前減量具有極大的潛在效益。出賽前如何降低訓練量效果才會最大？以下為您揭曉。

你該減量多久？

一些研究考察賽前減量時長之於不同距離比賽表現的關係，得出以下結論：理想減量時間為 7 天— 3 週。就馬拉松來說，普遍共識是最少 2 週，最佳為 3 週。時間太短會讓你在疲勞下出賽，太長則有損體能狀態。仔細想想，無論哪種鍛鍊對體能都僅有不到 1% 的效益；反觀減量，若規劃得宜，卻能提升比賽表現達數個百分點，寧多毋寡似乎是較明智的策略。設計妥當的 3 週減量計畫，可幫助你在馬拉松場上達到絕佳平衡，從容應賽。

馬拉松賽前減量的重要原則

■出賽前 3 週開始減量。
■維持訓練強度。
■減少里程。
■恢復日盡量輕鬆，或索性休息不跑。
■搭配適當飲食及水分補充。
■透過伸展、物理治療（若有需求）、按摩及休息來消除肌肉緊繃。

如何減少訓練才能提升跑步表現？

　　科學及坊間證據都顯示，有效賽前減量的關鍵，就在減少訓練里程數，同時維持一貫的訓練強度。降低跑步量可減少累積的疲勞，提升你的馬拉松表現；而你訓練過程中穿插的最大耗氧量間歇訓練、加速跑等等努力，足以讓你維持過去幾個月訓練的適應性。減量過程中，你應該維持同等配速、縮短訓練，就可達到訓練強度不變，而總量減少的效果。我們也建議你在正式出賽前 2 週來場模擬賽，當作最後精進比賽狀態的鑰匙（理想的話，還能同時加強「我快準備好了！」的心理增強效果）。

　　總里程數要調降多少，這取決於你當前的訓練量、過往經驗（了解自己吧），以及整體健康狀態。大體而言，年長跑者所需的賽前減量時間會略多於年輕跑者。根據研究報告、我們的個人經驗，以及和菁英跑者、教練們的討論結果，我們歸納出以下建議：
■馬拉松前 3 週：里程數減少 20-30%。
■馬拉松前 2 週：里程數減少 40%。
■馬拉松比賽週（賽前 6 天）：里程數減少 60%。

　　舉例來說，一位訓練峰值每週 113 公里的跑者，比賽前 3 週應調降里程數 20-30%，即 79-90 公里，次週調降 40%，即 68 公里，比賽當週調降 60%，即 45 公里。

賽前 3 週的初期，可以說是賽前減量成功的關鍵期。由於離比賽似乎還有點早，許多馬拉松選手容易在此時陷入過度訓練。然而，如果你這週耗太多體力，可能會在僅剩 2 週時發現自己無精打采，才設法盡快獲取足夠的休息。這 3 週從一開始就讓你的身體慢慢恢復，無論對生理或心理來說都是上策。這會讓你在心態上更加輕鬆，感覺一切前期準備都在正軌上，而非處於所有努力將付諸東流的憂慮中。

馬拉松賽前減量期間，跑者們通常會逐步降低訓練力度。這種方式帶來兩個問題。其一，在 3 週內穩定降低訓練力度，有可能會造成賽前流失少量體能（訓練適應力的得失速率約略相同）。

其二，則關乎心理層面。上述的穩定減量法並不會提供任何的心理增強效果。馬拉松選手必須充分認知到自己狀態良好，否則他們的信心便開始動搖。更有效的減量方式，是在整體恢復趨勢中間穿插一些加重度的訓練。圖 6-1 顯示了馬拉松賽前 3 週減量的情況，其中每隔數日便穿插加重度的訓練。這種賽前減量的模式能讓你維持良好的體能、適度的休息及穩健的信心。

在比賽之前，最重要的是根據個人需求調整賽前減量模式，以研擬出讓你信賴的訓練計畫。不妨將每次馬拉松賽前的減量狀況記錄下來，同時寫下該場賽事的感受與表現。一段時間後，你就能掌握適合自己的減量步調，並深化備賽的信心。之後，這些經驗與心得就能幫助你為自己的訓練計畫表安排賽前減量的部分。舉例來說，許多跑者偏好在比賽來臨前休息一天不跑。如果你也傾向如此，我們建議把休息停跑日安排在比賽之前的 2-3 天。輕鬆慢跑往往是比賽前夕的最佳方案——你會在比賽當天感覺狀態更佳，你可以把握最後機會，通盤檢查自己的肌肉是否緊繃，最重要的是，你不必整天望著牆壁，為翌日的比賽瞎操心。

根據我們剛剛討論過的最佳賽前減量標準，表 6-1 是一張馬拉松賽前減量計畫表的範例。此表藍本取自第 10 章的 18 週訓練計畫表。照著這個計畫表，你的最高里程數會來到每週 113 公里，並在減量開始前的週日最後一次跑 32 公里。讓我們逐日檢視這張表，看看每天的訓練背後的邏輯。

圖 6-1　搭配適量力度訓練的馬拉松賽前減量概況

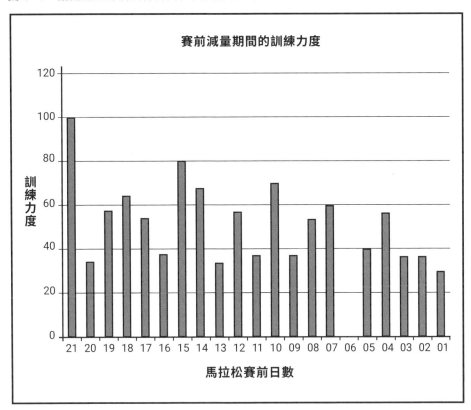

賽前減量期間的訓練力度

表 6-1 範例——馬拉松賽前減量和比賽的 3 週

	距離馬拉松的週數		
	2	1	比賽週
週一	休息或交叉訓練	休息	休息
週二	**恢復跑 + 速度跑** 11 公里（7 英里） →內含 8 次 ×100 公尺加速跑	**恢復跑 + 速度跑** 11 公里（7 英里） →內含 8 次 ×100 公尺加速跑	**恢復跑** 11 公里（7 英里）
週三	**中長跑** 19 公里（12 英里）	**恢復跑** 6 公里（4 英里）	**試裝跑** 11 公里（7 英里） →內含以馬拉松配速跑3 公里（2 英里）
週四	**恢復跑 + 速度跑** 8 公里（5 英里） →內含 8 次 ×100 公尺加速跑	**最大攝氧量跑** 13 公里（8 英里） →內含以 5K 比賽配速跑 4 次 ×1,200 公尺；折返慢跑時間為單次時間之 50-90%	**恢復跑** 8 公里（5 英里）
週五	**恢復跑** 8 公里（5 英里）	**恢復跑** 8 公里（5 英里）	**恢復跑 + 速度跑** 8 公里（5 英里） →內含 6 次 ×100 公尺加速跑
週六	**8-10 公里模擬賽** （合計14-18公里〔9-11英里〕）	**恢復跑 + 速度跑** 10 公里（6 英里） →內含 8 次 ×100 公尺加速跑	**恢復跑** 6 公里（4 英里）
週日	**長跑** 27 公里（17 英里）	**中長跑** 21 公里（13 英里）	**目標馬拉松比賽**
週跑量	89-92 公里（55-57 英里）	69 公里（43 英里）	45 公里（28 英里） （比賽前 6 天合計）

賽前減量首週以 2 個恢復日揭開序幕，為的是從之前的一個週日長跑中恢復。第 2 天有 8 次 100 公尺加速跑來提升步頻。週三的鍛鍊是 19 公里跑，作為輕度耐力刺激。週四和週五也是恢復日，這是為了迎戰週六的最後一次模擬賽。這 8-10 公里的模擬賽將大大提升你的比賽體能，讓馬拉松配速顯得相對容易，但又短到能夠快速恢復。週日則是 27 公里跑，可提供中度耐力刺激，幫助維持前幾場長跑帶來的適應性，如上升的肝醣存量及血容量等。如第 1 章所言，經過週六的模擬賽，你週日的長跑應採取比平常長跑更輕鬆的配速。

賽前減量的第 2 週以 3 個恢復日作開始，週二會有幾次加速跑來加強步頻。週四會將你最後的鍛鍊拉到近於最大攝氧量配速。這要在比賽前 10 天完成，以保留充裕的時間恢復和超補償。週五、週六為恢復日，週六再做幾次加速跑加強步頻。本週以週日的 21 公里跑作結，再次鞏固幾週以來長跑留下的身體記憶。

除了週三以外，整個馬拉松週皆是輕鬆的恢復活動，除了週三。週三是試裝日，你將在這天穿上你比賽要穿的鞋子、襪子和衣褲。這是最後檢查一切就緒的機會。先輕鬆跑完 5 公里，接著以馬拉松配速跑 3 公里，最後以輕鬆的 3 公里收尾。你這時應該有相當的精力，但還不到充分休憩的程度。如果有哪塊肌肉特別緊繃，你還有時間去按摩、伸展或者找物理治療師，在賽前處理好你的腿。

以上賽前減量的方式，可讓你以最佳狀態站上起跑線。接下來，你要做的就只剩下用最快速度跑完 42.2 公里的比賽。至於跑馬拉松的過程中，該採取怎樣的配速和營養策略，則是下一章將探討的重點。

寶拉・拉德克里夫 Paula Radcliffe

最佳紀錄：2:15:25（世界紀錄）
重要佳績：2005 世界盃冠軍；2002 芝加哥馬拉松冠軍；2002、2003、2005 倫敦馬拉松冠軍；2004、2007、2008 紐約馬拉松冠軍。

Nick Potts - PA Images/PA Images via Getty Images

無庸置疑，每一位馬拉松紀錄保持人都是傑出的運動員，但這不代表他們十全十美、萬無一失。他們的前車之鑑，適足以成為旁人的借鏡。就像拉德克里夫的跑步生涯，固然不乏廣為人知的挫敗，卻也蘊含許多正向的教誨。

我們在第 7 章會提到，她的兩次馬拉松世界紀錄，幾乎是最佳配速的教科書。兩場賽事中，其前後半程費時相差不到一分鐘，並在末段達到最高跑速。

同樣值得留意的是，儘管拉德克里夫在 2002 年開始跑馬拉松前，已有十餘年的職業跑步經驗，卻是在接觸馬拉松後，才創下她較短距離的個人紀錄（如 10,000 公尺 30:01 的成績）。許多跑者在馬拉松賽季結束、重回短距離路跑後，仍受惠於馬拉松鍛鍊養成的有氧體能。而看到拉德克里夫產後 9 個月就在 2007 紐約馬拉松奪冠，有誰能不深受激勵呢？如同許多女性，拉德克里夫稱自己在懷孕後體能更好了。

即使頂著世界紀錄和大賽勝績的光環，世人永遠不會忘記 2004 年奧運馬拉松賽事中，中途退賽坐在路邊啜泣的拉德克里夫。賽後，她解釋自己因腿傷服用了一些抗發炎藥物，造成她腸胃不適，能量無法正常供給。她隨後指出，英國媒體和她自己加諸自身的比賽壓力，讓她亂了陣腳。跟其他運動相比，馬拉松確實能帶來巨大的身心負擔。時時刻刻提醒自己：你是真心樂意才做這件事的（至少我們希望如此）；且你在比賽中的表現，跟你對社會的貢獻、人際上的相處，一點關係都沒有。

在拉德克里夫的後期生涯中，有一點值得警惕。產後迅速在紐約馬拉松奪冠的她，在這場勝仗後持續因傷所苦。一心企望早日恢復體能站上起跑線的揠苗助長之舉，反而大大加重了身體的負擔。2008 年初，腳趾受傷讓她無緣參加 4 月的倫敦馬拉松。此後，她渴望趕在北京奧運前把虛擲的時間補回來，卻因此招致疲勞性骨折，直到賽前 1 個月，她才再次能在平地上跑步。即使每天都做交叉訓練，她還是缺乏跑步專需的體能來完成 42.2 公里的賽程，最後以 23 名完賽。她在賽後表示，如果這不是奧運，她根本就不會上場。我們多數人在賽程的安排上有更多彈性，因此如果有傷病影響到你的訓練，不妨考慮留得青山在，待下回賽事再捲土重來。

2008 年奧運之後，拉德克里夫在同年的紐約馬拉松拿到冠軍，稍稍扳回一城。那次勝利成為她的生涯絕響。直到 2015 年，她的最後一場馬拉松競賽前，她都在和一連串傷勢纏鬥，而這些傷很可能是為了補償舊傷增添的新傷。2012 年，她被指派參與英國奧運，但在賽前因腳傷而退出。

作為一位職業選手，拉德克里夫經常得挑戰身體極限，以期在特定的日子跑出最佳成績。因此，在許多該休養生息的時候，她往往仍覺得不得不賣力訓練。一般人很少需要經歷這種時程壓力。我們可以學習拉德克里夫早年的打鐵趁熱；至於她的生涯後期，則教會我們不宜操之過猛、過急。

其他訓練的減量

　　開始縮短里程數之後，你可能會情不自禁開始增加跑步外的訓練。在大多數情況下，請盡可能去抗拒這股衝動。我們在第 4 章看到的各種輔助訓練，與你的跑步訓練大致具有相同目的：讓你帶著最佳體能狀態站上起跑線，迎戰眼前的 42.2 公里。隨著馬拉松之日迫近，都以跑步來作為你的核心、阻力、柔軟度和交叉訓練。這表示你要明白主要工作均已告一段落，現在的目標是維持之前訓練所得，同時給身體充裕的休息。

輕鬆的恢復跑是賽前減量的重要環節。

　　比賽前 10 天盡量減少阻力鍛鍊，最後幾天應完全避免。溫和的核心訓練和交叉訓練可持續到賽前數日，柔軟度訓練則可一直做到比賽當天，但請拿捏分量不要做過頭。如果你已經習慣每週做數次 10 分鐘的伸展，就別突然在馬拉松前一週暴增為一天 1 小時。

　　姿勢操練也是同樣道理。如果你已經養成了習慣，在馬拉松前一週做個幾次就不是問題。柔軟度訓練則可幫助你在賽前減量期間作放鬆，使你減少跑步量之餘獲得心靈上的平靜。再次強調，賽前減量期間不要突然增加新項目，也不要任意提高操練量。該做的都已經做了，你只要安心等待收成就好。

義大利麵補給了嗎？

我們在第 2 章談過補充碳水化合物的重要性。比賽開始時，務必讓你的肌肉和肝臟儲滿肝醣。開跑前攝取充足的水分也同樣重要。相關細節請參見第 2 章。

看見成功

隨著比賽接近，焦慮是無可厚非的。10 週之後的馬拉松可能還只是個抽象概念，但當比賽離你只有數日之遙，這個概念會一下子變得太過真實而具體。尤其正在賽前減量的你可能因此加倍煩躁。因為，你或許會和許多選手一樣，擔心自己的所有訓練成果在數個休息日內蒸發一空。

要讓思緒平靜下來，試試「觀想」吧。利用你平常拿來跑步的時間，找個安靜的地方坐下來或躺下來，然後在腦海裡把整場比賽跑過一遍。預演可能發生的問題，例如在最前幾公里被堵住、錯過補給站、不期而「雨」等等，然後設想你克服了這一切。同時，想像自己從前段的好整以暇，到最後 10K 賣力挺進。如果你有時間目標，不妨試想在跨越終點線之際，時鐘顯示著你的目標數字。

賽前儲備能量（和理智）

馬拉松前一週要減少的不只有訓練量，可能的話，也請將生活中的壓力降到最低。由於事關你的家人、朋友、老闆和同事，請試著做到以下幾點：
- 避免與重大工作截止日衝突，或其他太耗神費力的事務。
- 勤洗手，降低感冒風險。
- 睡飽一點，尤其如果你在重大比賽前幾天容易失眠。
- 讓他人代駕。
- 待在馬拉松前夜祭的時間能少則少。
- 把觀光行程留到賽後。
- 每天花幾分鐘，找個安靜的地方觀想一場成功的比賽。

第7章
比賽日策略
Race-Day Strategy

　　整個馬拉松準備過程為時數個月。這段時間裡,你謹慎規劃、勤勞操練,就為了到比賽時能達到最佳狀態。然而,要做到最好,你對馬拉松本身也必須有一套計畫。這個計畫就是本章關注的焦點。你該暖身到什麼程度,暖身又該包含哪些元素?從開跑前幾公里、比賽前半程,到 32 公里處的漫漫路程,以及比賽最後 10 公里,該如何進行?就讓我們來檢視一些比賽日策略,幫助你兌現數月來的準備,讓你雖感疲憊但心滿意足地衝過終點線。

暖身

不管哪一種比賽，暖身都至關重要。暖身的用意，是讓身體準備好以比賽配速去跑。這包含提高代謝率、體溫和肌肉內的（攜氧）血液輸送。暖身也可活化你的有氧系統，使有氧系統從比賽一開始就以最佳狀態運作。

然而，馬拉松暖身也有害處。馬拉松的挑戰之一，就是要在肝醣耗盡前抵達終點。我們在第 2 章也強調過，賽前進行肝醣超補，比賽過程中攝取碳水化合物，可確保碳水化合物在比賽前用盡。但暖身會燃燒一些碳水化合物和脂肪，使你的肝醣存量略微減少。如此一來，關鍵就在於如何利用最少量的暖身，達到最大的準備效果，使你為眼前的 42.2 公里路程存下最多的碳水化合物。

理想的暖身方式取決於跑者的程度。如果你的主要目標只是完賽，就不必要賽前暖身，將開跑前幾公里當作暖身即可。如果你為自己設定了遠高於一般訓練配速的跑速，就要先做好暖身。

典型的馬拉松暖身常包含 1.6 公里或 10 分鐘的慢跑，及比賽開始前的伸展運動。這已達到暖身的基本目標，但針對馬拉松暖身，我們建議作點變化：前後各約 5 分鐘慢跑，中間穿插一些溫和伸展。第一段 5 分鐘慢跑能讓你好好感受自己的身體，因此這種暖身對馬拉松很有幫助。接著，你可以把暖身重點轉向各個小地方的調整，好以最佳狀態站上起跑線。

開始暖身的時機應該在開跑前 30-40 分鐘。第一段暖身跑先慢慢開始，然後漸次加速到略低於每 1.6 公里 1 分鐘馬拉松配速的速率。接著，再進行 5-10 分鐘的動態伸展，包括放鬆你的肩膀和頸部。最後再跑 5 分鐘，這次逐漸加速，並在最後 30 秒左右達到馬拉松配速。天氣暖和時，不妨在前往起跑區之前，先喝點水。

就是這樣，並盡量控制好時間，讓自己在馬拉松開跑前 10 分鐘內完成暖身。比賽前暖身太久會減損暖身的好處，同時還消耗掉你儲存的碳水化合物。小規模的馬拉松較可能允許你這樣拿捏時間，因為大型比賽往往老早就把選手統一帶到起跑區。

　　奧運馬拉松比賽開始前，選手們會有點緊張地慢跑暖身，但幾乎都只是 10 分鐘以內的輕鬆跑穿插 1-2 次加速到比賽配速。這樣的暖身，就已經足夠這些跑者在頭一個 1.6 公里內達到每 1.6 公里 5 分鐘的配速。類似的例行運動或動作，就可以讓你準備好在起跑線上推進到你的目標馬拉松比賽配速。

試著在馬拉松前保持暖和、乾爽和放鬆。

配速策略

假設你的馬拉松有時間目標，你要如何努力達到呢？一些馬拉松跑者剛開始便竭盡全力，並在後半程努力維持相同水準，一些則試圖全程以均等配速前進。也有些人前半程從容不迫，到後半程才加速。讓我們看看馬拉松生理學怎麼說，並據此研擬最理想的配速策略。

在第 1 章中，我們已知你的馬拉松配速十分接近乳酸閾值配速，而這取決於你在乳酸閾值配速下的耗氧量和跑步經濟性。如果你跑得比乳酸閾值配速快，乳酸將堆積在肌肉和血液中。再持續個幾分鐘，乳酸鹽帶來的氫離子就會開始抑制供能所需的酵素，使你漸漸慢下來。當跑速超過乳酸閾值配速，用掉的肝醣也會更多，你有限的肝醣存量就會迅速地過度消耗。

這些基本的馬拉松生理學告訴我們，配速要相對均等才是上策。如果你在某一段賽程內跑得比整體配速要快得多，你就會消耗更多肝醣，且很可能開始堆積乳酸鹽。如果某段賽程比整體配速要慢，你就必須在其他賽段跑得更快，來彌補落後的距離。因此，理想的配速策略就是接近均等分擔式（even splits，均等分攤各段配速），同時把賽道的狀況納入考量。

然而，對多數跑者來說，也不該追求絕對均等分擔式（dead-even splits）的配速。因為跑步過程中，你的慢縮肌纖維會逐漸疲勞，為了維持速率，你會開始徵召更多 A 型快縮肌纖維。很可惜，快縮肌纖維的用氧效率不如慢縮肌纖維，因此你的跑步經濟性將會稍稍下滑，乳酸閾值配速亦然。結果就是造成你在馬拉松後段的理想配速也略微下降。

舉例來說，如果你的目標是 2:39 完賽，採均等分擔式意味著前後半程各分為 1:19:30。要達到此目標，你就得在後半程疲勞指數上升的狀態，持續增加耗氧量及乳酸鹽量。更有效率的配速策略，會是在 1:18-1:19 之間跑完前半程，這樣一來你在後半程就能減慢 2-3%，且仍順利達標。如果你採取反向分攤式（negative splits，前段慢後段快的配速分攤方式。編注：若採前段快後段慢的分攤方式，則為正向分攤式〔positive splits〕），在前半程跑得慢於最佳配速，結果可能有機會取得更快的比賽成績。

對於受基因和訓練賦予優勢的世界級選手，他們的最佳配速策略跟你我又不盡相同。紮實的訓練使這些天選之子較少徵召那些低效率的肌肉纖維。除此之外，他們有辦法在最後幾公里加速，並使乳酸鹽緩緩堆積直到終點。因此，對於世界頂尖馬拉松選手，讓後半段配速等於或略大於前半段，會是最有效率的配速策略。

近期多數的世界紀錄保持者都採行這個方式。基普喬蓋於 2018 柏林馬拉松寫下 2:01:39 的世界紀錄，其中的前半程為 61:06，後半程為 60:33。拉德克里夫在 2003 倫敦馬拉松的 2:15:25 世界紀錄，也是前半程 68:02 為慢，後半程 67:23 為快。

看到即使最頂尖的跑者都必須為了一開始跑太快付出代價，也許能讓你稍覺寬慰。2018 年 4 月倫敦馬拉松，在攝氏 19-22 度的豔陽下，基普喬蓋企圖打破當時基梅托的世界紀錄。在配速員操之過急的引導下，他於 13:48 跑過 5K 處的緩降坡，並在 28:19 跑經 10K，這個成績足以贏得多數 10K 路跑公開賽。他接著雖然稍稍降速，仍以 1:01:00 跑完前半程，這是有史以來在紀錄認可賽道上最快的前半程紀錄。然而，就連基普喬蓋都不得不承擔前面失策跑太快的後果。不出所料，他抱回了冠軍，但完賽成績 2:04:17，比他瞄準的世界紀錄目標慢了 1:20，而後半程的 1:03:17 較前半慢了足足兩分鐘。

官方配速團呢？

　　許多大型馬拉松都提供配速員，引導跑者跑出特定的成績。與菁英選手的個人配速員不同，這些官方配速員會全程陪跑。你需要這項服務嗎？

　　看情況。

　　首先，當然要看主辦方提供的配速員是否合乎你的時間目標。破三的配速員很少。規模較大的賽事安排配速員通常是 5 分鐘一增（如 3:10、3:15、3:20），規模較小的馬拉松則以 10 或 15 分鐘為區間。配速團的選項越多，越值得你擇一參與。

　　配速員通常都能在目標時間前後完賽。他們大多數都能跑得比指定配速快得多，指派給他們的配速任務通常落在他們中長跑程度的力度。你大可告訴自己，只要跟緊他們，幾乎能保證在目標時間內完賽。

　　賽道的地貌是一個必需考量的重點。配速員通常是均等分攤式的配速，無論上下坡、彎道或天氣變化。但在馬拉松的前三分之二，以上林林總總的因素有時考驗的是「均等力度」而非「均等配速」。這些狀況下，均等的配速未必能締造最佳成績。

　　另一件該考慮的事，是你對團跑的接受度。如果你平常都獨自訓練，或只有一、二人作伴，那麼突然加入一支配速相仿的三十人團體，可能會使你覺得礙手礙腳。你也許會聽見大家交頭接耳，在賽程前幾公里尤其熱絡。你也許在補給站補水時，卻發現事情沒那麼容易。團跑是負累還是利多，就是個人選擇了。

　　我們的建議是：如果有合乎你的時間需求，可以考慮讓配速團帶你起步。這樣就能確保你不會在前幾公里脫韁暴衝。如果你發現配速團使你分心，就慢慢遠離隊伍。若你這天剛好狀況不錯，那麼不必顧忌，盡管在最後 10K 全力衝刺吧！

瑪麗・凱特尼 Mary Keitanya

最佳紀錄：2:17:01（2017 年倫敦馬拉松）
重要佳績：4 次紐約馬拉松冠軍；3 次倫敦馬拉松冠軍；女子馬拉松世界紀錄。

Elsa/Getty Images

瑪麗・凱特尼是她那一代的頂尖女子馬拉松選手。凱特尼跑得很快，個人最佳為 2:17:01，名列世界第二，她也一心求勝，紐約馬拉松冠軍的次數僅亞於 Grete Waitz。她在距離稍短的跑步比賽中同樣不遜色，於 10K 及半馬分別都曾經創下世界紀錄。我們將在此關注她馬拉松生涯中的兩個面向，一個幫助我們破除傳統思維，另一個卻恰恰相反。

凱特尼在將近四十歲時來到跑步顛峰。她 35 歲贏得 2017 年倫敦馬拉松，並寫下個人紀錄，2:17:01 的佳績同時也打破了女子馬拉松紀錄。36 歲於 2018 年紐約馬拉松奪冠，這是她 7 次參賽 4 次奪冠中最快的一次。35 歲之後，凱特尼也創下了自己的 10K、15K、20K 及半馬紀錄。

她的例子顯示，所謂馬拉松跑者的顛峰期值得重新定義。當 Carlos Lopes 於 1984 年奧運馬拉松項目摘金，時年 37 歲的他因年齡受到的關注，不下於他輕鬆了攻克當時最偉大的馬拉松競賽之一。之後的數十年內，主流論述仍認為跑者會在接近三十歲時交出最好的比賽成績。但凱特尼和許多人都證實未必如此，例如阻止凱特尼紐約五連霸的弗列根，她當年也已 36 歲。

　　藉著第 3 章提到的恢復方法，現代的跑者們已可少受點傷病之苦，並延長訓練與出賽的年限。除了能深化有氧基礎，你在比賽時也會累積更多經驗，而且理論上智慧也會隨年紀增加。就讓凱特尼等人的例子，帶你重新看待年齡與馬拉松生涯的關係吧。

　　這並不代表凱特尼對現實條件免疫。她的跑步生涯應驗了一個老教訓：即使你是世界上最頂尖的馬拉松選手之一，也必須為前半程跑太快付出慘痛代價。

　　2011 年，在她第二場紐約馬拉松（也是她生涯第三場），凱特尼孤軍衝刺，一馬當先。她在 31:54 時跑到 10K（低於 2:15 馬拉松配速），並在 67:56 完成半程，比拉德克里夫 2:15:25 世界紀錄的前半程還要快。相較於拉德克里夫創下紀錄的倫敦賽道，一般認為紐約賽道難度更高，凱特尼自然更加趾高氣昂。

　　但凱特尼在最後幾公里抵達中央公園時，比起她在起跑初期慢了每公里近 1 分鐘。她在 40 公里處被超越，最終以 2:23:38 的成績位居第 3。後半段耗時 75:43，幾乎比前半慢了 8 分鐘之多。

　　類似的事件也發生在 2018 年倫敦馬拉松，凱特尼的冠軍保衛戰中。她瞄準拉德克里夫的世界紀錄，僅花 67:16 就跑完半程。就一個攝氏 21 度的晴天而言，這實在過快。凱特尼以 2:24:27 完賽，後半程費時 77:09。

　　凱特尼勝出的那些賽事（尤其在紐約）則呈現迥異的配速策略。2015 年，她以前後半程各 72:54 及 71:31 的成績贏得紐約馬拉松。2018 年她反向分擔式策略更加顯著，前後半各費時 75:50 及 67:58。本章稍早已提及，最有效率的配速策略是趨近均等分擔式。如果凱特尼的配速更均等，也許 2018 年紐馬可以贏得更漂亮。然而，她的優先考量是贏得比賽，並視比賽局勢決定要花多少時間。你很可能一輩子都遇不上這種狀況，那麼能從這位馬拉松前輩身上學到的，就是別讓過快的前半段糟蹋了你數個月的努力。如果連瑪麗·凱特尼都無法在這種狀況下充分發揮潛能，想必你也不行。

中途改變配速策略

儘管多數時候你該照著配速計畫走，但天氣條件或其他選手的戰術等，偶爾也會促使你改變策略。如果你逆著風跑，那麼跟著大隊、讓其他跑者來分擔風阻，對你會較為有利。即使你可能也需承擔領跑角色，相較於隻身獨跑仍然省力許多。因此，在颳風的日子，你也許得適度加快或減慢來跟上大夥。

即使那天風和日麗、天氣晴朗，為自己留點變速的彈性也可能比獨自跑完全程來得明智。在波士頓、紐約、芝加哥等大城市賽事中，自顧自地前進不成問題。不管在什麼配速下，你幾乎都不免成群結隊，並可和其他跑者合作來達成時間目標。但在較小型的馬拉松裡，你可能得自己獨跑個好幾公里。在這種狀況下，你必須決定是否要稍稍調速，加入他人行列。雖然落在其他跑者後面會給你一點體力優勢，但與大夥為伍最主要的優點是心理上的。你不必擔心配速，只要放輕鬆地跟著大家跑即可。

賽程多數時候處於落單狀態，對許多跑者來說相當難受。在結伴同行和犧牲策略之間，該如何取捨？經驗法則上，如果原始配速會讓你在比賽前 32 公里落單（當然，落單與否要跑了才知道），那麼調整的幅度不要超過 8-10 秒／1.6 公里。每 1.6 公里多跑 8-10 秒聽起來不足掛齒，但幾公里下來，這毫釐之差足以把你累壞。要決定是否跟著一群跑者跑，最好的指標就是你當下的感受。如果你覺得有把握，就跟吧。如果你呼吸開始不適，感覺強度超過負荷無法撐過完賽，就不妨放鬆由他們去。不久，你可能會發現大隊開始裂解，很快地你又有了新的同伴。

在最後的 10 公里，你可以更獨立自主一些。超過 32 公里時，如果沒有配速合宜的夥伴同行，你就得鼓起勇氣獨自挺進。此時的衝刺可能會成為一劑強心針，因為如果你準備充分、整體有相當的均等配速，你會在最後幾公里超越其他選手。沒有什麼比後來居上更振奮人心了。

前半程

你終於來到了起跑線，暖身完畢，準備好迎接眼前的挑戰。前 1.6 公里很容易沖昏頭跑太快，所以此時比較好的作法是跑得相當於或略慢於目標配速。由於你在起跑前不會做太多暖身，所以你的身體還沒準備好可以負荷高於比賽配速。此外，如果一開始跑得太快，身體會燃燒額外肝醣並堆積乳酸鹽，這對後續賽程可不是好事。

攻克頭一個 1.6 公里，接下來的最佳策略是找出合適節奏。試著跑快，但自在地跑。在比賽初期建立自在的跑步型態，十分有助於避免肌肉緊繃，以利保持目標配速直到終點。定期在心裡自我檢查，確認自己肩膀放鬆、身體挺直，好讓你全程維持良好的跑步型態。

在第一個補給站喝點碳水化合物飲料。從一開始就補水很重要，別等到你覺得自己需要碳水化合物或液體才喝。如果你感到疲憊頭暈時才補充碳水化合物，則為時已晚。早點攝取碳水化合物或液體，可以防止脫水，並延緩或預防碳水化合物耗竭，這代表你能夠維持目標配速更久。一如我們於第 2 章談過，在補給站花上幾秒鐘，最終可能兌換到數分鐘的紅利，回饋在你的比賽成績上。

心態上，可以把馬拉松前半段當作漫遊時間。試著把心理和情緒能量留到比賽後半段。如果半途處有一支團隊居於領先，在所有因素不變的情況下，最後的冠軍會是漫遊在團隊後方，把力氣儲備給後半程的人。同樣的原則也適用於較慢的隊伍。不論你最後的名次為何，都該明白後半程會比前半程更辛苦。試著別花多餘的腦力和心力，以正確配速把前半段跑完就好。

該穿什麼鞋？

馬拉松跑者偏好的鞋款差異很大。一種說法是，42.2 公里跑下來，身上即使只多一盎司的重量都是不必要的多餘，因此許多人挑鞋是越輕越好。相反地，有些跑者則認為要跑這麼長的距離，避震緩衝和支撐效果要多多益善。

多數的馬拉松選手應該選擇較輕的鞋款來比賽。多數鞋廠均有生產輕量訓練鞋，十分適合馬拉松，這些鞋款極為輕盈能減輕你雙腳的負擔，同時跟部和中底也夠厚實可提供保護，尤其在比賽中後段開始疲勞之際。

當然，多數好手均穿平底鞋出賽。別忘了這些跑者的體態不僅精瘦，也具備出眾的生物力學。平底鞋的支撐和緩衝較弱，鞋後跟也比訓練鞋低。支撐力不足會增加受傷風險，且可能使肌肉運作時格外費力。除此之外，低鞋跟也會使阿基里斯腱和小腿後側肌群承受更多壓力。

過去幾年內，許多廠商相繼推出形形色色的比賽用平底鞋；在 5K 比賽用鞋與訓練鞋之間，不論後者有多輕，跑者們總算有了更多選擇。這類長跑用平底鞋通常重約 230 克，配置適量的避震緩衝和鞋跟支撐，對於想要在比賽中跑得遠比訓練時還快的跑者，確實是不錯的選擇。不論你決定穿哪雙鞋出賽，除了減量週的試裝演練跑，記得在節奏跑或至少一次的長程馬拉松配速訓練跑中穿上它們。

在此概略列上適合穿著比賽用平底鞋的跑者類型：

男性		女性	
快於 2:40	過去相對少受傷	快於 2:55	過去相對少受傷
體重低於 73 公斤	生物力學條件佳	體重低於 63 公斤	生物力學條件佳

前進到 32 公里

從中點到 32 公里處是馬拉松的無人地帶。你已經很累了，而眼前仍長路迢迢。這就是訓練的心理素養之所以可以幫助你繼續奮力並保持正面心態的地方。這段路程中，你的配速很容易就掉個 5 秒／1.6 公里，接著再掉個 10 秒／1.6 公里或更多。藉著善用所有可反映你配速狀況的指標（不論是以公里或英里來分），你就可以掌握自己的實際進展，並在這段賽程裡能保持專注和維持你的目標配速。

在這個賽段無法維持配速，通常是注意力不足，而非生理狀況不允許。隨時聚焦於各段賽程的配速，可以使你專注在當下的目標。如果你參酌的是 GPS 手錶，別忘了手錶的公里或英里計數可能受賽道測量方式、定位誤差等因素，而與比賽的計數有所出入。最終成績計算可不是手錶說了算，因此記得以比賽的官方標記作為主要配速指標。

如果你確實莫名其妙慢了下來，不要突然加速回到正軌。如果你正在使用你自己的 GPS 手錶配速數據，就先回到你的目標配速。等你確認在下一個分段會回到該有的速率，再從接下來的幾公里，慢慢把耽擱的秒數補回來。一路上注意保持逐漸加快秒數的目標，你就可以防止配速震盪過大，且最後成績應該能與目標相去不遠。

覺得某段路途有些不太對勁是常有的事。這是你意志力的試金石。這些低潮通常會維持一陣子，然後又神祕地消失。舉例而言，你可能會在 24-27.2 公里時感到緊繃不適，隨後又一切如常，順風順水到終點。關鍵是要保持信心，相信自己終將克服這一時的不順遂。

何時該喊卡？

大多時候，即使感覺跑得不如預期，你也應該有始有終跑完比賽。馬拉松是種耐力考驗。如果你開了半途而廢的先例，就很容易再次棄賽。當然，某些情況下，硬撐著跑完全程可能會犧牲掉你的健康或未來表現。

在以下情境中，退出比賽可能對你比較好：
■當你開始跛行，無法維持跑步力學。繼續前進只會惡化傷勢。
■當你某處特別疼痛，且越跑越痛，這代表你在傷害自己，應即停賽。
■當你頭暈目眩、無法專注，應即停賽。
■當你抽筋、肌肉撕裂或熱衰竭（中暑衰竭）等等，應即停賽。

彼特在多年前的舊金山馬拉松學到了這堂課。他相當賣力地跑過 20.8-25.6 公里，接著在一段特別蜿蜒的 5 公里路段感到呼吸失調，但仍吃力跟緊另外兩位領先者。他不斷叫自己放鬆，並告訴自己別人可能也同感艱苦。所幸，他在 30.4 公里處找回了舒適的節奏，漸入佳境，並在 32 公里時超越另外兩人，最後從容奔向勝利終點。如果彼特讓自己在那段路上陷入負面思維，他不可能贏得冠軍。

中點至 32 公里的低潮也可能導因於肌肉疲勞。定時檢查身體姿勢，看看自己是否越跑越沒有效率。從頭檢查到腳，一次專注在一個部位。你的頭部是否在肩膀之上與身體呈一直線？頭頸是否放鬆？兩肩是否放鬆平齊？雙掌是否虛弓成杯狀？軀幹是否挺直不前傾？臀部是否放鬆？足部著地時重心是否在身體下方而非前方？

這個檢查只需花你幾秒鐘。如果某個部位特別緊繃或不協調，想想稍早跑得比較輕鬆時的身體感受，並試著找回那個姿勢。這些小小的修正會讓眼前的路段容易一些，也會降低後續姿勢進一步垮掉的機率。

你不需要隨時監控自己的姿勢。大約每 1.6 公里左右快速檢查一次就綽綽有餘了。在剩下的賽程中持續做這些檢查，一方面維持跑步技巧，一方面也讓你有別的專注焦點。

後半段盡可能多補充碳水化合物，這能讓你集中精神。大腦唯一的能量來源就是葡萄糖（碳水化合物），而當你耗盡了碳水化合物，抵達大腦的葡萄糖就開始減少。如果你賽前做了肝醣超補，應該會在 32 公里後耗盡肝醣。所以比賽途中，尤其在 21-32 公里之間多攝取碳水化合物，可確保你全程機警敏銳，思路清晰。

退出比賽

我的馬拉松生涯中，共出賽 18 次，完賽 16 次，其中有 8 次贏得勝利。至於 2 次中途退賽，其中一次是因為受傷，另一次則是犯蠢。兩次都發生在 1986 年。

犯蠢的那次是波士頓馬拉松。那是第一場職業波士頓馬拉松，媒體群情亢奮，獎金也十分優渥。我放棄了一貫均等分擔式跑步策略，早早就開始暴衝。前 16 公里，我和 1983 年波馬冠軍 Greg Meyer 數度交替領先。每當他領先，我就試圖超越。

這種跑法對馬拉松前段來說太過激進，尤其是我，太早衝了。同時，當天的冠軍 Rob de Castella 當時正跑在我們後頭，也許在偷笑我們兩位美國佬沉不住氣。到 19.2 公里時，我的呼吸開始亂了節奏，雙腿無力，且腸胃越發不適。我在下一里路開始落後，肌肉也開始緊繃。我知道自己太早使勁衝了，因此過了中點就停下來，暗暗咒罵自己。這是個沉痛的教訓，我也從此不再犯同樣的錯了。請注意：犯蠢不是中止比賽的正當理由。

早早退賽的唯一正面結果，是我大約 1 週便完全恢復。幾週之後，我化挫敗為力量，創下 28:41 的 10,000 公尺個人紀錄。同年 7 月，我以 2:13:29 跑完 42.2 公里，贏得舊金山馬拉松，終於扳回一城。

另一次中途棄賽是 1986 年在明尼蘇達州的雙城馬拉松，那也是翌年世界錦標賽的選拔賽。比賽數週前的跑道鍛鍊中，我因過度伸展造成大腿後側肌肉緊繃，在尚未恢復的狀況下出賽。起初感覺還不成大礙，但在攝氏 4.4 度的微雨天氣中，大腿後側肌肉逐漸僵緊。到了 32 公里處已徹底繃緊，在領先隊伍裡殿後，那時我實在跑不動了。走了大約 1.6 公里，我滿懷感激地搭上前往終點的收容車。那次棄賽的決定不是出於我的失誤，因此心理上較過得去。

經過那挫敗的一年，我下定決心要盡快跑出好成績。我的物理治療師說我的大腿後側肌肉不算損傷得太嚴重，應該試著輕鬆跑個 10 天。定期按摩也使我的大腿後側肌肉放鬆下來。因此，3 週後我決定參加紐約馬拉松。我跑得很保守，在中途從 30 名慢慢推進，最後以 2:14:09 獲得第 9 名。那是學到許多教訓的一年。

──彼特‧費辛格

最後 10 公里

一路撐到了 32 公里，你也來到了馬拉松的重頭戲。這是你兌現幾個月來訓練、長跑與所有努力的時刻。此前，我們都要你拿出收斂、克制的耐心；現在，你可以解放自我，大展身手了。在這 10 公里內，你要毫不保留地使盡身體全力。這就是馬拉松的真諦。而這段路程，欠缺準備的跑者望而生畏，有備而來的跑者樂在其中。

邁向終點的關鍵，就是在沒有抽筋或肌肉劇烈緊縮等災難的情況下，盡你所能地全力推進。你在平時的長跑、馬拉松配速跑，甚至節奏跑，已為此刻作足了準備。此時，你得透過身體給你的回饋，來判斷可以衝刺到什麼地步。你的小腿後側肌群、大腿後側肌群、股四頭肌群以及結合這些肌群的各種狀態，此時應該已經來到臨界點，並會限制你能跑得多快。你得先試試水溫，施展至你認為肌肉能承受的極限。在這個過程中，你越接近終點線，承擔的風險就越高。

剛出發時，默數剩下的里程也許令人卻步，但這在最後幾公里卻能幫你集中注意力。當終點越來越近，告訴自己「剩不到五公里了！」「再 15 分鐘就到了！」，會有絕佳的激勵效果。如果你跑得有點吃力，就想像自己跑完最喜歡的訓練路線的畫面，讓剩下的距離顯得更輕而易舉些。

如果你全程都有攝取液體和碳水化合物，此時的肌肉狀態應該不錯。繼續補充到 40 公里。維持血糖濃度能讓你保持機敏，一路專注到終點線。如果你的腸胃在最後不太對勁，可參考第 2 章提到的方法，只含著碳水化合物飲料也有作用。

當終點線映入眼簾，就再加把勁奮力衝過去。向自己證明你已駕馭了這場馬拉松，衝到了終點。最後，好好享受你辛苦努力的果實吧！

在前幾個章節，我們從所有必要的角度檢視了馬拉松的準備與比賽過程，現在是時候將理論付諸實踐了。此後的章節提供了一些實際結合生理學原理的訓練計畫表。運用你在第一部學到的知識，並按照訓練計畫表中的特定訓練好好鍛鍊，就能讓你準備萬全，邁上成功的馬拉松之路。

第二部
訓練計畫
TRAINING PROGRAMS

第 8 章
遵循計畫表
Following the Schedules

　　如同我們在作者序所提，很多讀者想直接進行他們選擇的訓練計畫表，並且開始取得訓練成果。這樣很好，但是在一頭栽進去之前，你要先讀過這一章。你會認識計畫表裡的各種跑步要怎麼做最好，也會知道一旦訓練過程出現無可避免的阻礙，要如何調整計畫表。

　　第9-13章中的訓練計畫表包含每天一種特定鍛鍊，和當天的訓練類型。特定鍛鍊有以下8類：長跑、中長跑、馬拉松配速跑、一般有氧跑、乳酸閾值跑、恢復跑、最大攝氧量間歇跑和速度跑。本章會詳細介紹這些鍛鍊方法，包含如何從這些鍛鍊中獲得最大效益。想進一步了解各種訓練在生理上的效益，以及每種訓練所扮演角色，可參見第 1 章。

長跑

　　訓練計畫表的長跑，指的是長度 26 公里及以上的所有跑步。長跑的目的不外乎是提升肌耐力，為 42.2 公里的馬拉松作準備。

　　要從長跑獲得最大的效益，就是要跑在正確的強度範圍內。長跑不該像慢跑那樣單純累積跑步時間。如同在第 1 章所提，特定長跑在訓練計畫中的目的會決定配速該多快才適當。在你的大多數長跑中，效益最高時的強度範圍會比你的目標馬拉松比賽配速要慢 10-20%。對於多數馬拉松跑者，長跑的配速要符合 75-84% 最大心率或 66-78% 儲備心率。在呼吸方面，長跑時的呼吸會比一般有氧跑相同或稍微困難，但比馬拉松比賽配速時的輕鬆許多。（由於肌肉疲勞的緣故，你呼吸時自覺費力的程度，也會隨著終點越接近而越覺困難。）在這樣的強度範圍內你會找到最佳平衡，一方面可以有足夠的跑步強度，讓你模擬在馬拉松比賽配速下使用的肌肉模式和姿勢，另一方面又夠溫和，使你相對快速地恢復，以繼續其他重要的訓練組。

　　先從這個範圍的最慢底限開始跑。逐漸增加配速，在最後的 8-16 公里用比目標馬拉松比賽配速慢 10% 的速度去跑。在長跑中逐漸增加配速，再強勁地收尾，如此可以提供正向的心理增強效果，使你可以掌握馬拉松。要進一步加大效益，可模擬你的馬拉松上坡地形，來設計你的長跑跑道（本章稍後會介紹上坡跑）。如果你的長跑跑道比你的馬拉松跑道斜度更大，你的配速也會比較慢。

　　計畫表中也包含了使用目標馬拉松比賽配速的馬拉松專屬長跑（隨後將在本章討論），以及模擬賽隔天較慢的長跑。在週六的比賽或高強度鍛鍊之後，你隔天可能會比較累，而且肌肉僵緊，受傷的可能性高，因此你週日長跑的配速應該要輕鬆些。你的長跑開頭要像恢復跑那樣，如果肌肉隨著跑步過程逐漸放鬆，就可以增加訓練刺激，將配速增加到大約比馬拉松比賽配速慢 15-20%。

中長跑

中長跑是長度 18-24 公里的所有跑步。中長跑可以增強你長跑的生理效益。要取得最大的生理效益，中長跑的配速要接近長跑的配速。如果你在中長跑的前一天做了高強度的訓練組，隔天中長跑的強度就偏低一些。

即使你覺得精力充沛，跑中長跑時也要避免練得太過，因為這會拉長恢復時間，也會降低你其他重要鍛鍊的品質。如同長跑一樣，模擬你的馬拉松地形來設計你的中長跑跑道。

馬拉松配速跑

馬拉松配速跑，指的是你用目標馬拉松配速來跑中長跑或長跑大部分的里程數。這可以提供更精確的生理效益，讓你練習比賽當天的配速、姿勢等等各種實際狀況。馬拉松配速跑也是提升自信心的一大利器。

起步先自在地去跑，就像中長跑或長跑一樣，接著在最後的部分用馬拉松比賽配速來跑。舉例來說，計畫表指定跑 26 公里，其中 19 公里要以馬拉松比賽配速來跑，那麼你在前 6 公里要逐漸增加配速，接著以目標馬拉松配速來跑最後 19 公里。這是為了使你的身體盡可能針對將到來的馬拉松作好準備，因此在設計跑道時，盡可能模擬你的馬拉松越接近越好。對於大多數訓練有素的馬拉松跑者，馬拉松配速的心率要符合 82-88% 最大心率或 76-84% 儲備心率。

一般有氧跑

一般有氧跑包含不超過 16 公里的標準中等力度跑。這比乳酸閾值跑慢，比中長跑短，比恢復跑快。一般有氧跑的用意是透過增加訓練量，來提升你整體的有氧條件。由於許多有益於改善肌耐力的適應性都跟總訓練量有關，所以一般有氧跑也有益於你在馬拉松作的訓練準備。

對於多數跑者，一般有氧跑的最佳強度範圍大約比馬拉松比賽配速慢 15-25%。這個配速範圍通常要符合 72-81% 最大心率或 62-75% 儲備心率。由於一般有氧跑的主要目的是增加你的訓練量，如果你隔天累到無法做高強度訓練組，就代表你的一般有氧跑做得太強了。

蓋倫・魯普 Galen Rupp

最佳紀錄：2:06:07（2018 年布拉格馬拉松）
重要佳績：2016 年奧運會馬拉松銅牌；2017 芝加哥馬拉松冠軍；2017 波士頓馬拉松亞軍。

Matthias Hangst/Getty Images

蓋倫・魯普（Galen Rupp）究竟多快征服馬拉松呢？在他的前 4 場馬拉松比賽中，他分別獲得了第一、第三、第二，以及第一名的成績。

這些比賽並非易如反掌。在 2016 年美國的奧運馬拉松選拔賽中，他首次亮相，並在那年夏天（也是他的第二場馬拉松）贏得奧運銅牌。接著，隔年在波士頓得到亞軍，又在芝加哥獲得冠軍，他是 15 年來，首位在芝加哥馬拉松中得到此殊榮的美國男子。

當然，魯普的資深教練 Alberto Salazar 對他幫助很大。Salazar 曾經贏得 1 次波士頓馬拉松及 3 次紐約馬拉松，然而跑步的人終究是魯普。魯普如此迅速取得成功，這顯示如果你熟練的是較短的距離，可以慎重但毋須恐懼地轉換到馬拉松。

當魯普站在他第一場馬拉松的起跑線上時，他已經參加過 2 次奧運了。2012 年奧運他在 10,000 公尺拿下銀牌，並成為美國該項目的紀錄保持人。他幾次嘗試路跑也非常成功，尤其突出的兩次半馬，有 1:01:20 或更快的成績。

有著這樣的背景，魯普在心理上及生理上，都已經準備好跑馬拉松。在生理上，他有規律地長跑，以及多年混合配速跑的訓練。因此，對他來說轉換成馬拉松並非巨大的改變，而只是些微的切換跑道，切換成更長的長跑及頻率較低的短間歇訓練組。在心理上，魯普已經準備好了，因為不管是爭取名次或時間，他都有辦法。雖然馬拉松可能會出現新的挑戰，但魯普已經發展出面對它們所需的心理工具。

即使你在較短的賽跑中，有很好的成績或豐富的經歷，我們並非要你在首場馬拉松就孤注一擲。在魯普首次亮相的比賽中，他知道自己很可能無法以世界級的配速開始比賽。即使他極具膽量，參加兩屆奧運的馬拉松，但他仍選擇保守的開始。然而，在兩場賽跑中，該一較高下時，魯普也像他在較短的比賽一樣邁開腳步跑過了。自信來自於兩者的結合：一般跑步的經驗，以及特別為馬拉松作的準備。

魯普的馬拉松訓練有一點很有意思，就是其他人會覺得他的長跑很無趣，不是在跑步機上，就是透過在草地上繞小圈完成。魯普說他在準備時，可以邊練習邊喝東西，或是穿較軟底的鞋子。準備過程能培養人心的韌性，以面對跑馬拉松時，那種無可避免的枯燥乏味。

魯普首場不成功的馬拉松也為我們上了一課。

魯普是許多沒完成 2018 年波士頓馬拉松的菁英跑者之一。當每個人都在寒冷的暴雨中奮鬥時，魯普因為患有氣喘而深受影響。在進入牛頓四大坡（Newton Hills）前，他和領跑員失去聯繫，因而在 32 公里前脫隊。

魯普知道在波士頓馬拉松前他的狀態很好，能在 1 小時內跑完半馬模擬賽。由於在波士頓完成的那部分比賽配速相對較慢，他的費力程度比較像高強度訓練跑，而非長跑比賽。隨後他重新振作，整裝再出發，參加布拉格馬拉松。在波士頓那場惡戰後的 20 天，魯普以 2:06:07 的成績贏得布拉格馬拉松，並以 3 分鐘之差刷新他的個人最佳成績，這也使他成為馬拉松歷史上第 2 快的美國人。

你不一定會想帶著 B 計畫參加你的目標馬拉松。但如果事情發展不如你所預期，而你也毫髮無傷的話，可以考慮再參加別的比賽並利用你體能的優勢。第 13 章的計畫將能幫助你完成這個任務。

乳酸閾值跑

乳酸閾值跑，就是以你的乳酸閾值配速跑節奏跑至少 20 分鐘。這個費力程度大概是讓你跑 1 小時比賽的配速。對於多數馬拉松跑者，這個配速的強度範圍要符合 82-91% 最大心率或 76-88% 儲備心率。資深跑者有另一個方法估測乳酸閾值配速，大約比 10K 比賽配速要慢每 1.6 公里 10-15 秒。節奏跑能提供強烈的刺激來提升乳酸閾值跑配速，進而提升你的馬拉松比賽配速。乳酸閾值訓練組開始之前，要先跑 3-5 公里的暖身，並在結束後跑 10-15 分鐘作緩和。計畫表中的節奏跑有 6-11 公里長。舉例來說，如果計畫表中指定一天跑 16 公里且其中 8 公里要是乳酸閾值跑，那麼就先暖身跑 5 公里，接著開始節奏跑，再跑 3 公里作緩和。

恢復跑

恢復跑是以輕鬆的配速來完成相對短程的跑步，為的是增強你的恢復狀況以投入下一次高強度鍛鍊。恢復跑並不一定是慢跑，但就是要比你當週的其他鍛鍊再慢一些。對於大多數馬拉松跑者，恢復跑的最佳強度要維持不超過 76% 最大心率或 68% 儲備心率。在主觀基礎上，跑恢復跑時你會感受到自己正在儲存能量，而不是流失能量。跑完的時候，會感到精力充沛。恢復日就是你身體最疲累的時候，如果在恢復日訓練過度，這代表接下來會更加疲憊。

試著找一個平坦的跑道，但如果你的恢復跑包含一些上坡，你就要延展這個上坡範圍，例如每分鐘停留一陣子，或是跑得特別慢。盡可能選擇在柔軟的表面上跑恢復跑，這可以加快你恢復的速度。

最大攝氧量間歇跑

　　計畫表中的最大攝氧量間歇跑，包含在持續時間內以現在 5K 比賽配速來跑 600-1,600 公尺的重複跑。雖然最大攝氧量間歇跑是馬拉松準備裡很重要的一部分，但相比之下，都還不如對 5K 或 10K 比賽那樣關鍵。因此，在這些計畫表中，最大攝氧量訓練組以重複跑為主，一方面夠長，能提供你有力的訓練刺激，另一方面又夠短，使你能快速恢復，以利投入當週其他重要的鍛鍊。

　　同樣的理由也適用於這些最大攝氧量鍛鍊的指定配速：不像較短距離的比賽選手需要做接近 3K 比賽配速的間歇跑，馬拉松跑者要獲得最大效益，就要維持在 5K 比賽配速。藉由維持在中低程度的有效強度範圍（也就是 93-95% 最大心率或 91-94% 儲備心率），你會提供自己強烈的刺激以提升最大攝氧量，同時也能快速恢復以投入其他鍛鍊。基於這個理由，在表 8-1 中，最大攝氧量鍛鍊的訓練強度只要求比較保守的 5K 配速範圍。

　　關於間歇跑之間的最佳休息間隔時間，目前尚未有定論。有一派論點是，休息的時間要盡可能縮短，才能使你在鍛鍊全程維持高代謝率。這個策略對很困難的鍛鍊可以成立（是好的方面），但風險是同時也縮短了鍛鍊時間。另一派則認為，在每次間歇跑間隔的恢復時間，要讓心率下降至指定的範圍，如 70% 最大心率或 65% 儲備心率，如此一來，費力程度和恢復之間的平衡就會最接近理想。

　　對於不那麼專業的大眾，有一個經驗法則很實用，以間歇跑時間的 50-90% 時間作為恢復間隔時間。舉例來說，如果你 1,000 公尺重複跑單次要花 3:20，那你在每次間隔慢跑折返的時間就是 1:40-3:00。我們的計畫表就是用這個方法來估算。

速度訓練

速度跑就是 50-200 公尺的重複跑，可改善腿速及跑步姿勢。速度跑能訓練神經系統，使你在比賽時維持比較快的兩腿交換速率。對於馬拉松訓練，100 公尺的加速跑足以提供你想要的效益。

做這些訓練組要在徹底暖身後才能開始，且通常在一般有氧跑或恢復跑的最後段。在重複跑之間，要讓自己有充足的休息，才能每次都用良好的技術去跑。

典型加速跑是一組 10 次 100 公尺的重複跑，前 70 公尺全速衝刺，接著最後 30 公尺漂浮恢復。每次加速跑之間保持放鬆很重要，避免握緊拳頭、聳肩、繃緊脖子等等動作。專注在維持良好姿勢，每次加速跑分別專注一個面向即可，如手臂放鬆或髖部徹底展開。

每次重複跑之間的典型休息方式，是慢跑或行走 100-200 公尺。每一次重複跑最重要的考量，就是維持良好的跑步姿勢，並專注在全力加速上。

如同第 1 章所討論，另一個提升速度的辦法，是在中等斜度的山坡上跑短程重複跑 10-12 秒，再慢跑或走路回起點。這些訓練可以強健肌力及爆發力，並提升跑步經濟性。結合短程上坡衝刺跑和平地百公尺加速跑更是十分有效的鍛鍊。典型的鍛鍊方式是先 15 分鐘暖身，接著 6-8 次 10-12 秒的上坡衝刺，然後是 8 次 100 公尺加速跑，並以緩和的慢跑收尾。

本章、第 1 章和第 3 章所使用的指定訓練強度，整理在表 8-1。這些強度範圍適用於多數資深的馬拉松跑者。一般來說，經驗較淺的跑者要使用建議範圍中較低底限的強度，相反地，菁英跑者則要使用建議範圍中較高上限的強度。（在短程速度訓練期間，心率沒有太大相關，因此不列入表格。）

表 8-1　各種馬拉松鍛鍊的建議心率強度

	最大心率	儲備心率
長跑／中長跑	75-84%	66-78%
馬拉松配速跑	82-88%	76-84%
一般有氧跑	72-81%	62-75%
恢復跑	低於 76%	低於 68%
乳酸閾值跑	82-91%	76-88%
最大攝氧量跑（5K 配速）	93-95%	91-94%

單日雙跑

馬拉松跑者會為了跑足每週里程數，開始一天跑 2 次。這樣的單日雙跑聽起來是很認真的訓練，所以跑者經常認為這樣準備馬拉松比較好。事實正好相反，當你為準備馬拉松而增加訓練里程數，反而要克制從一天一跑改成單日雙跑的衝動。

在第 1 章，我們討論了各種特別為增進馬拉松表現的適應性訓練。馬拉松訓練著重在以耐力為基礎的適應，像是耗盡肝醣儲備量以刺激身體儲存更多的肝醣，並訓練肌肉在固定速度下利用更多脂肪等等。舉例來說，在相同配速下，與其拆成 2 次分別跑 11 公里及 8 公里，不如一次跑完 19 公里，會給這些適應性提供更大的刺激。

這聽起來也許跟你想的不同，但在固定每週里程數下做單日雙跑，準備短距離比賽的跑者會比馬拉松跑者更為需要。舉例來說，專攻 5K 的跑者應該在每週里程數達到 80 公里以上時，開始加入單日雙跑。原因是 5K 跑者的主要訓練強調高品質的間歇跑訓練組，更頻繁、更短的跑步能使他們的雙腿保持在較有力的狀態來做這些鍛鍊。

對於馬拉松跑者，基本原則是在你單次的鍛鍊量最大化之前，不要拆成 2 次。如果你正為馬拉松比賽作準備，一週跑不到 121 公里，你就不該經常單日雙跑。如果你一週跑不到 121 公里，在你做到長跑及週中的中長跑的訓練之前，沒有理由一週跑超過 1-2 次的單日雙跑來跑完剩餘的里程數。最好是做較長距離的跑步，並在兩次跑步之間給身體 22-23 小時的恢復。

然而，一旦一週超過 121 公里，單日雙跑的鍛鍊在馬拉松計畫裡就占有一席之地。就如同訓練中的其他方面，單日雙跑也是要循序漸進。從一週加一次開始，接著隨里程數增加再多加一次。第 9-13 章的計畫表就是用這個方式來增加單日雙跑，而較高里程數的訓練計畫才需要單日雙跑。

那麼，應該如何將單日雙跑放進計畫中呢？在這本書的訓練計畫表中，一天的訓練加入第 2 次跑步有其特定原因。一類第 2 跑是在重度日。早晨的輕鬆跑將能使你放鬆，以利傍晚的最大攝氧量訓練組或節奏跑。同樣的，傍晚輕鬆跑 30 分鐘，將能幫助你從早晨的節奏跑中恢復。

另一類第 2 跑是在恢復日。當你的里程數增加到在恢復日要跑超過 13 公里，就是時候把那些恢復日改成輕鬆的單日雙跑了。這對你的身體來說比較輕鬆，而且如果分兩次跑 8 公里，而非一次跑 16 公里，你的恢復也能增加。但要避免為了提升每週里程數，就去增加恢復日的里程數。在恢復日增加里程數會造成反效果，因為你要是恢復不足，會影響到接下來的重度日。

計畫表可能也會在中長跑的日子要你做輕鬆的第 2 跑。這能提供一種遞增的訓練刺激，藉由耗盡你體內的碳水化合物儲存量，訓練肌肉在固定速度下增加對脂肪的利用。早晨跑過中長跑，傍晚再跑一個短跑，這樣會好一點。如果你的計畫表是在傍晚跑中長跑，那麼要確保當天早晨安排的跑步很輕鬆。如同在這章前面及第 1 章中所討論，以良好的配速完成中長跑，會帶來最大的效益，因此不要讓早晨的短跑拖累你中長跑的品質。如果你單日雙跑的中長跑跑得精疲力竭，那還不如跑一次品質較好的中長跑。

計畫表絕對不會要你在每週長跑當天進行第 2 跑。這是一個好例子，告訴你不要為了充里程數而做 2 次跑，因為在長跑之後傍晚又加跑，只會恢復更慢。為了即將到來的重度訓練日，在你一完成長跑，就要馬上轉換，以盡速恢復為目標。

當單日雙跑不值得的時候

第 2 跑的最短時間應該要有 25 分鐘。如果你跑的時間不到 25 分鐘，那這額外的時間和力氣幾乎不值得，包含生理上及花費你忙碌生活裡的時間，你可以換一個方式，像是出去走走、伸展或沖澡等等。如果這個太短又不重要的跑步還減少你寶貴的睡眠時間，那就更是個問題。在某些情況下，在你的計畫中加入交叉訓練，比增加更多的里程數提高你受傷的風險來得明智。第 4 章中有討論了幾種不同選擇的交叉訓練。

關於重度日

看著這些計畫表，你也許會想：「速度鍛鍊都跑去哪了？」畢竟，認為所有準備馬拉松的人都要極盡所能地訓練是很正常的想法，要確認自己練到極致的最好方法，不外乎就是每週至少上跑道衝一次肺部也燃燒的間歇跑，對吧？

在第 1 章，我們詳盡解釋了這些計畫表背後的原則。簡單來說，我們設計的計畫是為了提供生理系統最佳的刺激，而決定馬拉松成敗的生理系統，就是耐力、乳酸閾值和最大攝氧量（按重要性排序）。長遠來看，與馬拉松當天表現最息息相關的是長跑和節奏跑，而不是大量而出色的短距離重複跑。

在漫長的練習過程中，了解馬拉松成功所需的要素，就能確信自己訓練得當。第 1 章解釋了馬拉松生理學，就用這些來向你的訓練夥伴們說明，

了解每個鍛鍊的目的，能讓你用對強度練跑。

為什麼下週你不和他們一起跑 400 公尺重複跑，同時也提醒自己，為什麼在工作週間的還要另外跑 24 公里。如果你的跑友一直嘲笑你訓練不夠認真，邀請他們一起實行這個計畫表，幾週後回報成果。可以想見，他們到時候就會明白其中的道理了。

關於上坡鍛鍊呢？

在訓練計畫中，除了短程上坡衝刺，我們並沒有指定其他特殊的上坡訓練組。這是因為，要花多大的心力專注在上坡訓練，要取決於你的馬拉松比賽地形。對於目的在交出時間成績的平坦跑道，如倫敦、芝加哥或柏林馬拉松，你需要的準備是跑 2 小時以上平穩的地形。但是，如果你將在起起伏伏的跑道上比賽，在訓練時，就要模擬包含上坡和下坡的跑道，越接近你的比賽地形越好。（模擬比賽中必不可少的就是波士頓馬拉松，這個經典跑道已經讓許多沒準備就來挑戰的跑者吃盡苦頭。）在計畫你的訓練跑時，加入和比賽差不多長度和斜度的地形，你就能在比賽當天帶來最傑出的表現。

所有在訓練計畫表中的鍛鍊項目，都可以在上坡地形上做。透過上坡訓練並模擬馬拉松跑道，不僅為訓練加入變化性，也會使你的準備更具體，增加達成比賽目標的可能性。

節奏跑、長跑、中長跑和一般有氧跑都要模擬你的馬拉松上坡地形，一週 1-2 次。稍微調整配速，讓你的氣力維持在正確的強度上。在上坡時，讓心率每分鐘多 5-10 下，但在上坡跑之後要確實放鬆，讓心率恢復至正常範圍內。你甚至也可以做一些上下坡的最大攝氧量訓練組，不過在鍛鍊初期很容易因為練過頭而搞砸。做上坡的最大攝氧量鍛鍊，當跑下坡時，恢復會比一般還久。不用擔心，因為上坡訓練帶來的好處勝過這小小的調整。

如果你住在平地但要為地形起伏的馬拉松作訓練，先別絕望，運用一點創造力，你就可以獲得上坡跑的效益。你可以像邁阿密的跑者，在週日早晨利用多層樓室內停車場的坡道練跑，還可以利用跑步機，複製大部分的上坡鍛鍊。

正確的上坡跑技巧就比較簡單。有一個常見的錯誤，就是在跑上坡時身體向前傾，這樣反而無法保持速度。要向前看而不向下看，可使你保持更直立的姿勢。縮小你的步伐，膝蓋自然抬起，這樣跑起來越有效率。在抬起膝蓋時，你會更想使用你的手臂，但是要試著讓你的肩膀和手臂保持放鬆。在下坡時，試著不要煞車，讓你的重心與坡面垂直，如此一來，重力就能幫助你盡快下山。

如果訓練被中斷該怎麼辦

馬拉松當中一部分的挑戰是準備時間很長，要求的訓練也相當嚴苛，邁向目標時一路上阻礙重重幾乎無法避免。除了好好安排訓練和生活，盡可能減少阻礙，但同時也要好好處理還是會發生的問題。最常見的阻礙是受傷、生病、壞天氣和外務。讓我們一起來看看，這幾點對你在準備馬拉松時的影響，以及應該如何調整你的計畫表。

受傷和生病

受傷和生病最好能及早發現。成功的馬拉松跑者能在情況變嚴重之前就意識到自己受傷或生病。受傷或生病之後，要重新開始訓練需要仔細分析，因為太多或太快的結果，會延長你的中斷時間。在這個時期，首先，排除造成受傷或生病的因素十分重要，像是穿爛的鞋、在水泥地跑步、過度訓練或睡眠不足。務必仔細閱讀第 3 章，了解如何對你的恢復有所掌握，這樣才能降低受傷或生病的可能。

如果必須暫停訓練幾天，你就要決定看是要補上進度，或修改你的馬拉松目標。這個決定將取決於你漏掉多少時間、你準備了多久，以及距離你的馬拉松還剩幾週。如果你漏掉 2.5 週，但你還有 16 週可以準備，那就不是問題，但如果是在賽前的最後兩個月，那你的目標就很可能需要修改。

表 8-2 提供在受傷或生病後，需要修改目標的指引。通常，如果你漏掉的時間少於 10 天，你可以從之前的進度再繼續。然而，如果你漏掉的是最大攝氧量的鍛鍊，在接下來的幾組最大攝氧量訓練中，你可能需要減緩配速。如果你在馬拉松前 8 週漏掉 10 天以上，就放寬心調整你的目標。當你重新開始完整的訓練，就從計時的訓練組的數字中判斷一下你的體能掉了多少，並思考你的馬拉松目標配速是否需要每公里慢幾秒。

表 8-2　補足失去的時間

漏掉的天數	距離馬拉松 8 週以上	距離馬拉松不到 8 週
<10	照計畫表繼續	照計畫表繼續
10-20	照計畫表繼續	修改目標
>20	修改目標	修改目標

大自然

一般來說，會遇到的就是壞天氣。然而有時候，遇到暴風雪或是極熱的天氣，繼續訓練反而適得其反。如果可以，在天氣變好之前，利用室內的跑步機，或選個合適的交叉訓練活動。

　　和其他影響馬拉松準備的因素比起來，天氣也許會使你的生活作一些不小的改變。比如說，在酷熱的夏天，你也許需要改變平常的計畫表，才能在早晨進行合理的訓練。或是如果你所在的地方已經下雪數週，你可能需要找幾塊已經除雪的地方，讓你能安全地跑個幾圈達到你的里程數。

　　設定你的馬拉松目標時，要試著預先考量天氣。如果你沒辦法在高溫下跑步，也沒辦法生活在悶熱的天氣裡，計畫一場九月的馬拉松就顯得很不合理，因為你最辛苦的訓練，會在一年中最不利的天氣下進行。相同地，如果在你住的地方連冬天跑步都是日常挑戰，那四月的波士頓馬拉松就會是個困難的目標。

現實世界

　　對大多數人而言，為馬拉松訓練就代表要花更多時間和心力在跑步上。如果你也這麼認為，而且知道你接下來的生活可能比平常更忙，那先別設一個野心勃勃的馬拉松目標。一旦你選好要跑的馬拉松，也決定好要花多久時間準備，試著預測並排除可能嚴重影響你訓練的因素。

　　當然，無論你多專注在訓練上，都會偶然有一天很可能無法達成訓練目標。像是小孩生病、老闆沒有同情心，或是車禍，都可能使你高品質的節奏跑計畫泡湯。如果有必要，修改你正遵循的訓練計畫表，使你既可以做到最重要的鍛鍊，二來也能有足夠的恢復。有一個經驗法則很有道理，只要完成既定訓練計畫的 90%，那你的馬拉松準備也會進展得順利。

　　現在，我們已經看過成功馬拉松訓練及比賽背後的原則，以及如何實踐那些原則，讓我們接著來了解你或許最關心的地方：訓練計畫表，這構成了本書接下來的部分。

爲什麼以及如何有系統地調整計畫

　　當在練習過程中遇到常見的阻礙時，我們已經知道要怎麼調整計畫。《進階馬拉松全書》前幾版的讀者也都會有目的地調整他們的計畫。根據我們收到的電子郵件以及線上的討論，以下是最常見的計畫調整，以及我們對這些改變的看法。

跑得比計畫表中最長的長跑還要長

　　讀者的改變：這是我們最常聽到的計畫調整。很多人說，在比賽當天完成了一次或數次接近馬拉松距離的長跑，這使他們感覺自己準備得更好。這些長跑所帶來心理上的好處，比起身體上的好處更常被引用——在訓練中跑得較遠，馬拉松的距離就變得沒那麼累人。

　　我們的想法：如果你覺得跑 1-2 次 38 公里能增加你的自信心，而且你沒有因為訓練量而受傷的歷史，那當然就開始跑吧！

增加模擬賽次數

　　讀者的改變：喜歡比賽（和比賽所提供的體能回饋）的讀者，除了計畫表中要求的模擬賽，還會額外增加 1 次以上。最常見的方法，是用比賽取代最大攝氧量鍛鍊或節奏跑。如果模擬賽是在週六，而且距離較短，跑者通常會在隨後進行週日指定的長跑。如果比賽的長度比較接近半馬，讀者可能會做比平常更久的緩和運動，並將那天視為當週的長跑。

　　我們的想法：關鍵是要做到接近計畫表中指定次數的長跑，如果能再增加 1-2 次以上的模擬賽，同時仍跑完長跑，那就開始跑吧！

更頻繁的最大攝氧量訓練組及其他類型的速度訓練

　　讀者的改變：有些讀者就只是比較享受高強度的跑道鍛鍊更甚於節奏跑，並用它們取代節奏跑。這些跑者一般來說都是初入馬拉松，覺得速度是他們主要資產。

　　我們的想法：馬拉松準備的關鍵在於，使身體能以穩定的配速跑 42 公里。進行大量的重高強度跑道鍛鍊，反而不利於準備馬拉松，因為這些訓練組會讓你在做其他更重要的訓練時很疲憊，也因此我們並不建議。

減少週中中長跑的距離

讀者的改變：有些讀者會刻意跑得比指定週中中長跑的距離還短，主要是因為覺得受到時間的壓力或體能不足。很多人在整個練習過程中，維持跑16-19.2公里。

我們的想法：這是個艱難的問題，我們可以同理適應週中中長跑並不容易，尤其是在冬天那幾個月。這些訓練真的對馬拉松的準備十分有益，因此盡力達到目標距離就好。（例如，想辦法趨近19.2公里會比只跑16公里好。）

達到計畫表之間週訓練量的高峰

讀者的改變：有些讀者覺得，一份計畫表的訓練量不夠，但遵循另一個較高訓練量的計畫表又讓他們吃不消甚至受傷，因此他們希望的週訓練量介在兩份計畫表之間，同時指定的各項鍛鍊則通常是遵循較低里程數的計畫表。比如說，大部分人是遵循計畫一週跑89-113公里，讀者可能會一週跑120公里。

我們的想法：如果這個辦法可行，那就是個明智的調整，所以，就開始跑吧！

用較少的天數跑完一樣多的週訓練量

讀者的改變：有些讀者發現，在一樣多的週訓練量下，用較少天數完成，讓他們感覺比較好。舉例來說，在每週最高89公里的計畫表中，他們會用4天而非5天達成週訓練量。一種典型的修改，是不要跑計畫裡的恢復跑，而在其他指定的跑步日跑多一些。

我們的想法：我們能看出，這個方法也許能配合你整體的生活規劃。如果這方法有效，那就開始跑吧！

將計畫調整成超過7天的循環

讀者的改變：有幾位大師跑者表示，他們將計畫的7天訓練區段，延展成8或10天，甚至更多天。（這個改變代表要延長馬拉松訓練的週數。）這個調整可以在長跑、節奏跑和其他最疲勞的鍛鍊之後，有更多恢復。

我們的想法：年長馬拉松跑者比起年輕的跑者需要更多時間恢復，我們由衷贊成這個方法。這個方法我們在第5章中有仔細探究。

第 9 章
馬拉松訓練之
每週最高 89 公里
Marathon Training on Up to 55 Miles (89 km) per Week

　　本章適用的跑者，每週普遍訓練少於64公里，但願意為了馬拉松準備，將其里程數提高到每週 89 公里。本章包括兩套計畫表：一是 18 週計畫表，從每週 53 公里開始，另一是 12 週計畫表，從每週 56 公里開始。這些計畫表都將每週里程數逐漸增加到最高 89 公里。

　　如第 1 章所討論，將整體計畫表分為幾週的訓練區段很有用。計畫表包括四個區段，分別聚焦在耐力、乳酸閾值與耐力、比賽準備，以及賽前減量。馬拉松之後為時 5 週的恢復計畫表，可以按照任何一個計畫表。

　　在本章介紹的兩套計畫表中，大多數情況下我們建議使用 18 週計畫表。18 週的時間足以刺激必要的適應性，提高跑者的馬拉松表現。同時，這 18 週也不會太長，你可以專注訓練而不會感到無聊。

然而，有時你根本沒有 18 週的時間為馬拉松作準備。12 週計畫表所包含的訓練區段與 18 週計畫表相同，不過由於準備時間短，因此每個訓練區段也會跟著縮減。如果你急於參加馬拉松比賽，就必須認清你不會如同有充足訓練時間那樣準備徹底。12 週計畫表是考量到有時外在情況不容你有理想準備時間，所以提供一個緊湊而有效的訓練計畫。

使用計畫表之前

這些計畫表會從一開始就有些挑戰性，並隨著馬拉松比賽的接近越來越難。這樣可以使你隨著訓練增加訓練量和訓練品質而進步，並使受傷的機會減到最低，你就能不太費力地完成計畫表的第 1 週。

要務實地去評估你是否準備好第 1 週的計畫表。舉例來說，如果你每週跑 32 公里，而最近幾週最長的長跑是 10 公里，那麼現在就不是時候突然跳進 18 週計畫表第 1 週所要求，內含 19 公里中長跑和 6 公里節奏跑的 53 公里單週里程數。計畫表的用意並不是要你越累越好，而是要重複施加訓練壓力，使你吸收並從中受益。

通常，在開始使用這些計畫表之前，你應該每週至少跑 40 公里，並且在最近一個月要能從容完成接近第 1 週要求的長跑距離。

認識計畫表

計畫表是以每日行程的格式來呈現。這種方式的主要限制是無法預測可能影響日常生活的無數外部因素。工作行程、家庭生活、人際關係、學校事務和大自然環境等等，都扮演著重要角色，影響你決定何時開始投入長跑和其他方面的馬拉松準備。毫無疑問，你的訓練需要一些彈性，並且需要不時的挪動時間。這都理所當然，只要你不要安排連續數個重度日來彌補錯失的時間，就能避免受傷和過度訓練。按照前面幾章中介紹的原則，你就可以依自己的情況，為自己的訓練計畫表作安全的細部調整。

計畫表同時以公里和英里呈現，你可以選擇自己慣用的方式。每天的公里和英里數（以及每週的總數）不是精確換算到小數點後三位，但彼此大致相等。

莫莉‧哈德 Molly Huddle

最佳紀錄：2:26:33（2019 年倫敦馬拉松）
重要佳績：2016 年紐約馬拉松季軍；2018 年紐約馬拉松第 4 名。

Michael Steele/Getty Images

莫莉‧哈德使用的是逐步增加距離的經典馬拉松練法。她直到 32 歲才初次參加馬拉松。那時，她已經締造美國 5,000 公尺和 10,000 公尺的紀錄，兩度加入美國奧運代表隊，並贏得無數次國家冠軍。在職業生涯晚期才成為馬拉松跑者，使哈德可以利用自己豐富的比賽經驗，同時也能激勵自己面對新挑戰。

哈德是一位心思縝密的運動員，她談到徑賽選手概略分為兩種主要類型：勇者和慮者。勇者是順其天性，並堅持不懈。他們享受比賽的刺激，而且往往在比賽時表現得比訓練時更好。慮者則是在日常訓練中成長，並在試圖克服潛在阻礙裡茁壯。慮者不會激昂地面對比賽，反而是平緩自己的神經並放鬆地起跑，表現會比較好。

哈德將自己歸類於慮者類型。但是她並未因此受限，而是利用這個人格特質來發揮自己的優勢。

哈德說：「無論在訓練還是比賽過程，馬拉松有太多變數了。盡可能作好準備是件好事，這對我來說比較自然。」在訓練中，哈德喜歡檢視自己的整體計畫，並看著自己的體能如何在每次鍛鍊後朝著目標邁進。隨著比賽日到來，她透過從訓練中獲得的信心來應付對比賽表現的焦慮。在馬拉松比賽前的最後24小時，她使用任務清單來讓自己忙碌，從而保持鎮定。

在馬拉松或其他重要比賽之後，哈德還會採用分析式方法。哈德利用軍隊和許多成功企業所青睞的技術，在完成一項目標之後，就對自己的準備和執行情況作彙報。（比賽後她會先等一兩天，讓當下的情緒過去。）目的是要確定什麼有效，什麼無效，以及哪裡有需要改進的空間。

首先，她會回顧比賽的技術方面。她選擇的裝備有問題嗎？她的早餐適合她嗎？她安排的暖身是否適當？她需不需要更多的比賽配速練習？

然後，哈德會仔細研究她的訓練和比賽方式。從先前比賽的情況，她會決定在下一次馬拉松比賽之前，是否需要多練習長跑、較少的高強度節奏跑、更輕鬆的恢復日、更長或更短的練習過程等等。她也會回顧自己的比賽策略和戰術：她的目標是否實際？她是否及早準備妥當了？在最後一里是否努力衝刺了？在自己跑步和注意其他對手的行動之間，是否取得適當的平衡？在分析這一部分時，哈德也會參考其他人（主要從她的教練及身為中長跑運動員的丈夫）的意見。你身邊或許也有一些人，可以為你的比賽和訓練提供中肯意見。

2018年，哈德參加她的第二次波士頓馬拉松，這次比賽使她極為挫折的原因之一，是因為極端天氣使她大部分的分析失去意義。在冷雨和猛烈的逆風下，哈德體溫過低，在最後幾公里從第4位滑落到第16位。她過去的經歷，包括打破美國半程馬拉松紀錄，並成為之後美國馬拉松典範等等的分析見解，在這次比賽無法派上用場。

在光譜另一端，即使在很精采的比賽之後，哈德還是會作分析彙報。她會去注意比賽日很順利的地方，並挑出可以重複的做法。她也會利用這些出色的表現來重設下一次的目標，然後繼續努力趕上這個新目標。

遵循計畫表

計畫表的每一直欄代表一整週的訓練。舉例來說，在 12 週計畫表中，11 週那欄表示，在該週結束時，距離馬拉松比賽有 11 週的時間。計畫表按週安排，一週接著一週，直到比賽當週。

我們提供了每天的特定鍛鍊以及當天的訓練類別。舉例來說，18 週計畫表中，在距離馬拉松週數 7 週的週五那天，特定鍛鍊是 19 公里的跑步，而當天的訓練類別是中長跑。這樣的計畫可以使你快速查看每週訓練的平衡情況，以及每週的鍛鍊進度。再回頭看 18 週計畫表「7 週」的直欄，很容易看出有 4 天的恢復日（2 天跑步，2 天休息或交叉訓練），以及 1 天乳酸閾值訓練組、1 天長跑和 1 天中長跑。再看表格的週日一整個橫列，可以看到長跑的進度增加，以及在馬拉松前幾週的賽前減量狀況。

特定鍛鍊有以下 8 類：長跑、中長跑、馬拉松配速跑、一般有氧跑、乳酸閾值跑、恢復跑、最大攝氧量間歇跑和速度跑。這些類別在第 8 章中都有詳細說明，而訓練背後的生理學則在第 1 章中有說明。

比賽策略

我們在第 7 章中詳細討論了馬拉松的比賽策略。如果你遵循本章任何一種計畫表，代表你可能是中階跑者。不像領先在前的跑者經常會遇到的情況，你周圍可能一直都有很多人從頭到尾跟你一起跑。這個狀況有好有壞。

從好的一面看，顯然你不太會因為沒有人陪著跑而感到孤單。可利用這個可能性來發揮優勢，剛起跑不久，就試著尋找看起來有能耐在 32 公里以內和你保持同樣目標速度的跑者，並鼓勵他們和你一起跑。（如果他們在 32 公里之後分道揚鑣，那是他們的問題，懂嗎？）

按照本章任何一種計畫表，你都會比大多數和你同配速起跑的跑者更有辦法撐過 32 公里的路程。超前的準備代表你也將有幸不斷超越他人。好好期待這次的馬拉松。挑一名在你前方幾百碼或幾百公尺的跑者，並設定超越他或她的短期目標。超越後，繼續挑下一位，並持續這樣做直到最後。

與能力相近的跑者一起跑，開頭幾公里會容易些。

　　從較壞的一面看，比起跑在前面的人，你在起跑那幾公里會覺得比較擁擠。盡量不要因此影響心情。告訴自己，這些人群是在幫助你不要跑太快，如果有需要，就逐步達到目標配速。

　　如果人群裡出現空檔，也不要試圖想一舉彌補損失的時間。相反地，當你清出跑步空間，就算加快，也不要跑超過目標配速每 1.6 公里快 10 秒的範圍，直到你回到原定計畫。如此一來，你不但消耗較少的肝醣，也比較不會累積乳酸鹽，就能逐漸趕上。如果你要彌補的赤字不大，就比目標配速每 1.6 公里快 5 秒，這樣會安全些。一旦回到正軌，就放慢回到目標配速。

馬拉松比賽之後

　　本章最後是馬拉松後的 5 週恢復計畫表，有了這部分，訓練計畫才算完整，才能準備好下一次的挑戰。

　　恢復進度表如此保守是別有用意的。馬拉松比賽之後，肌肉和結締組織的彈性變差，此時匆忙回復訓練幾乎無濟於事，而且徒增受傷風險。

　　恢復計畫表一開始就先休息不跑 2 天，這是你要給自己休停不跑的最短時間。如果你仍然有劇烈的痠痛或肌肉緊繃，嚴重到會改變你的跑步姿勢，或者如果單純不想跑步，當然可以休息更久。如果需要擺脫一下馬拉松跑者心態的時光，就是在你比賽後的這一週。即使是世界級頂尖跑者，大多數人在馬拉松比賽後也要休息幾天。他們知道，此時小跑一下的好處幾乎微乎其微，有害的風險反而更大。這時候不跑，等到身體可以做高強度訓練時，也可以激勵你繼續下去。

　　當然，有些人會認為要成為一個真正的跑者，就要盡可能每天跑步。如果一定要跑，也是可以刻苦地跑個幾公里，但要知道，你很可能會拉長你的恢復時間。

　　這段期間，幫助恢復比較好的方法是輕度的交叉訓練，例如游泳或騎自行車。這些活動會增加肌肉裡的血液流動，但不會使肌肉受到重創。步行也可以達到此目的。

　　有一種方法可以確保你在馬拉松之後不會跑得太快太激烈，就是使用心率監測器。如第 3 章所述，心率監測器可以幫助你在恢復日期間避免心跳過快的狀況。在馬拉松之後的開頭幾週，讓心率保持在不超過 76% 最大心率或 68% 儲備心率。以這種強度跑步能幫助你的身體盡快克服馬拉松的壓力。

　　在這 5 週的恢復計畫表中，每週跑步的天數會從 3 天增加到 5 天。5 週結束時，你就能完全恢復，如果運氣不錯，也不會受傷，而且精神充沛。

18 週計畫表＼每週最高 89 公里
訓練區段 1 —— 耐力

距離馬拉松的週數	17 週	16 週	15 週
週一	休息或交叉訓練	休息或交叉訓練	休息或交叉訓練
週二	乳酸閾值跑 13 公里（8 英里） →內含以乳酸閾值配速跑 6 公里（4 英里）	一般有氧跑＋速度跑 13 公里（8 英里） →內含 6 次 ×10 秒上坡衝刺＋ 8 次 ×100 公尺加速跑	一般有氧跑 16 公里（10 英里）
週三	休息或交叉訓練	休息或交叉訓練	恢復跑 6 公里（4 英里）
週四	一般有氧跑 14 公里（9 英里）	一般有氧跑 16 公里（10 英里）	乳酸閾值跑 13 公里（8 英里） →內含以乳酸閾值配速跑 6 公里（4 英里）
週五	休息或交叉訓練	休息或交叉訓練	休息或交叉訓練
週六	恢復跑 6 公里（4 英里）	恢復跑 8 公里（5 英里）	恢復跑 6 公里（4 英里）
週日	中長跑 19 公里（12 英里）	馬拉松配速跑 21 公里（13 英里） →內含以馬拉松配速跑 13 公里（8 英里）	中長跑 23 公里（14 英里）
週跑量	53 公里（33 英里）	58 公里（36 英里）	64 公里（40 英里）

14 週	13 週	（恢復）12 週
休息或交叉訓練	休息或交叉訓練	休息或交叉訓練
一般有氧跑 + 速度跑 13 公里（8 英里） →內含 6 次 ×10 秒上坡衝刺 +8 次 ×100 公尺加速跑	**乳酸閾值跑** 14 公里（9 英里） →內含以乳酸閾值配速跑 8 公里（5 英里）	**一般有氧跑 + 速度跑** 13 公里（8 英里） →內含 10 次 ×100 公尺加速跑
恢復跑 8 公里（5 英里）	**恢復跑** 8 公里（5 英里）	**恢復跑** 8 公里（5 英里）
一般有氧跑 16 公里（10 英里）	**一般有氧跑** 16 公里（10 英里）	**一般有氧跑** 13 公里（8 英里）
休息或交叉訓練	休息或交叉訓練	休息或交叉訓練
恢復跑 6 公里（4 英里）	**恢復跑** 8 公里（5 英里）	**恢復跑** 6 公里（4 英里）
中長跑 24 公里（15 英里）	**馬拉松配速跑** 26 公里（16 英里） →內含以馬拉松配速跑 16 公里（10 英里）	**中長跑** 19 公里（12 英里）
68 公里（42 英里）	72 公里（45 英里）	60 公里（37 英里）

18 週計畫表＼每週最高 89 公里
訓練區段 2 —— 乳酸閾值＋耐力

距離馬拉松的週數	11 週	10 週
週一	休息或交叉訓練	休息或交叉訓練
週二	乳酸閾值跑 16 公里（10 英里） →內含以乳酸閾值配速跑 8 公里（5 英里）	恢復跑＋速度跑 11 公里（7 英里） →內含 6 次 ×100 加速跑
週三	恢復跑 6 公里（4 英里）	中長跑 19 公里（12 英里）
週四	中長跑 18 公里（11 英里）	休息或交叉訓練
週五	休息或交叉訓練	乳酸閾值跑 16 公里（10 英里） →內含以乳酸閾值配速跑 10 公里（6 英里）
週六	一般有氧跑＋速度跑 11 公里（7 英里） →內含 8 次 ×100 公尺加速跑	恢復跑 8 公里（5 英里）
週日	長跑 29 公里（18 英里）	長跑 32 公里（20 英里）
週跑量	80 公里（50 英里）	87 公里（54 英里）

9 週	（恢復）8 週	7 週
休息或交叉訓練	休息或交叉訓練	休息或交叉訓練
恢復跑 10 公里（6 英里）	一般有氧跑 13 公里（8 英里）	恢復跑 + 速度跑 11 公里（7 英里） →內含 6 次 ×100 加速跑
中長跑 23 公里（14 英里）	最大攝氧量跑 13 公里（8 英里） →內含以 5K 比賽配速跑 5 次 ×800 公尺；折返慢跑時間為單次時間之 50-90%	乳酸閾值跑 18 公里（11 英里） →內含以乳酸閾值配速跑 11 公里（7 英里）
恢復跑 10 公里（6 英里）	恢復跑 8 公里（5 英里）	休息或交叉訓練
休息或交叉訓練	休息或交叉訓練	中長跑 19 公里（12 英里）
恢復跑 + 速度跑 10 公里（6 英里） →內含 6 次 ×100 公尺加速跑	一般有氧跑 + 速度跑 13 公里（8 英里） →內含 6 次 ×10 秒上坡衝刺 +8 次 ×100 公尺加速跑	恢復跑 8 公里（5 英里）
馬拉松配速跑 26 公里（16 英里） →內含以馬拉松配速跑 19 公里（12 英里）	中長跑 23 公里（14 英里）	長跑 32 公里（20 英里）
79 公里（48 英里）	69 公里（43 英里）	89 公里（55 英里）

18 週計畫表＼每週最高 **89** 公里
訓練區段 **3** —— 比賽準備

距離馬拉松的週數	6 週	5 週
週一	**休息或交叉訓練**	**休息或交叉訓練**
週二	**最大攝氧量跑** 13 公里（8 英里） →內含以 5k 比賽配速跑 5 次 ×600 公尺；折返慢跑時間為單次時間之 50-90%	**一般有氧跑** 13 公里（8 英里）
週三	**中長跑** 19 公里（12 英里）	**最大攝氧量跑** 14 公里（9 英里） →內含以 5k 比賽配速跑 5 次 ×1,000 公尺；折返慢跑時間為單次時間之 50-90%
週四	**休息或交叉訓練**	**休息或交叉訓練**
週五	**恢復跑 + 速度跑** 8 公里（5 英里） →內含 6 次 ×100 公尺加速跑	**中長跑** 19 公里（12 英里）
週六	**8-15 公里模擬賽** （合計 14-21 公里〔9-13 英里〕）	**恢復跑** 8 公里（5 英里）
週日	**長跑** 27 公里（17 英里）	**馬拉松配速跑** 29 公里（18 英里） →內含以馬拉松配速跑 23 公里（14 英里）
週跑量	82-89 公里（51-55 英里）	84 公里（52 英里）

4 週	3 週
休息或交叉訓練	**休息或交叉訓練**
最大攝氧量跑 13 公里（8 英里） →內含以 5k 比賽配速跑 5 次 ×600 公尺； 折返慢跑時間為單次時間之 50-90%	**恢復跑 + 速度跑** 11 公里（7 英里） →內含 6 次 ×100 公尺加速跑
中長跑 18 公里（11 英里）	**最大攝氧量跑** 16 公里（10 英里） →內含以 5k 比賽配速跑 4 次 ×1,200 公尺； 折返慢跑時間為單次時間之 50-90%
休息或交叉訓練	**休息或交叉訓練**
恢復跑 + 速度跑 6 公里（4 英里） →內含 6 次 ×100 公尺加速跑	**中長跑** 18 公里（11 英里）
8-15 公里模擬賽 （合計 14-21 公里〔9-13 英里〕）	**恢復跑** 6 公里（4 英里）
長跑 27 公里（17 英里）	**長跑** 32 公里（20 英里）
79-85 公里（49-53 英里）	84 公里（52 英里）

18 週計畫表＼每週最高 **89** 公里
訓練區段 **4** ── 賽前減量和比賽

距離馬拉松的週數	2 週	1 週
週一	**休息或交叉訓練**	**休息或交叉訓練**
週二	**最大攝氧量跑** 13 公里（8 英里） →內含以 5K 比賽配速跑 5 次 ×600 公尺；折返慢跑時間為單次時間之 50-90%	**恢復跑 + 速度跑** 11 公里（7 英里） →內含 8 次 ×100 公尺加速跑
週三	**恢復跑** 10 公里（6 英里）	**最大攝氧量跑** 13 公里（8 英里） →內含以 5K 比賽配速跑 4 次 ×1,200 公尺；折返慢跑時間為單次時間之 50-90%
週四	**休息或交叉訓練**	**休息或交叉訓練**
週五	**恢復跑 + 速度跑** 6 公里（4 英里） →內含 6 次 ×100 公尺加速跑	**恢復跑 + 速度跑** 8 公里（5 英里） →內含 6 次 ×100 公尺加速跑
週六	**8-10 公里模擬賽** （合計 14-18 公里〔9-11 英里〕）	**休息或交叉訓練**
週日	**長跑** 26 公里（16 英里）	**中長跑** 19 公里（12 英里）
週跑量	69-72 公里（43-45 英里）	51 公里（32 英里）

比賽週
休息
恢復跑 10 公里（6 英里）
試裝跑 11 公里（7 英里） →內含以馬拉松配速跑 3 公里（2 英里）
休息
恢復跑 + 速度跑 8 公里（5 英里） →內含 6 次 ×100 公尺加速跑
恢復跑 6 公里（4 英里）
目標馬拉松比賽
35 公里（22 英里）（比賽前 6 天合計）

12 週計畫表＼每週最高 89 公里
訓練區段 1 —— 耐力

距離馬拉松的週數	11 週	10 週
週一	**休息或交叉訓練**	**休息或交叉訓練**
週二	**一般有氧跑 + 速度跑** 13 公里（8 英里） →內含 6 次 ×10 秒上坡衝刺 + 8 次 ×100 公尺加速跑	**中長跑** 18 公里（11 英里）
週三	**休息或交叉訓練**	**休息或交叉訓練**
週四	**一般有氧跑** 14 公里（9 英里）	**乳酸閾值跑** 13 公里（8 英里） →內含以乳酸閾值配速跑 6 公里（4 英里）
週五	**休息或交叉訓練**	**休息或交叉訓練**
週六	**恢復跑** 8 公里（5 英里）	**恢復跑** 8 公里（5 英里）
週日	**馬拉松配速跑** 21 公里（13 英里） →內含以馬拉松配速跑 13 公里（8 英里）	**中長跑** 24 公里（15 英里）
週跑量	56 公里（35 英里）	63 公里（39 英里）

9 週	8 週
休息或交叉訓練	**休息或交叉訓練**
一般有氧跑 + 速度跑 13 公里（8 英里） →內含 6 次 ×10 秒上坡衝刺 + 8 次 ×100 公尺加速跑	**恢復跑** 8 公里（5 英里）
恢復跑 6 公里（4 英里）	**乳酸閾值跑** 16 公里（10 英里） →內含以乳酸閾值配速跑 8 公里（5 英里）
中長跑 18 公里（11 英里）	**中長跑** 18 公里（11 英里）
休息或交叉訓練	**休息或交叉訓練**
恢復跑 6 公里（4 英里）	**恢復跑** 8 公里（5 英里）
馬拉松配速跑 26 公里（16 英里） →內含以馬拉松配速跑 16 公里（10 英里）	**長跑** 27 公里（17 英里）
69 公里（43 英里）	77 公里（48 英里）

12 週計畫表＼每週最高 **89** 公里
訓練區段 **2**—— 乳酸閾值 ＋ 耐力

距離馬拉松的週數	（恢復）7 週	6 週	5 週
週一	休息或交叉訓練	休息或交叉訓練	休息或交叉訓練
週二	休息或交叉訓練	恢復跑 8 公里（5 英里）	恢復跑 ＋ 速度跑 10 公里（6 英里） →內含 6 次 ×100 公尺加速跑
週三	中長跑 19 公里（12 英里）	最大攝氧量跑 16 公里（10 英里） →內含以 5K 比賽配速跑 5 次 ×1,000 公尺；折返慢跑時間為單次時間之 50-90%	中長跑 19 公里（12 英里）
週四	休息或交叉訓練	中長跑 19 公里（12 英里）	休息或交叉訓練
週五	乳酸閾值跑 14 公里（9 英里） →內含以乳酸閾值配速跑 6 公里（4 英里））	休息或交叉訓練	乳酸閾值跑 19 公里（12 英里） →內含以乳酸閾值配速跑 11 公里（7 英里）
週六	恢復跑 8 公里（5 英里）	恢復跑 ＋ 速度跑 10 公里（6 英里） →內含 6 次 ×100 公尺加速跑	恢復跑 8 公里（5 英里）
週日	長跑 26 公里（16 英里）	馬拉松配速跑 24 公里（15 英里） →內含以馬拉松配速跑 19 公里（12 英里）	長跑 32 公里（20 英里）
週跑量	68 公里（42 英里）	77 公里（48 英里）	89 公里（55 英里）

12 週計畫表＼每週最高 89 公里
訓練區段 3 —— 比賽準備

距離馬拉松的週數	4 週	3 週	2 週
週一	休息或交叉訓練	休息或交叉訓練	休息或交叉訓練
週二	**最大攝氧量跑** 13 公里（8 英里） →內含以 5K 比賽配速跑 5 次 ×600 公尺；折返慢跑時間為單次時間之 50-90%	**恢復跑 + 速度跑** 11 公里（7 英里） →內含 6 次 ×100 公尺加速跑	**最大攝氧量跑** 13 公里（8 英里） →內含以 5K 比賽配速跑 5 次 ×600 公尺；折返慢跑時間為單次時間之 50-90%
週三	**中長跑** 18 公里（11 英里）	**最大攝氧量跑** 16 公里（10 英里） →內含以 5K 比賽配速跑 4 次 ×1,200 公尺；折返慢跑時間為單次時間之 50-90%	**恢復跑** 10 公里（6 英里）
週四	休息或交叉訓練	休息或交叉訓練	休息或交叉訓練
週五	**恢復跑 + 速度跑** 6 公里（4 英里） →內含 6 次 ×100 公尺加速跑	**中長跑** 18 公里（11 英里）	**恢復跑 + 速度跑** 6 公里（4 英里） →內含 6 次 ×100 公尺加速跑
週六	**8-15 公里模擬賽** （合計 14-21 公里〔9-13 英里〕）	**恢復跑** 6 公里（4 英里）	**8-10 公里模擬賽** （合計 14-18 公里〔9-11 英里〕）
週日	**長跑** 27 公里（17 英里）	**長跑** 32 公里（20 英里）	**長跑** 26 公里（16 英里）
週跑量	79-85 公里（49-53 英里）	84 公里（52 英里）	69-72 公里（43-45 英里）

12 週計畫表 每週最高 **89** 公里
訓練區段 **4**—— 賽前減量和比賽

距離 馬拉松 的週數	1 週	比賽週
週一	**休息或交叉訓練**	**休息**
週二	**恢復跑 + 速度跑** 11 公里（7 英里） →內含 8 次 ×100 公尺加速跑	**恢復跑** 10 公里（6 英里）
週三	**最大攝氧量跑** 13 公里（8 英里） →內含以 5K 比賽配速跑 4 次 ×1,200 公尺；折返慢跑時間為單次時間之 50-90%	**試裝跑** 11 公里（7 英里） →內含以馬拉松配速跑 3 公里（2 英 里）
週四	**休息或交叉訓練**	**休息**
週五	**恢復跑 + 速度跑** 8 公里（5 英里） →內含 6 次 ×100 公尺加速跑	**恢復跑 + 速度跑** 8 公里（5 英里） →內含 6 次 ×100 公尺加速跑
週六	**休息或交叉訓練**	**恢復跑** 6 公里（4 英里）
週日	**中長跑** 19 公里（12 英里）	**目標馬拉松比賽**
週跑量	51 公里（32 英里）	35 公里（22 英里） （比賽前 6 天合計）

恢復計畫表＼每週最高 89 公里
訓練區段 5 ── 恢復

賽後週數	1週	2週
週一	休息或交叉訓練	休息或交叉訓練
週二	休息或交叉訓練	恢復跑 8公里（5英里）
週三	恢復跑 6公里（4英里）	恢復跑 8公里（5英里）
週四	休息或交叉訓練	休息或交叉訓練
週五	恢復跑 6公里（4英里）	恢復跑 10公里（6英里）
週六	休息或交叉訓練	休息或交叉訓練
週日	恢復跑 8公里（5英里）	恢復跑 11公里（7英里）
週跑量	21公里（13英里）	37公里

恢復計畫表＼每週最高 **89** 公里
訓練區段 5 ── 恢復

賽後週數	3 週	4 週	5 週
週一	休息或交叉訓練	休息或交叉訓練	休息或交叉訓練
週二	恢復跑 8 公里（5 英里）	一般有氧跑 11 公里（7 英里）	一般有氧跑 11 公里（7 英里）
週三	恢復跑 8 公里（5 英里）	恢復跑 8 公里（5 英里）	恢復跑 8 公里（5 英里）
週四	休息或交叉訓練	休息或交叉訓練	休息或交叉訓練
週五	一般有氧跑＋速度跑 11 公里（7 英里） →內含 8 次 ×100 公尺加速跑	一般有氧跑＋速度跑 13 公里（8 英里） →內含 8 次 ×100 公尺加速跑	一般有氧跑＋速度跑 13 公里（8 英里） →內含 8 次 ×100 公尺加速跑
週六	休息或交叉訓練	休息或交叉訓練	恢復跑 6 公里（4 英里）
週日	一般有氧跑 14 公里（9 英里）	一般有氧跑 16 公里（10 英里）	中長跑 18 公里（11 英里）
週跑量	42 公里（26 英里）	48 公里（30 英里）	56 公里（35 英里）

第 10 章
馬拉松訓練之
每週 89-113 公里
Marathon Training on
55 to 70 Miles
(89 to 113 km)
per Week

　　本章適用於每週訓練 89-113 公里的中高里程數馬拉松跑者。本章包含兩套計畫表：一是 18 週計畫表，從每週 87 公里開始，另一是 12 週計畫表，從每週 89 公里開始。每個計畫表都將每週里程數逐漸增加到最高 113 公里。

　　如第 1 章所討論，將整體計畫表分為幾週的訓練區段很有用。計畫表包括四個區段，分別聚焦在耐力、乳酸閾值與耐力、比賽準備，以及賽前減量。馬拉松之後為時 5 週的恢復計畫表，可以搭配任何一個計畫表進行。

　　在本章介紹的兩套計畫表中，大多數情況下我們建議使用 18 週計畫表。18 週的時間足以刺激必要的適應性，提高跑者的馬拉松表現。同時，這 18 週也不會太長，你可以專注訓練而不會感到無聊。

　　然而，有時你根本沒有 18 週的時間為馬拉松作準備。12 週計畫表所包含的訓練區段與 18 週計畫表相同，不過由於準備時間短，因此每個訓練區段也會跟著縮減。如果你急於參加馬拉松比賽，就必須認清你不會如同有充足訓練時間那樣準備徹底。12 週計畫表是考量到有時外在情況不容你有理想準備時間，所以提供一個緊湊而有效的訓練計畫。

使用計畫表之前

　　這些計畫表會從一開始就有些挑戰性，並隨著馬拉松比賽的接近越來越難。這樣可以使你隨著訓練增加訓練量和訓練品質而進步，並使受傷的機會減到最低，你就能不太費力地完成計畫表的第 1 週。

　　要務實地去評估你是否準備好第 1 週的計畫表。舉例來說，如果你每週跑 48 公里，而最近幾週最長的長跑是 13 公里，那麼現在就不是時候突然跳進 18 週計畫表第 1 週所要求，內含 24 公里中長跑和 6 公里節奏跑的 86 公里單週里程數。計畫表的用意並不是要你越累越好，而是要重複施加訓練壓力，使你吸收並從中受益。

　　通常，在開始使用這些計畫表之前，你應該每週至少跑 72 公里，並且在最近一個月要能從容完成接近第 1 週要求的長跑距離。

認識計畫表

　　計畫表是以每日行程的格式來呈現。這種方式的主要限制是無法預測到可能影響你日常生活的無數外部因素。工作行程、家庭生活、人際關係、學校事務和大自然環境等等，都扮演著重要角色，影響你決定何時開始投入長跑和其他方面的馬拉松準備。毫無疑問，你的訓練需要一些彈性，並且需要不時的挪動時間。這都理所當然，只要你不要安排連續數個重度日來彌補錯失的時間，就能避免受傷和過度訓練。按照前面幾章中介紹的原則，你就可以依自己的情況，為自己的訓練計畫表作安全的細部調整。

計畫表同時以公里和英里呈現，你可以選擇自己慣用的方式。每天的公里和英里數（以及每週的總數）不是精確換算到小數點後三位，但彼此大致相等。

遵循計畫表

計畫表的每一直欄代表一整週的訓練。舉例來說，在 12 週計畫表中，11 週那欄表示，在該週結束時，距離馬拉松比賽有 11 週的時間。計畫表按週安排，一週接著一週，直到比賽當週。

我們提供了每天的特定鍛鍊以及當天的訓練類別。舉例來說，18 週計畫表中，在距離馬拉松的週數「7 週」的週二那天，特定鍛鍊是午前 10 公里和午後 6 公里的跑步，而當天的訓練類別是恢復跑。這樣的計畫可以使你快速查看每週訓練的平衡情況，以及每週的鍛鍊進度。再回頭看 18 週計畫表「7 週」的直欄，很容易看出有 4 天的恢復日，以及 1 天乳酸閾值訓練組、1 天長跑和 1 天中長跑。再看表格的週日一整個橫列，可以看到長跑的進度增加，以及在馬拉松前幾週的賽前減量狀況。

特定鍛鍊有以下 8 類：長跑、中長跑、馬拉松配速跑、一般有氧跑、乳酸閾值跑、恢復跑、最大攝氧量間歇跑和速度跑。這些類別在第 8 章中都有詳細說明，而訓練背後的生理學則在第 1 章中有說明。

如第 8 章所述，有時候單日雙跑對馬拉松運動員頗有幫助。這對每週跑 209 公里的菁英跑者有顯著作用，但如果你是每週跑 80-113 公里的普通級跑者，就不必多此一舉。在這些計畫表中，僅在偶爾有恢復跑的那天，才要將 16 公里拆成兩次跑完。與其一次跑完 16 公里，不如拆成 10 公里和 6 公里的跑步，你的恢復狀況會比較良好。像這樣在輕度日把里程數拆開跑，不但不會累到你，反而會加速恢復，因為分次跑可以增加肌肉的血液流通，而且負擔也不大。

比賽策略

　　我們在第 7 章中詳細討論了馬拉松的比賽策略。其中討論的重點是，如果可以就和一群人一起跑。如果你遵循本章任何一種計畫表，代表你可能是場上前 1/4 或 1/3 完賽的跑者。這代表你在整個比賽中，可能一直會有其他跑者在你身邊，尤其是大城市賽，但一開始不會有那麼多人跑在你前面，所以你會在前面幾公里領頭跑。善用這時的有利位置，一旦你能自在地以自己的目標配速去跑，就尋找周遭其他看似能夠持續保持配速直到最後的跑者。和他們聊聊，問問他們的目標是什麼，並試著找其他人和你一起跑。

和他人一起訓練可以幫助你在比賽時能結伴跑。

　　在第 7 章中，我們還討論了初期配速要保守的重要性。雖然遵循本章計畫表會讓你訓練得很好，但你的誤差範圍不會像那些每週固定跑 137 公里以上的人那麼大。如果你在比賽初期的跑步策略夠明智，那麼在最後 16 公里左右，你通常可以追上幾個跑者，因為其他準備不足或魯莽猛衝的跑者會慢下來。

馬拉松比賽之後

本章最後是馬拉松後的 5 週恢復計畫表，有了這部分，訓練計畫才算完整，才能準備好下一次的挑戰。

恢復進度表如此保守是別有用意的。馬拉松比賽之後，肌肉和結締組織的彈性變差，此時匆忙回復訓練幾乎無濟於事，而且徒增受傷風險。

恢復計畫表一開始就先休息不跑 2 天，這是你要給自己休停不跑的最短時間。如果你仍然有劇烈的痠痛或肌肉緊繃，嚴重到會改變你的跑步姿勢，或者如果單純不想跑步，當然可以休息更久。如果需要擺脫一下馬拉松跑者心態的時光，就是在你比賽後的這一週。即使是世界級頂尖跑者，大多數人在馬拉松比賽後也要休息幾天。他們知道，此時小跑一下的好處幾乎微乎其微，有害的風險反而更大。這時候不跑，等到身體可以做高強度訓練時，也可以激勵你繼續下去。

當然，有些人會認為要成為一個真正的跑者，就要盡可能每天跑步。如果一定要跑，也是可以刻苦地跑個幾公里，但要知道，你很可能會拉長你的恢復時間。

這段期間，要幫助恢復比較好的方法是輕度的交叉訓練，例如游泳或騎自行車。這些活動會增加肌肉裡的血液流動，但不會使肌肉受到重創。步行也可以達到此目的。

有一種方法可以確保你在馬拉松之後不會跑得太快太激烈，就是使用心率監測器。如第 3 章所述，心率監測器可以幫助你在恢復日期間避免心跳過快的狀況。在馬拉松之後的開頭幾週，讓心率保持在不超過 76% 最大心率或 68% 儲備心率。以這種強度跑步能幫助你的身體盡快克服馬拉松的壓力。

在這 5 週的恢復計畫表中，每週跑步的天數會從 3 天增加到 5 天。5 週結束時，你就能完全恢復，如果運氣不錯，也不會受傷，而且精神充沛。

18 週計畫表＼每週 **89-113** 公里
訓練區段 1 ── 耐力

距離 馬拉松 的週數	17 週	16 週	15 週
週一	休息或交叉訓練	休息或交叉訓練	休息或交叉訓練
週二	乳酸閾值跑 14 公里（9 英里） →內含以乳酸閾值配速 跑 6 公里（4 英里）	一般有氧跑 + 速度跑 13 公里（8 英里） →內含 6 次 ×10 秒上坡 衝刺 +8 次 ×100 公尺 加速跑	中長跑 18 公里（11 英里）
週三	中長跑 18 公里（11 英里）	中長跑 19 公里（12 英里）	中長跑 21 公里（13 英里）
週四	恢復跑 8 公里（5 英里）	恢復跑 8 公里（5 英里）	恢復跑 8 公里（5 英里）
週五	一般有氧跑 14 公里（9 英里）	一般有氧跑 14 公里（9 英里）	乳酸閾值跑 14 公里（9 英里） →內含以乳酸閾值配 速跑 6 公里（4 英里）
週六	恢復跑 8 公里（5 英里）	恢復跑 8 公里（5 英里）	恢復跑 8 公里（5 英里）
週日	中長跑 24 公里（15 英里）	馬拉松配速跑 26 公里（16 英里） →內含以馬拉松配速跑 13 公里（8 英里）	中長跑 24 公里（15 英里）
週跑量	86 公里（54 英里）	89 公里（55 英里）	93 公里（58 英里）

14 週	13 週	（恢復）12 週
休息或交叉訓練	休息或交叉訓練	休息或交叉訓練
一般有氧跑 + 速度跑 14 公里（9 英里） →內含 6 次 ×10 秒上坡衝刺 +8 次 ×100 公尺加速跑	**乳酸閾值跑** 14 公里（9 英里） →內含以乳酸閾值配速跑 8 公里（5 英里）	**一般有氧跑 + 速度跑** 13 公里（8 英里） →內含 10 次 ×100 公尺加速跑
中長跑 23 公里（14 英里）	**中長跑** 23 公里（14 英里）	**中長跑** 19 公里（12 英里）
恢復跑 8 公里（5 英里）	**恢復跑** 8 公里（5 英里）	**恢復跑** 8 公里（5 英里）
中長跑 18 公里（11 英里）	**中長跑** 19 公里（12 英里）	**一般有氧跑** 16 公里（10 英里）
恢復跑 8 公里（5 英里）	**恢復跑** 8 公里（5 英里）	**恢復跑** 8 公里（5 英里）
長跑 29 公里（18 英里）	**馬拉松配速跑** 29 公里（18 英里） →內含以馬拉松配速跑 16 公里（10 英里）	**中長跑** 24 公里（15 英里）
100 公里（62 英里）	101 公里（63 英里）	89 公里（55 英里）

18週計畫表＼每週89-113公里
訓練區段 2—— 乳酸閾值＋耐力

距離馬拉松的週數	11 週	10 週
週一	**休息或交叉訓練**	**休息或交叉訓練**
週二	**乳酸閾值跑** 16 公里（10 英里） →內含以乳酸閾值配速跑 8 公里（5 英里）	**恢復跑** 午前 10 公里（6 英里） 午後 6 公里（4 英里）
週三	**中長跑** 23 公里（14 英里）	**中長跑** 23 公里（14 英里）
週四	**恢復跑** 8 公里（5 英里）	**恢復跑** 8 公里（5 英里）
週五	**中長跑** 18 公里（11 英里）	**乳酸閾值跑** 18 公里（11 英里） →內含以乳酸閾值配速跑 10 公里（6 英里）
週六	**一般有氧跑＋速度跑** 11 公里（7 英里） →內含 8 次 ×100 公尺加速跑	**恢復跑** 10 公里（6 英里）
週日	**長跑** 34 公里（21 英里）	**長跑** 32 公里（20 英里）
週跑量	109 公里（68 英里）	106 公里（66 英里）

9週	（恢復）8週	7週
休息或交叉訓練	休息或交叉訓練	休息或交叉訓練
恢復跑 午前 10 公里（6 英里） 午後 6 公里（4 英里）	**一般有氧跑** 14 公里（9 英里）	**恢復跑** 午前 10 公里（6 英里） 午後 6 公里（4 英里）
中長跑 24 公里（15 英里）	**最大攝氧量跑** 14 公里（9 英里） →內含以 5K 比賽配速跑 6 次 ×800 公尺；折返慢跑時 間為單次時間之 50-90%	**中長跑** 24 公里（15 英里）
恢復跑 10 公里（6 英里）	**恢復跑** 10 公里（6 英里）	**恢復跑** 10 公里（6 英里）
中長跑 21 公里（13 英里）	**中長跑** 18 公里（11 英里）	**乳酸閾值跑** 19 公里（12 英里） →內含以乳酸閾值配速跑 11 公里（7 英里）
恢復跑 + 速度跑 11 公里（7 英里） →內含 6 次 ×100 公尺加 速跑	**一般有氧跑 + 速度跑** 13 公里（8 英里） →內含 8 次 ×10 秒上坡衝 刺 +8 次 ×100 公尺加速跑	**恢復跑** 8 公里（5 英里）
馬拉松配速跑 26 公里（16 英里） →內含以馬拉松配速跑 19 公里（12 英里）	**中長跑** 24 公里（15 英里）	**長跑** 35 公里（22 英里）
108 公里（67 英里）	93 公里（58 英里）	113 公里（70 英里）

18 週計畫表＼每週 89-113 公里
訓練區段 3—— 比賽準備

距離馬拉松的週數	6 週	5 週
週一	**休息或交叉訓練**	**休息或交叉訓練**
週二	**最大攝氧量跑** 14 公里（9 英里） →內含以 5K 比賽配速跑 5 次 ×600 公尺；折返慢跑時間為單次時間之 50-90%	**最大攝氧量跑** 16 公里（10 英里） →內含以 5K 比賽配速跑 6 次 ×1,000 公尺；折返慢跑時間為單次時間之 50-90%
週三	**中長跑** 23 公里（14 英里）	**中長跑** 24 公里（15 英里）
週四	**恢復跑 + 速度跑** 午前 10 公里（6 英里） →內含 6 次 ×100 公尺加速跑 午後 6 公里（4 英里）	**恢復跑** 午前 10 公里（6 英里） 午後 6 公里（4 英里）
週五	**恢復跑** 8 公里（5 英里）	**中長跑** 19 公里（12 英里）
週六	**8-15 公里模擬賽** （合計 14-21 公里〔9-13 英里〕）	**恢復跑** 8 公里（5 英里）
週日	**長跑** 29 公里（18 英里）	**馬拉松配速跑** 29 公里（18 英里） →內含以馬拉松配速跑 23 公里（14 英里）
週跑量	105-111 公里（65-69 英里）	113 公里（70 英里）

4 週	3 週
休息或交叉訓練	休息或交叉訓練
最大攝氧量跑 14 公里（9 英里） →內含以 5K 比賽配速跑 5 次 ×600 公尺； 折返慢跑時間為單次時間之 50-90%	**恢復跑** 午前 10 公里（6 英里） 午後 6 公里（4 英里）
中長跑 23 公里（14 英里）	**最大攝氧量跑** 18 公里（11 英里） →內含以 5K 比賽配速跑 5 次 ×1,200 公尺； 折返慢跑時間為單次時間之 50-90%
恢復跑 + 速度跑 10 公里（6 英里） →內含 6 次 ×100 公尺加速跑	**中長跑** 23 公里（14 英里）
恢復跑 8 公里（5 英里）	**一般有氧跑 + 速度跑** 13 公里（8 英里） →內含 8 次 ×100 公尺加速跑
8-15 公里模擬賽 （合計 14-21 公里〔9-13 英里〕）	**恢復跑** 8 公里（5 英里）
長跑 27 公里（17 英里）	**長跑** 32 公里（20 英里）
96-103 公里（60-64 英里）	109 公里（68 英里）

18 週計畫表＼每週 **89-113** 公里
訓練區段 4 —— 賽前減量和比賽

距離馬拉松的週數	2 週	1 週
週一	**休息或交叉訓練**	**休息**
週二	**恢復跑 + 速度跑** 11 公里（7 英里） →內含 8 次 ×100 公尺加速跑	**恢復跑 + 速度跑** 11 公里（7 英里） →內含 8 次 ×100 公尺加速跑
週三	**中長跑** 19 公里（12 英里）	**恢復跑** 6 公里（4 英里）
週四	**恢復跑 + 速度跑** 8 公里（5 英里） →內含 6 次 ×100 公尺加速跑	**最大攝氧量跑** 13 公里（8 英里） →內含以 5K 比賽配速跑 4 次 ×1,200 公尺； 折返慢跑時間為單次時間之 50-90%
週五	**恢復跑** 8 公里（5 英里）	**恢復跑** 8 公里（5 英里）
週六	**8-10 公里模擬賽** （合計 14-18 公里〔9-11 英里〕）	**恢復跑 + 速度跑** 10 公里（6 英里） →內含 8 次 ×100 公尺加速跑
週日	**長跑** 27 公里（17 英里）	**中長跑** 21 公里（13 英里）
週跑量	89-92 公里（55-57 英里）	69 公里（43 英里）

比賽週
休息
恢復跑 11 公里（7 英里）
試裝跑 11 公里（7 英里） →內含以馬拉松配速跑 3 公里（2 英里）
恢復跑 8 公里（5 英里）
恢復跑 + 速度跑 8 公里（5 英里） →內含 6 次 ×100 公尺加速跑
恢復跑 6 公里（4 英里）
目標馬拉松比賽
45 公里（28 英里）（比賽前 6 天合計）

12 週計畫表＼每週 **89-113** 公里
訓練區段 **1** ── 耐力

距離馬拉松的週數	**11 週**	**10 週**
週一	**休息或交叉訓練**	**休息或交叉訓練**
週二	**一般有氧跑 + 速度跑** 13 公里（8 英里） →內含 6 次 ×10 秒上坡衝刺 + 8 次 ×100 公尺加速跑	**中長跑** 19 公里（12 英里）
週三	**中長跑** 18 公里（11 英里）	**中長跑** 18 公里（11 英里）
週四	**恢復跑** 8 公里（5 英里）	**恢復跑** 8 公里（5 英里）
週五	**中長跑** 18 公里（11 英里）	**乳酸閾值跑** 14 公里（9 英里） →內含以乳酸閾值配速跑 6 公里（4 英里）
週六	**恢復跑** 8 公里（5 英里）	**恢復跑** 8 公里（5 英里）
週日	**馬拉松配速跑** 24 公里（15 英里） →內含以馬拉松配速跑 13 公里（8 英里）	**長跑** 27 公里（17 英里）
週跑量	89 公里（55 英里）	95 公里（59 英里）

9週	8週
休息或交叉訓練	休息或交叉訓練
一般有氧跑 + 速度跑 14公里（9英里） →內含 6 次 ×10 秒上坡衝刺 + 8 次 ×100 公尺加速跑	中長跑 21公里（13英里）
中長跑 22公里（14英里）	中長跑 24公里（15英里）
恢復跑 8公里（5英里）	恢復跑 8公里（5英里）
中長跑 19公里（12英里）	乳酸閾值跑 16公里（10英里） →內含以乳酸閾值配速跑 8 公里（5 英里）
恢復跑 8公里（5英里）	恢復跑 8公里（5英里）
馬拉松配速跑 27公里（17英里） →內含以馬拉松配速跑16公里（10英里）	長跑 29公里（18英里）
100 公里（62 英里）	106 公里（66 英里）

12週計畫表＼每週89-113公里

訓練區段 2—— 乳酸閾值 + 耐力

距離馬拉松的週數	（恢復）7 週	6 週	5 週
週一	休息或交叉訓練	休息或交叉訓練	休息或交叉訓練
週二	一般有氧跑 + 速度跑 13 公里（8 英里） →內含 10 次 × 100 公尺加速跑	恢復跑 午前 10 公里（6 英里） 午後 6 公里（4 英里）	一般有氧跑 + 速度跑 14 公里（9 英里） →內含 10 次 × 100 公尺加速跑
週三	中長跑 24 公里（15 英里）	最大攝氧量跑 18 公里（11 英里） →內含以 5K 比賽配速 跑 5 次 ×1,200 公尺； 折返慢跑時間為 單次時間之 50-90%	中長跑 24 公里（15 英里）
週四	恢復跑 8 公里（5 英里）	中長跑 24 公里（15 英里）	恢復跑 11 公里（7 英里）
週五	乳酸閾值跑 16 公里（10 英里） →內含以乳酸閾值配速 跑 6 公里（4 英里）	一般有氧跑 16 公里（10 英里）	乳酸閾值跑 19 公里（12 英里） →內含以乳酸閾值配速 跑 11 公里（7 英里）
週六	恢復跑 11 公里（7 英里）	恢復跑 10 公里（6 英里）	恢復跑 10 公里（6 英里）
週日	長跑 27 公里（17 英里）	馬拉松配速跑 29 公里（18 英里） →內含以馬拉松配速跑 19 公里（12 英里）	長跑 34 公里（21 英里）
週跑量	95 公里（59 英里）	113 公里（70 英里）	113 公里（70 英里）

12 週計畫表╲每週 89-113 公里

訓練區段 3 —— 比賽準備

距離馬拉松的週數	4 週	3 週	2 週
週一	休息或交叉訓練	休息或交叉訓練	休息或交叉訓練
週二	**最大攝氧量跑** 14 公里（9 英里） →內含以 5K 比賽配速跑 5 次 ×600 公尺；折返慢跑時間為單次時間之 50-90%	**恢復跑** 午前 10 公里（6 英里） 午後 6 公里（4 英里）	**最大攝氧量跑** 13 公里（8 英里） →內含以 5K 比賽配速跑 5 次 ×600 公尺；折返慢跑時間為單次時間之 50-90%
週三	**中長跑** 24 公里（15 英里）	**最大攝氧量跑** 18 公里（11 英里） →內含以 5K 比賽配速跑 6 次 ×1,000 公尺；折返慢跑時間為單次時間之 50-90%	**中長跑** 19 公里（12 英里）
週四	**恢復跑 + 速度跑** 11 公里（7 英里） →內含 6 次 ×100 公尺加速跑	**中長跑** 24 公里（15 英里）	**恢復跑 + 速度跑** 10 公里（6 英里） →內含 6 次 ×100 公尺加速跑
週五	**恢復跑** 10 公里（6 英里）	**一般有氧跑** 13 公里（8 英里）	**恢復跑** 8 公里（5 英里）
週六	**8-15 公里模擬賽** （合計 14-21 公里〔9-13 英里〕）	**恢復跑** 10 公里（6 英里）	**8-10 公里模擬賽** （合計 14-18 公里〔9-11 英里〕）
週日	**長跑** 29 公里（18 英里）	**長跑** 32 公里（20 英里）	**長跑** 27 公里（17 英里）
週跑量	103-109 公里（64-68 英里）	113 公里（70 英里）	92-95 公里（57-59 英里）

12 週計畫表＼每週 89-113 公里
訓練區段 4 —— 賽前減量和比賽

距離 馬拉松 的週數	1 週	比賽週
週一	**休息或交叉訓練**	**休息**
週二	**一般有氧跑 + 速度跑** 13 公里（8 英里） →內含 10 次 ×100 公尺加速跑	**恢復跑** 11 公里（7 英里）
週三	**恢復跑** 6 公里（4 英里）	**試裝跑** 11 公里（7 英里） →內含以馬拉松配速跑 3 公里（2 英里）
週四	**最大攝氧量跑** 13 公里（8 英里） →內含以 5K 比賽配速跑 4 次 ×1,200 公尺；折返慢跑時間為 單次時間之 50-90%	**恢復跑** 8 公里（5 英里）
週五	**恢復跑** 8 公里（5 英里）	**恢復跑 + 速度跑** 8 公里（5 英里） →內含 6 次 ×100 公尺加速跑
週六	**恢復跑 + 速度跑** 10 公里（6 英里） →內含 10 次 ×100 公尺加速跑	**恢復跑** 6 公里（4 英里）
週日	**中長跑** 21 公里（13 英里）	**目標馬拉松比賽**
週跑量	71 公里（44 英里）	45 公里（28 英里） （比賽前 6 天合計）

恢復計畫表＼每週**89-113**公里
訓練區段 5 —— 恢復

賽後週數	1 週	2 週
週一	休息或交叉訓練	休息或交叉訓練
週二	休息或交叉訓練	恢復跑 8 公里（5 英里）
週三	恢復跑 6 公里（4 英里）	恢復跑 8 公里（5 英里）
週四	休息或交叉訓練	休息或交叉訓練
週五	恢復跑 8 公里（5 英里）	恢復跑 10 公里（6 英里）
週六	休息或交叉訓練	休息或交叉訓練
週日	恢復跑 10 公里（6 英里）	恢復跑 13 公里（8 英里）
週跑量	24 公里（15 英里）	39 公里（24 英里）

恢復計畫表＼每週 **89-113** 公里
訓練區段 5 —— 恢復

賽後週數	3週	4週	5週
週一	**休息或交叉訓練**	**休息或交叉訓練**	**休息或交叉訓練**
週二	**恢復跑** 8公里（5英里）	**恢復跑** 8公里（5英里）	**恢復跑** 10公里（6英里）
週三	**恢復跑** 6公里（4英里）	**一般有氧跑** 11公里（7英里）	**一般有氧跑** 13公里（8英里）
週四	**休息或交叉訓練**	**休息或交叉訓練**	**休息或交叉訓練**
週五	**一般有氧跑 + 速度跑** 11公里（7英里） →內含8次 × 100公尺加速跑	**一般有氧跑 + 速度跑** 13公里（8英里） →內含8次 × 100公尺加速跑	**一般有氧跑 + 速度跑** 14公里（9英里） →內含8次 × 100公尺加速跑
週六	**恢復跑** 8公里（5英里）	**恢復跑** 8公里（5英里）	**恢復跑** 10公里（6英里）
週日	**一般有氧跑** 14公里（9英里）	**中長跑** 18公里（11英里）	**中長跑** 19公里（12英里）
週跑量	50公里（31英里）	58公里（36英里）	66公里（41英里）

第 11 章
馬拉松訓練之
每週 113-137 公里
Marathon Training on
70 to 85 Miles
(113 to 137 km)per Week

本章針對高里程數的馬拉松跑者。本章包含兩套計畫表：一是 18 週計畫表，從每週 105 公里開始，另一是 12 週計畫表，從每週 106 公里開始。這些計畫表都將每週里程數逐漸增加到最高 140 公里。

如第 1 章所討論，將整體計畫表分為幾週的訓練區段很有用。計畫表包括四個區段，分別聚焦在耐力、乳酸閾值與耐力、比賽準備，以及賽前減量。馬拉松之後為時 5 週的恢復計畫表，可以搭配任何一個計畫表實行。

在本章介紹的兩套計畫表中，大多數情況下我們建議使用 18 週計畫表。18 週的時間足以刺激必要的適應性，提高跑者的馬拉松表現。同時，這 18 週也不會太長，你可以專注訓練而不會感到無聊。

然而，有時你根本沒有 18 週的時間為馬拉松作準備。12 週計畫表所包含的訓練區段與 18 週計畫表相同，不過由於準備時間短，因此每個訓練區段也會跟著縮減。如果你急於參加馬拉松比賽，就必須認清你不會如同有充足訓練時間那樣準備徹底。12 週計畫表是考量到有時外在情況不容你有理想準備時間，所以提供一個緊湊而有效的訓練計畫。

使用計畫表之前

這些計畫表會從一開始就有些挑戰性，並隨著馬拉松比賽的接近越來越難。這樣可以使你隨著訓練增加訓練量和訓練品質而進步，並使受傷的機會減到最低，你就能不太費力地完成計畫表的第 1 週。

要務實地去評估你是否準備好第 1 週的計畫表。舉例來說，如果你每週跑 64 公里，而最近幾週最長的長跑是 19 公里，那麼現在就不是時候突然跳進 18 週計畫表第 1 週所要求，內含 27 公里長跑的 105 公里單週里程數。計畫表的用意並不是要你越累越好，而是要重複施加訓練壓力，使你吸收並從中受益。

通常，在開始使用這些計畫表之前，你應該每週至少跑 89 公里，並且在最近一個月要能從容完成接近第 1 週要求的長跑距離。

認識計畫表

計畫表是以每日行程的格式來呈現。這種方式的主要限制是無法預測到可能影響你日常生活的無數外部因素。（假設你在此等訓練量下還有這些非訓練的生活）工作行程、家庭生活、人際關係、學校事務和大自然環境等等，都扮演著重要角色，影響你決定何時開始投入長跑和其他方面的馬拉松準備。毫無疑問，你的訓練需要一些彈性，並且需要不時的挪動時間。這都理所當然，只要你不要安排連續數個重度日來彌補錯失的時間，就能避免受傷和過度訓練。按照前面幾章中介紹的原則，你就可以依自己的情況，為自己的訓練計畫表作安全的細部調整。

計畫表同時以公里和英里呈現，你可以選擇自己慣用的方式。每天的公里和英里數（以及每週的總數）不是精確換算到小數點後三位，但彼此大致相等。

遵循計畫表

計畫表的每一直欄代表一整週的訓練。舉例來說，在 12 週計畫表中，11 週那欄表示，在該週結束時，距離馬拉松比賽有 11 週的時間。計畫表按週安排，一週接著一週，直到比賽當週。

我們提供了每天的特定鍛鍊以及當天的訓練類別。舉例來說，18 週計畫表中，在距離馬拉松的週數「7 週」的週一那天，特定鍛鍊是午前 10 公里和午後 6 公里的跑步，而當天的訓練類別是恢復跑。這樣的計畫可以使你快速查看每週訓練的平衡情況，以及每週的鍛鍊進度。再回頭看 18 週計畫表「7 週」的直欄，很容易看出有 2 天的恢復日，以及 2 天一般有氧跑、1 天乳酸閾值訓練組、1 天長跑和 1 天中長跑。再看表格的週日一整個橫列，可以看到長跑的進度增加，以及在馬拉松前幾週的賽前減量狀況。

特定鍛鍊有以下 8 類：長跑、中長跑、馬拉松配速跑、一般有氧跑、乳酸閾值跑、恢復跑、最大攝氧量間歇跑和速度跑。這些類別在第 8 章中都有詳細說明，而訓練背後的生理學則在第 1 章中有說明。

單日雙跑

如第 8 章所述，有時候單日雙跑對馬拉松運動員頗有幫助。這對每週跑 209 公里的菁英跑者有顯著作用，但對每週跑 113 公里的跑者，可能也有用。舉例來說，在這些計畫表中，16 公里恢復跑通常會拆成兩次跑完。像這樣在輕度日把里程數拆開跑，不但不會累到你，反而會加速恢復，因為分次跑可以增加肌肉的血液流通，而且負擔也不大。

如同我們本章開始就提到的，我們了解並非所有人都能如其所願完全遵循計畫表。這適用的日子是要能在上午進行乳酸閾值鍛鍊，下午再跑個輕鬆的恢復跑。如果你的行程安排上，高品質的節奏跑比較可能安排在下午而不是早上，就將這幾天的鍛鍊時段調換一下即可。只要確保早上的短程跑要是真正的恢復跑。

　　如果當天表定的第二跑是中長跑，無論如何還是試著按照計畫表去做。如同第 4 章所說明，在這些日子中，午後的短程跑可以使你的耐力更加提升，但如果上午跑了短程跑且下午又跑中長跑，就可能會降低中長跑的品質。無論如何，只有你能做出對自己最好的打算。假如原本的行程安排代表你必須在週三週四的凌晨四點半跑中長跑，也許改成下午進行會比較好。

比賽策略

　　我們在第 7 章中詳細討論了馬拉松的比賽策略。如果你遵循本章任何一種計畫表，代表你可能在大家進入自己的穩定配速時，會發現自己屬於場上領先的那一群跑者。同樣的，你身旁可能會有一些準備不如你的跑者（例如一位看似健壯的二十多歲男子，目標是突破 3:00，這個目標並不一定符合他的訓練，而是因為這樣剛好湊成整數）。假如比賽前段你跑在前方，跟旁邊的跑者聊聊，了解誰能陪你到最後 16 公里。

　　由於你準備充分並有效的賽前減量，你也許在比賽前幾公里就輕易地跑到你的目標配速。畢竟，在你負擔最重的訓練組中，就是以目標配速跑長跑。現在經過充足的休息，比賽日又有高昂的士氣，要達成目標配速應該不難。你一定要自律，抵抗想要加速的誘惑，這樣才能在下半程比賽發揮體能，達成均等分擔式的跑步策略。儘管你有極好的準備不至於使你一開始就衝刺太快導致到後段慢下來，但還是別在比賽剛開始的配速上，因為野心過大而浪費了數月的艱辛訓練。

馬拉松比賽之後

　　本章最後是馬拉松後的 5 週恢復計畫表，有了這部分，訓練計畫才算完整，才能準備好下一次的挑戰。

　　恢復進度表如此保守是別有用意的。馬拉松比賽之後，肌肉和結締組織的彈性變差，此時匆忙回復訓練幾乎無濟於事，而且徒增受傷風險。

　　恢復計畫表一開始就先休息不跑 2 天，這是你要給自己休停不跑的最短時間。如果你仍然有劇烈的痠痛或肌肉緊繃，嚴重到會改變你的跑步姿勢，或者如果單純不想跑步，當然可以休息更久。如果需要擺脫一下馬拉松跑者心態的時光，就是在你比賽後的這一週。即使是世界級頂尖跑者，大多數人在馬拉松比賽後也要休息幾天。他們知道，此時小跑一下的好處幾乎微乎其微，有害的風險反而更大。這時候不跑，等到身體可以做高強度訓練時，也可以激勵你繼續下去。

　　當然，有些人會認為要成為一個真正的跑者，就要盡可能每天跑步。如果一定要跑，也是可以刻苦地跑個幾公里，但要知道，你很可能會拉長你的恢復時間。

　　這段期間，要幫助恢復比較好的方法是輕度的交叉訓練，例如游泳或騎自行車。這些活動會增加肌肉裡的血液流動，但不會使肌肉受到重創。步行也可以達到此目的。

　　有一種方法可以確保你在馬拉松之後不會跑得太快太激烈，就是使用心率監測器。如第 3 章所述，心率監測器可以幫助你在恢復日期間避免心跳過快的狀況。在馬拉松之後的開頭幾週，讓心率保持在不超過 76% 最大心率或 68% 儲備心率。以這種強度跑步能幫助你的身體盡快克服馬拉松的壓力。

　　在這 5 週的恢復計畫表中，每週跑步的天數會從 3 天增加到 6 天。5 週結束時，你就能完全恢復，如果運氣不錯，也不會受傷，而且精神充沛。

18 週計畫表＼每週 **113-137** 公里
訓練區段 1 —— 耐力

距離馬拉松的週數	**17 週**	**16 週**	**15 週**
週一	**恢復跑** 8 公里（5 英里）	**恢復跑** 10 公里（6 英里）	**恢復跑** 10 公里（6 英里）
週二	**乳酸閾值跑** 14 公里（9 英里） →內含以乳酸閾值配速跑 6 公里（4 英里）	**一般有氧跑 + 速度跑** 13 公里（8 英里） →內含 6 次 ×12 秒上坡衝刺＋ 8 次 ×100 公尺加速跑	**中長跑** 19 公里（12 英里）
週三	**中長跑** 19 公里（12 英里）	**中長跑** 21 公里（13 英里）	**中長跑** 23 公里（14 英里）
週四	**恢復跑** 10 公里（6 英里）	**恢復跑** 10 公里（6 英里）	**恢復跑** 10 公里（6 英里）
週五	**一般有氧跑** 16 公里（10 英里）	**中長跑** 18 公里（11 英里）	**乳酸閾值跑** 16 公里（10 英里） →內含以乳酸閾值配速跑 8 公里（5 英里）
週六	**恢復跑** 10 公里（6 英里）	**恢復跑** 10 公里（6 英里）	**恢復跑** 10 公里（6 英里）
週日	**長跑** 27 公里（17 英里）	**馬拉松配速跑** 27 公里（17 英里） →內含以馬拉松配速跑 13 公里（8 英里）	**中長跑** 26 公里（16 英里）
週跑量	105 公里（65 英里）	108 公里（67 英里）	113 公里（70 英里）

14 週	13 週	（恢復）12 週
恢復跑 10 公里（6 英里）	**恢復跑** 午前 10 公里（6 英里） 午後 6 公里（4 英里）	**恢復跑** 11 公里（7 英里）
一般有氧跑 + 速度跑 16 公里（10 英里） →內含 8 次 ×12 秒上坡衝刺 +8 次 ×100 公尺加速跑	**乳酸閾值跑** 16 公里（10 英里） →內含以乳酸閾值配速跑 6 公里（4 英里）	**一般有氧跑 + 速度跑** 16 公里（10 英里） →內含 10 次 ×100 公尺加速跑
中長跑 23 公里（14 英里）	**中長跑** 24 公里（15 英里）	**中長跑** 21 公里（13 英里）
恢復跑 10 公里（6 英里）	**恢復跑** 10 公里（6 英里）	**恢復跑** 10 公里（6 英里）
中長跑 19 公里（12 英里）	**中長跑** 21 公里（13 英里）	**一般有氧跑** 16 公里（10 英里）
恢復跑 10 公里（6 英里）	**恢復跑** 10 公里（6 英里）	**恢復跑** 10 公里（6 英里）
長跑 32 公里（20 英里）	**馬拉松配速跑** 29 公里（18 英里） →內含以馬拉松配速跑 16 公里（10 英里）	**長跑** 26 公里（16 英里）
119 公里（74 英里）	126 公里（78 英里）	109 公里（68 英里）

18 週計畫表＼每週 113-137 公里
訓練區段 2 —— 乳酸閾值＋耐力

距離馬拉松的週數	11 週	10 週
週一	**恢復跑** 午前 10 公里（6 英里） 午後 6 公里（4 英里）	**恢復跑** 午前 10 公里（6 英里） 午後 6 公里（4 英里）
週二	**乳酸閾值跑** 18 公里（11 英里） →內含以乳酸閾值配速跑 8 公里	**一般有氧跑** 14 公里（9 英里）
週三	**中長跑** 24 公里（15 英里）	**中長跑** 24 公里（15 英里）
週四	**恢復跑** 11 公里（7 英里）	**恢復跑** 11 公里（7 英里）
週五	**中長跑** 21 公里（13 英里）	**乳酸閾值跑** 19 公里（12 英里） →內含以乳酸閾值配速跑 10 公里（6 英里）
週六	**一般有氧跑＋速度跑** 13 公里（8 英里） →內含 10 次 ×100 公尺加速跑	**恢復跑** 11 公里（7 英里）
週日	**長跑** 32 公里（20 英里）	**長跑** 35 公里（22 英里）
週跑量	135 公里（84 英里）	130 公里（82 英里）

9 週	8 週	（恢復）7 週
恢復跑 午前 10 公里（6 英里） 午後 6 公里（4 英里）	**恢復跑** 午前 10 公里（6 英里） 午後 6 公里（4 英里）	**恢復跑** 午前 10 公里（6 英里） 午後 6 公里（4 英里）
一般有氧跑 14 公里（9 英里）	**一般有氧跑** 14 公里（9 英里）	**一般有氧跑** 13 公里（8 英里）
中長跑 24 公里（15 英里）	**最大攝氧量跑** 14 公里（9 英里） →內含以 5K 比賽配速跑 6 次 ×800 公尺；折返慢跑時 間為單次時間之 50-90%	**中長跑** 24 公里（15 英里）
恢復跑 13 公里（8 英里）	**恢復跑** 11 公里（7 英里）	**恢復跑** 午前 10 公里（6 英里） 午後 6 公里（4 英里）
中長跑 21 公里（13 英里）	**中長跑** 午前 18 公里（11 英里） **恢復跑** 午後 6 公里（4 英里）	**乳酸閾值跑** 19 公里（12 英里） →內含以乳酸閾值配速跑 11 公里（7 英里）
恢復跑 + 速度跑 11 公里（7 英里） →內含 6 次 × 100 公尺加速跑	**一般有氧跑 + 速度跑** 13 公里（8 英里） →內含 8 次 ×12 秒上坡衝 刺 +8 次 ×100 公尺加速跑	**一般有氧跑** 13 公里（8 英里）
馬拉松配速跑 29 公里（18 英里） →內含以馬拉松配速跑 19 公里（12 英里）	**長跑** 26 公里（16 英里）	**長跑** 39 公里
129 公里（80 英里）	119 公里（74 英里）	140 公里（87 英里）

訓練區段 3 —— 比賽準備

距離馬拉松的週數	6 週	5 週
週一	**恢復跑** 午前 10 公里（6 英里） 午後 6 公里（4 英里）	**恢復跑** 午前 10 公里（6 英里） 午後 6 公里（4 英里）
週二	**最大攝氧量跑** 14 公里（9 英里） →內含以 5K 比賽配速跑 5 次 ×600 公尺；折返慢跑時間為單次時間之 50-90%	**最大攝氧量跑** 19 公里（12 英里） →內含以 5K 比賽配速跑 6 次 ×1,000 公尺；折返慢跑時間為單次時間之 50-90%
週三	**中長跑** 24 公里（15 英里）	**中長跑** 24 公里（15 英里）
週四	**恢復跑 + 速度跑** 11 公里（7 英里） →內含 6 次 ×100 公尺加速跑	**恢復跑** 午前 10 公里（6 英里） 午後 6 公里（4 英里）
週五	**恢復跑** 10 公里（6 英里）	**中長跑** 19 公里（12 英里）
週六	**8-15 公里模擬賽** （合計 14-21 公里〔9-13 英里〕）	**恢復跑** 11 公里（7 英里）
週日	**長跑** 29 公里（18 英里）	**馬拉松配速跑** 32 公里（20 英里） →內含以馬拉松配速跑 23 公里（14 英里）
週跑量	119-126 公里（74-78 英里）	138 公里（86 英里）

4 週	3 週
恢復跑 午前 10 公里（6 英里） 午後 6 公里（4 英里）	**恢復跑** 午前 10 公里（6 英里） 午後 6 公里（4 英里）
最大攝氧量跑 14 公里（9 英里） →內含以 5K 比賽配速跑 5 次 ×600 公尺； 折返慢跑時間為單次時間之 50-90%	**一般有氧跑** 13 公里（8 英里）
中長跑 22 公里（14 英里）	**最大攝氧量跑** 19 公里（12 英里） →內含以 5K 比賽配速跑 6 次 ×1,200 公尺； 折返慢跑時間為單次時間之 50-90%
恢復跑 + 速度跑 11 公里（7 英里） →內含 6 次 ×100 公尺加速跑	**中長跑** 午前 24 公里（15 英里） **恢復跑** 午後 6 公里（4 英里）
恢復跑 10 公里（6 英里）	**一般有氧跑 + 速度跑** 13 公里（8 英里） →內含 8 次 ×100 公尺加速跑
8-15 公里模擬賽 （合計 14-21 公里〔9-13 英里〕）	**恢復跑** 10 公里（6 英里）
長跑 29 公里（18 英里）	**長跑** 35 公里（22 英里）
117-124 公里（73-77 英里）	137 公里（85 英里）

18 週計畫表／每週 113-137 公里
訓練區段 4—— 賽前減量和比賽

距離馬拉松的週數	2 週	1 週
週一	**恢復跑** 10 公里（6 英里）	**恢復跑** 10 公里（6 英里）
週二	**最大攝氧量跑** 14 公里（9 英里） →內含以 5K 比賽配速跑 5 次 ×600 公尺； 折返慢跑時間為單次時間之 50-90%	**一般有氧跑 + 速度跑** 13 公里（8 英里） →內含 8 次 ×100 公尺加速跑
週三	**中長跑** 23 公里（14 英里）	**恢復跑** 10 公里（6 英里）
週四	**恢復跑 + 速度跑** 11 公里（7 英里） →內含 6 次 ×100 公尺加速跑	**最大攝氧量跑** 14 公里（9 英里） →內含以 5K 比賽配速跑 4 次 ×1,200 公尺； 折返慢跑時間為單次時間之 50-90%
週五	**恢復跑** 10 公里（6 英里）	**恢復跑** 8 公里（5 英里）
週六	**8-10 公里模擬賽** （合計 14-18 公里〔9-11 英里〕）	**一般有氧跑 + 速度跑** 11 公里（7 英里） →內含 8 次 ×100 公尺加速跑
週日	**長跑** 27 公里（17 英里）	**中長跑** 21 公里（13 英里）
週跑量	109-113 公里（68-70 英里）	87 公里（54 英里）

比賽週
恢復跑 10 公里（6 英里）
一般有氧跑 11 公里（7 英里）
試裝跑 13 公里（8 英里） →內含以馬拉松配速跑 3 公里（2 英里）
恢復跑 10 公里（6 英里）
恢復跑 + 速度跑 8 公里（5 英里） →內含 6 次 ×100 公尺加速跑
恢復跑 6 公里（4 英里）
目標馬拉松比賽
58 公里（36 英里）（比賽前 6 天合計）

12 週計畫表＼每週 113-137 公里
訓練區段 1 —— 耐力

距離馬拉松的週數	11 週	10 週
週一	**恢復跑** 10 公里（6 英里）	**恢復跑** 午前 10 公里（6 英里） 午後 6 公里（4 英里）
週二	**一般有氧跑 + 速度跑** 13 公里（8 英里） →內含 8 次 ×12 秒上坡衝刺 + 8 次 ×100 公尺加速跑	**中長跑** 19 公里（12 英里）
週三	**中長跑** 19 公里（12 英里）	**一般有氧跑** 16 公里（10 英里）
週四	**恢復跑** 10 公里（6 英里）	**恢復跑** 10 公里（6 英里）
週五	**中長跑** 18 公里（11 英里）	**乳酸閾值跑** 16 公里（10 英里） →內含以乳酸閾值配速跑 6 公里（4 英里）
週六	**恢復跑** 10 公里（6 英里）	**恢復跑** 10 公里（6 英里）
週日	**馬拉松配速跑** 27 公里（17 英里） →內含以馬拉松配速跑 13 公里（8 英里）	**長跑** 29 公里（18 英里）
週跑量	106 公里（66 英里）	116 公里（72 英里）

9週	8週
恢復跑 午前 10 公里（6 英里） 午後 6 公里（4 英里）	**恢復跑** 午前 10 公里（6 英里） 午後 6 公里（4 英里）
一般有氧跑 + 速度跑 13 公里（8 英里） →內含 8 次 ×12 秒上坡衝刺 + 8 次 ×100 公尺加速跑	**中長跑** 21 公里（13 英里）
中長跑 21 公里（13 英里）	**中長跑** 24 公里（15 英里）
恢復跑 10 公里（6 英里）	**恢復跑** 10 公里（6 英里）
中長跑 21 公里（13 英里）	**乳酸閾值跑** 16 公里（10 英里） →內含以乳酸閾值配速跑 8 公里（5 英里）
恢復跑 10 公里（6 英里）	**恢復跑** 10 公里（6 英里）
馬拉松配速跑 31 公里（19 英里） →內含以馬拉松配速跑 16 公里（10 英里）	**長跑** 27 公里（17 英里）
121 公里（75 英里）	124 公里（77 英里）

12 週計畫表／每週 113-137 公里
訓練區段 2 —— 乳酸閾值 + 耐力

距離馬拉松的週數	（恢復）7 週	6 週	5 週
週一	**恢復跑** 10 公里（6 英里）	**恢復跑** 午前 10 公里（6 英里） 午後 6 公里（4 英里）	**恢復跑** 午前 10 公里（6 英里） 午後 6 公里（4 英里）
週二	**一般有氧跑 + 速度跑** 13 公里（8 英里） →內含 10 次 × 100 公尺加速跑	**一般有氧跑** 14 公里（9 英里）	**一般有氧跑 + 速度跑** 16 公里（10 英里） →內含 10 次 × 100 公尺加速跑
週三	**中長跑** 24 公里（15 英里）	**最大攝氧量跑** 19 公里（12 英里） →內含以 5K 比賽配速 跑 5 次 ×1,200 公尺； 折返慢跑時間為 單次時間之 50-90%	**中長跑** 24 公里（15 英里）
週四	**恢復跑** 午前 10 公里（6 英里） 午後 6 公里（4 英里）	**中長跑** 午前 24 公里（15 英里） **恢復跑** 午後 6 公里（4 英里）	**恢復跑** 午前 10 公里（6 英里） 午後 6 公里（4 英里）
週五	**乳酸閾值跑** 16 公里（10 英里） →內含以乳酸閾值配速 跑 6 公里（4 英里）	**一般有氧跑** 16 公里（10 英里）	**乳酸閾值跑** 19 公里（12 英里） →內含以乳酸閾值配速 跑 11 公里（7 英里）
週六	**一般有氧跑 + 速度跑** 11 公里（7 英里） →內含 6 次 × 100 公尺加速跑	**恢復跑 + 速度跑** 11 公里（7 英里） →內含 6 次 × 100 公尺加速跑	**一般有氧跑 + 速度跑** 13 公里（8 英里） →內含 6 次 × 100 公尺加速跑
週日	**長跑** 29 公里（18 英里）	**馬拉松配速跑** 27 公里（17 英里） →內含以馬拉松配速跑 19 公里（12 英里）	**長跑** 35 公里（22 英里）
週跑量	113 公里（70 英里）	135 公里（84 英里）	140 公里（87 英里）

12 週計畫表╲每週 113-137 公里
訓練區段 3 —— 比賽準備

距離馬拉松的週數	4 週	3 週	2 週
週一	**恢復跑** 午前 10 公里（6 英里） 午後 6 公里（4 英里）	**恢復跑** 午前 10 公里（6 英里） 午後 6 公里（4 英里）	**恢復跑** 午前 10 公里（6 英里） 午後 6 公里（4 英里）
週二	**最大攝氧量跑** 14 公里（9 英里） →內含以 5K 比賽配速跑 5 次 ×600 公尺；折返慢跑時間為單次時間之 50-90%	**一般有氧跑** 14 公里（9 英里）	**最大攝氧量跑** 14 公里（9 英里） →內含以 5K 比賽配速跑 5 次 ×600 公尺；折返慢跑時間之 50-90%
週三	**中長跑** 24 公里（15 英里） **恢復跑** 午後 6 公里（4 英里）	**最大攝氧量跑** 18 公里（11 英里） →內含以 5K 比賽配速跑 6 次 ×1,000 公尺；折返慢跑時間為單次時間之 50-90%	**中長跑** 19 公里（12 英里）
週四	**恢復跑 + 速度跑** 11 公里（7 英里） →內含 6 次 ×100 公尺加速跑	**中長跑** 24 公里（15 英里）	**恢復跑 + 速度跑** 10 公里（6 英里） →內含 6 次 ×100 公尺加速跑
週五	**恢復跑** 10 公里（6 英里）	**一般有氧跑** 16 公里（10 英里）	**恢復跑** 10 公里（6 英里）
週六	**8-15 公里模擬賽** （合計 14-21 公里〔9-13 英里〕）	**一般有氧跑 + 速度跑** 13 公里（8 英里） →內含 6 次 ×100 公尺加速跑	**8-10 公里模擬賽** （合計 14-18 公里〔9-11 英里〕）
週日	**長跑** 29 公里（18 英里）	**長跑** 32 公里（20 英里）	**長跑** 27 公里（17 英里）
週跑量	124-131 公里（78-82 英里）	134 公里（83 英里）	111-114 公里（69-71 英里）

12 週計畫表＼每週 113-137 公里
訓練區段 4—— 賽前減量和比賽

距離馬拉松的週數	1 週	比賽週
週一	**恢復跑** 10 公里（6 英里）	**恢復跑** 10 公里（6 英里）
週二	**一般有氧跑 + 速度跑** 13 公里（8 英里） →內含 8 次 ×100 公尺加速跑	**一般有氧跑** 11 公里（7 英里）
週三	**恢復跑** 10 公里（6 英里）	**試裝跑** 13 公里（8 英里） →內含以馬拉松配速跑 3 公里（2 英里）
週四	**最大攝氧量跑** 14 公里（9 英里） →內含以 5K 比賽配速跑 4 次 ×1,200 公尺； 折返慢跑時間為單次時間之 50-90%	**恢復跑** 10 公里（6 英里）
週五	**恢復跑** 8 公里（5 英里）	**恢復跑 + 速度跑** 8 公里（5 英里） →內含 6 次 ×100 公尺加速跑
週六	**一般有氧跑 + 速度跑** 11 公里（7 英里） →內含 10 次 ×100 公尺加速跑	**恢復跑** 6 公里（4 英里）
週日	**中長跑** 21 公里（13 英里）	**目標馬拉松比賽**
週跑量	87 公里（54 英里）	58 公里（36 英里） （比賽前 6 天合計）

恢復計畫表＼每週 113-137 公里
訓練區段 5 ── 恢復

賽後週數	1 週	2 週
週一	**休息或交叉訓練**	**休息或交叉訓練**
週二	**休息或交叉訓練**	**恢復跑** 8 公里（5 英里）
週三	**恢復跑** 6 公里（4 英里）	**恢復跑** 8 公里（5 英里）
週四	**休息或交叉訓練**	**休息或交叉訓練**
週五	**恢復跑** 8 公里（5 英里）	**恢復跑** 10 公里（6 英里）
週六	**休息或交叉訓練**	**恢復跑** 8 公里（5 英里）
週日	**恢復跑** 11 公里（7 英里）	**一般有氧跑** 16 公里（10 英里）
週跑量	26 公里（16 英里）	50 公里（31 英里）

恢復計畫表＼每週 **113-137** 公里
訓練區段 5 ── 恢復

賽後週數	3週	4週	5週
週一	休息或交叉訓練	休息或交叉訓練	休息或交叉訓練
週二	恢復跑 10公里（6英里）	恢復跑 10公里（6英里）	恢復跑 10公里（6英里）
週三	恢復跑 10公里（6英里）	一般有氧跑 14公里（9英里）	一般有氧跑 14公里（9英里）
週四	休息或交叉訓練	休息或交叉訓練	恢復跑 10公里（6英里）
週五	一般有氧跑＋速度跑 13公里（8英里） →內含8次× 100公尺加速跑	一般有氧跑＋速度跑 14公里（9英里） →內含8次× 100公尺加速跑	一般有氧跑＋速度跑 16公里（10英里） →內含8次× 100公尺加速跑
週六	恢復跑 10公里（6英里）	恢復跑 10公里（6英里）	恢復跑 10公里（6英里）
週日	一般有氧跑 16公里（10英里）	中長跑 19公里（12英里）	中長跑 21公里（13英里）
週跑量	58公里（36英里）	68公里（42英里）	80公里（50英里）

第 12 章
馬拉松訓練之
每週至少 137 公里
Marathon Training on More Than 85 Miles (137 km) per Week

　　本章適用於高訓練量並全力投入訓練的真正馬拉松跑者。本章包含兩套計畫表：一是 18 週計畫表，從每週 129 公里開始，另一是 12 週計畫表，從每週 132 公里開始。這些計畫表都將每週里程數逐漸增加到最高 169 公里。

　　如第 1 章所討論，將整體計畫表分為幾週的訓練區段很有用。計畫表包括四個區段，分別聚焦在耐力、乳酸閾值與耐力、比賽準備，以及賽前減量。馬拉松之後為時 5 週的恢復計畫表，可以搭配任何一個計畫表。

　　在本章介紹的兩套計畫表中，大多數情況下我們建議使用 18 週計畫表。18 週的時間足以刺激必要的適應性，提高跑者的馬拉松表現。同時，這 18 週也不會太長，你可以專注訓練而不會感到無聊。

　　然而，有時你根本沒有 18 週的時間為馬拉松作準備。12 週計畫表所包含的訓練區段與 18 週計畫表相同，不過由於準備時間短，因此每個訓練區段也會跟著縮減。如果你急於參加馬拉松比賽，就必須認清你不會如同有充足訓練時間那樣準備徹底。12 週計畫表是考量到有時外在情況不容你有理想準備時間，所以提供一個緊湊而有效的訓練計畫。

使用計畫表之前

這些計畫表會從一開始就有些挑戰性，並隨著馬拉松比賽的接近越來越難。這樣可以使你隨著訓練增加訓練量和訓練品質而進步，並使受傷的機會減到最低，你就能不太費力地完成計畫表的第 1 週。

要務實地去評估你是否準備好第 1 週的計畫表。舉例來說，如果你每週跑 97 公里，而最近幾週最長的長跑是 19 公里，那麼現在就不是時候突然跳進 12 週計畫表第 1 週所要求，內含 27 公里長跑的 132 公里單週里程數。計畫表的用意並不是要你越累越好，而是要重複施加訓練壓力，使你吸收並從中受益。

通常，在開始使用這些計畫表之前，你應該每週至少跑 113-121 公里，並且在最近一個月要能從容完成 24 公里的長跑。

認識計畫表

計畫表是以每日行程的格式來呈現。這種方式的主要限制是無法預測到可能影響你日常生活的無數外部因素。（假設你在此等訓練量下還有這些非訓練的生活）工作行程、家庭生活、人際關係、學校事務和大自然環境等等，都扮演著重要角色，影響你決定何時開始投入長跑和其他方面的馬拉松準備。毫無疑問，你的訓練需要一些彈性，並且需要不時的挪動時間。這都理所當然，只要你不要安排連續數個重度日來彌補錯失的時間，就能避免受傷和過度訓練。按照前面幾章中介紹的原則，你就可以依自己的情況，為自己的訓練計畫表作安全的細部調整。

計畫表同時以公里和英里呈現，你可以選擇自己慣用的方式。每天的公里和英里數（以及每週的總數）不是精確換算到小數點後三位，但彼此大致相等。

遵循計畫表

計畫表的每一直欄代表一整週的訓練。舉例來說，在 12 週計畫表中，11 週那欄表示，在該週結束時，距離馬拉松比賽有 11 週的時間。計畫表按週安排，一週接著一週，直到比賽當週。

我們提供了每天的特定鍛鍊以及當天的訓練類別。舉例來說，18 週計畫表中，在距離馬拉松的週數「5 週」的週一那天，特定鍛鍊是午前和午後各一次 10 公里的跑步，而當天的訓練類別是恢復跑。這樣的計畫可以使你快速查看每週訓練的平衡情況，以及每週的鍛鍊進度。再回頭看 18 週計畫表「5 週」的直欄，很容易看出有 4 天的恢復日，以及 1 天乳酸閾值訓練組、1 天一般有氧跑＋速度跑、1 天長跑。再看表格的週日一整個橫列，可以看到長跑的進度增加，以及在馬拉松前幾週的賽前減量狀況。

特定鍛鍊有以下 8 類：長跑、中長跑、馬拉松配速跑、一般有氧跑、乳酸閾值跑、恢復跑、最大攝氧量間歇跑和速度跑。這些類別在第 8 章中都有詳細說明，而訓練背後的生理學則在第 1 章中有說明。

單日雙跑

如第 8 章所述，有時候單日雙跑對馬拉松運動員頗有幫助。這對每週能跑上 161 公里的跑者確實有顯著作用。舉例來說，在這些計畫表中，16-19 公里恢復跑通常會拆成兩次跑完。像這樣在輕度日把里程數拆開跑，不但不會累到你，反而會加速恢復，因為分次跑可以增加肌肉的血液流通，而且負擔也不大。

如同我們本章開始就提到的，我們了解並非所有人都能如其所願完全遵循計畫表。這適用的日子是要能在上午跑恢復跑，下午再做乳酸閾值鍛鍊。如果你的行程安排上，高品質的節奏跑比較可能安排在早上而不是下午，就將這幾天的鍛鍊時段調換一下即可。

一週跑 169 公里也不夠的時候

有少數人可能想做比計畫表設定還多的訓練量。若你也是如此，在增加里程數時，請務必遵循訓練計畫的精神，也就是說，你的訓練量在訓練區段 1 就要逐漸增加，並在訓練區段 2 結束時達到高峰，在訓練區段 3 就要逐漸趨緩，然後在訓練區段 4 大幅減少。

該在計畫表中的哪個地方增加里程數？嘗試增加一般有氧跑及中長跑的里程數，如果你覺得這樣做並不會影響當週最重要的訓練。切記，增量是達到目標的方式，並不是你的目標。增量應依照你的訓練量水平，若任意增加距離，受傷的風險會迅速提高。你還能在最大攝氧量及乳酸閾值的鍛鍊日，增加暖身及緩和運動的里程數。如果你要做比計畫表設定還多的單日雙跑，請參見第 8 章的「單日雙跑」一節。

比賽策略

我們在第 7 章詳細討論了馬拉松的比賽策略。如果你遵循本章任何一種計畫表，你為馬拉松比賽所做的準備將會比該比賽的多數跑者還要充分。場上只有少數人能跟你一樣能做到這樣的訓練量又兼顧目標品質。

儘管你已經下定決心跑好這場馬拉松，你還是得注意不要在比賽前幾公里衝昏頭，即使你的目標配速在前半程跑得很輕鬆。想要利用這種良好感受的誘惑會很強烈。或許比這本書的其他讀者更為強烈，你得約束自己在前幾公里緊緊保持你的目標配速，才能在下半程比賽發揮體能，達成均等分擔式的跑步策略。儘管你有極好的準備不至於使你一開始就衝刺太快導致到後段慢下來，但還是別在比賽剛開始的配速上，因為野心過大而浪費了數月的艱辛訓練。

儘管如此，很可能有讀者對於在比賽時用和平常訓練截然不同的目標配速，仍然躍躍欲試。出於這個原因，到了馬拉松比賽前幾天，你的目標配速看起來就會特別嚇人。你的自信應該從長跑、節奏跑和馬拉松配速跑中汲取，才能支撐你以不凡的目標配速跑完 42.2 公里。另外，也要專注在你每一分段的目標配速，在前半程比賽增加跑好的機會，才能大幅提高你在 32 公里之後仍能維持目標配速跑到終點的機會。

馬拉松比賽之後

本章最後是馬拉松後的 5 週恢復計畫表，有了這部分，訓練計畫才算完整，才能準備好下一次的挑戰。

恢復進度表如此保守是別有用意的。馬拉松比賽之後，肌肉和結締組織的彈性變差，此時匆忙回復訓練幾乎無濟於事，而且徒增受傷風險。

恢復計畫表一開始就先休息不跑 2 天，這是你要給自己休停不跑的最短時間。如果你仍然有劇烈的痠痛或肌肉緊繃，嚴重到會改變你的跑步姿勢，或者如果單純不想跑步，當然可以休息更久。如果需要擺脫一下馬拉松跑者心態的時光，就是在你比賽後的這一週。即使是世界級頂尖跑者，大多數人在馬拉松比賽後也要休息幾天。他們知道，此時小跑一下的好處幾乎微乎其微，有害的風險反而更大。這時候不跑，等到身體可以做高強度訓練時，也可以激勵你繼續下去。

當然，有些人會認為要成為一個真正的跑者，就要盡可能每天跑步。如果一定要跑，也是可以刻苦地跑個幾公里，但要知道，你很可能會拉長你的恢復時間。

　　這段期間，要幫助恢復比較好的方法是輕度的交叉訓練，例如游泳或騎自行車。這些活動會增加肌肉裡的血液流動，但不會使肌肉受到重創。步行也可以達到此目的。

　　有一種方法可以確保你在馬拉松之後不會跑得太快太激烈，就是使用心率監測器。如第 3 章所述，心率監測器可以幫助你在恢復日期間避免心跳過快的狀況。在馬拉松之後的開頭幾週，讓心率保持在不超過 76% 最大心率或 68% 儲備心率。以這種強度跑步能幫助你的身體盡快克服馬拉松的壓力。

　　在這 5 週的恢復計畫表中，每週跑步的天數會從 3 天增加到 6 天。5 週結束時，你就能完全恢復，如果運氣不錯，也不會受傷，而且精神充沛。

18 週計畫表＼每週至少 **137** 公里
訓練區段 **1**── 耐力

距離馬拉松的週數	17 週	16 週	15 週
週一	**恢復跑** 午前 10 公里（6 英里） 午後 8 公里（5 英里）	**恢復跑** 午前 10 公里（6 英里） 午後 8 公里（5 英里）	**恢復跑** 午前 8 公里（5 英里） 午後 8 公里（5 英里）
週二	**恢復跑** 6 公里（4 英里） **乳酸閾值跑** 16 公里（10 英里） →內含以乳酸閾值配速跑 6 公里（4 英里）	**恢復跑** 6 公里（4 英里） **一般有氧跑 + 速度跑** 午後 16 公里（10 英里） →內含 8 次 × 12 秒上坡衝刺 + 8 次 ×100 公尺加速跑	**中長跑** 19 公里（12 英里）
週三	**中長跑** 19 公里（12 英里）	**中長跑** 21 公里（13 英里）	**恢復跑** 6 公里（4 英里） **乳酸閾值跑** 16 公里（10 英里） →內含以乳酸閾值配速跑 8 公里（5 英里）
週四	**恢復跑** 午前 10 公里（6 英里） 午後 8 公里（5 英里）	**恢復跑** 午前 10 公里（6 英里） 午後 8 公里（5 英里）	**恢復跑** 午前 10 公里（6 英里） 午後 8 公里（5 英里）
週五	**一般有氧跑 + 速度跑** 16 公里（10 英里） →內含 10 次 × 100 公尺加速跑	**中長跑** 19 公里（12 英里）	**中長跑** 22 公里（14 英里）
週六	**恢復跑** 10 公里（6 英里）	**恢復跑** 10 公里（6 英里）	**一般有氧跑** 14 公里（9 英里）
週日	**長跑** 26 公里（16 英里）	**馬拉松配速跑** 27 公里（17 英里） →內含以馬拉松配速跑 13 公里（8 英里）	**中長跑** 29 公里（18 英里）
週跑量	129 公里（80 英里）	135 公里（84 英里）	141 公里（88 英里）

18 週計畫表＼每週至少 137 公里
訓練區段 1 —— 耐力

距離 馬拉松 的週數	14 週	13 週	（恢復）12 週
週一	**恢復跑** 午前 10 公里（6 英里） 午後 10 公里（6 英里）	**恢復跑** 午前 10 公里（6 英里） 午後 10 公里（6 英里）	**恢復跑** 午前 10 公里（6 英里） 午後 10 公里（6 英里）
週二	**恢復跑** 6 公里（4 英里） **一般有氧跑 + 速度跑** 午後 16 公里（10 英里） →內含 8 次 × 12 秒上坡衝刺 + 8 次 ×100 公尺加速跑	**恢復跑** 8 公里（5 英里） **乳酸閾值跑** 16 公里（10 英里） →內含以乳酸閾值配速 跑 8 公里（5 英里）	**一般有氧跑 + 速度跑** 16 公里（10 英里） →內含 10 次 × 100 公尺加速跑
週三	**中長跑** 24 公里（15 英里）	**中長跑** 24 公里（15 英里）	**中長跑** 21 公里（13 英里）
週四	**恢復跑** 午前 10 公里（6 英里） 午後 8 公里（5 英里）	**恢復跑** 午前 10 公里（6 英里） 午後 8 公里（5 英里）	**恢復跑** 午前 10 公里（6 英里） 午後 8 公里（5 英里）
週五	**中長跑** 21 公里（13 英里）	**中長跑** 22 公里（14 英里）	**中長跑** 19 公里（12 英里）
週六	**恢復跑** 11 公里（7 英里）	**恢復跑** 13 公里（8 英里）	**一般有氧跑** 13 公里（8 英里）
週日	**長跑** 32 公里（20 英里）	**馬拉松配速跑** 32 公里（20 英里） →內含以馬拉松配速跑 16 公里（10 英里）	**長跑** 26 公里（16 英里）
週跑量	148 公里（92 英里）	153 公里（95 英里）	133 公里（82 英里）

18 週計畫表╲每週至少 137 公里
訓練區段 2—— 乳酸閾值＋耐力

距離 馬拉松 的週數	11 週	10 週
週一	**恢復跑** 午前 10 公里（6 英里） 午後 8 公里（5 英里）	**恢復跑** 午前 10 公里（6 英里） 午後 8 公里（5 英里）
週二	**恢復跑** 午前 8 公里（5 英里） **乳酸閾值跑** 午後 16 公里（10 英里） →內含以乳酸閾值配速跑 8 公里（5 英里）	**恢復跑** 午前 10 公里（6 英里） **一般有氧跑 + 速度跑** 午後 16 公里（10 英里） →內含 10 次 ×100 公尺加速跑
週三	**恢復跑** 午前 8 公里（5 英里） **中長跑** 午後 24 公里（15 英里）	**中長跑** 24 公里（15 英里）
週四	**恢復跑** 午前 10 公里（6 英里） 午後 8 公里（5 英里）	**恢復跑** 午前 10 公里（6 英里） 午後 8 公里（5 英里）
週五	**中長跑** 21 公里（13 英里）	**恢復跑** 午前 10 公里（6 英里） **乳酸閾值跑** 午後 18 公里（11 英里） →內含以乳酸閾值配速跑 10 公里（6 英里）
週六	**一般有氧跑 + 速度跑** 16 公里（10 英里） →內含 8 次 ×12 秒上坡衝刺 + 8 次 ×100 公尺加速跑	**一般有氧跑** 16 公里（10 英里）
週日	**長跑** 32 公里（20 英里）	**長跑** 35 公里（22 英里）
週跑量	161 公里（100 英里）	165 公里（102 英里）

285

18 週計畫表 ＼ 每週至少 **137** 公里
訓練區段 2 —— 乳酸閾值＋耐力

距離馬拉松的週數	9 週	（恢復）8 週	7 週
週一	**恢復跑** 午前 10 公里（6 英里） 午後 8 公里（5 英里）	**恢復跑** 午前 10 公里（6 英里） 午後 8 公里（5 英里）	**恢復跑** 午前 10 公里（6 英里） 午後 8 公里（5 英里）
週二	**一般有氧跑** 16 公里（10 英里）	**一般有氧跑 + 速度跑** 16 公里（10 英里） →內含 10 次 × 100 公尺加速跑	**恢復跑** 午前 10 公里（6 英里） **一般有氧跑 + 速度跑** 午後 16 公里（10 英里） →內含 10 次 × 100 公尺加速跑
週三	**恢復跑** 午前 10 公里（6 英里） **中長跑** 午後 24 公里（15 英里）	**最大攝氧量跑** 16 公里（10 英里） →內含以 5K 比賽配速 跑 5 次 ×800 公尺； 折返慢跑時間為單次時間之 50-90%	**中長跑** 24 公里（15 英里）
週四	**恢復跑** 午前 10 公里（6 英里） 午後 8 公里（5 英里）	**恢復跑** 午前 10 公里（6 英里） 午後 8 公里（5 英里）	**恢復跑** 午前 10 公里（6 英里） 午後 10 公里（6 英里）
週五	**恢復跑** 午前 10 公里（6 英里） **中長跑** 午後 22 公里（14 英里）	**恢復跑** 午前 8 公里（5 英里） **中長跑** 午後 21 公里（13 英里）	**恢復跑** 午前 10 公里（6 英里） **乳酸閾值跑** 午後 19 公里（12 英里） →內含以乳酸閾值配速 跑 11 公里（7 英里）
週六	**一般有氧跑 + 速度跑** 16 公里（10 英里） →內含 10 次 × 100 公尺加速跑	**一般有氧跑** 16 公里（10 英里）	**一般有氧跑** 16 公里（10 英里）
週日	**馬拉松配速跑** 32 公里（20 英里） →內含以馬拉松配速跑 19 公里（12 英里）	**長跑** 26 公里（16 英里）	**長跑** 39 公里
週跑量	167 公里（103 英里）	139 公里（86 英里）	174 公里（107 英里）

18 週計畫表╲每週至少 137 公里
訓練區段 3—— 比賽準備

距離馬拉松的週數	6 週	5 週
週一	**恢復跑** 午前 10 公里（6 英里） 午後 10 公里（6 英里）	**恢復跑** 午前 10 公里（6 英里） 午後 10 公里（6 英里）
週二	**恢復跑** 午前 8 公里（5 英里） **最大攝氧量跑** 午後 16 公里（10 英里） →內含以 5K 比賽配速跑 5 次 ×800 公尺； 折返慢跑時間為單次時間之 50-90%	**恢復跑** 午前 8 公里（5 英里） **一般有氧跑 + 速度跑** 午後 16 公里（10 英里） →內含 8 次 ×100 公尺加速跑
週三	**恢復跑** 午前 8 公里（5 英里） **中長跑** 午後 24 公里（15 英里）	**恢復跑** 午前 8 公里（5 英里） **中長跑** 午後 24 公里（15 英里）
週四	**恢復跑** 午前 8 公里（5 英里） **恢復跑 + 速度跑** 午後 10 公里（6 英里） →內含 8 次 ×100 公尺加速跑	**恢復跑** 午前 10 公里（6 英里） 午後 8 公里（5 英里）
週五	**恢復跑** 10 公里（6 英里）	**乳酸閾值跑** 19 公里（12 英里） →內含以乳酸閾值配速跑 8 公里（5 英里）
週六	**15 公里 - 半馬模擬賽** （合計 21-27 公里〔13-17 英里〕）	**一般有氧跑 + 速度跑** 16 公里（10 英里） →內含 8 次 ×100 公尺加速跑
週日	**一般有氧跑** 13 公里（8 英里）	**長跑** 35 公里（22 英里）
週跑量	138-144 公里（85-89 英里）	164 公里（102 英里）

18 週計畫表 ＼每週至少 **137** 公里
訓練區段 3 —— 比賽準備

距離馬拉松的週數	4 週	3 週
週一	**恢復跑** 午前 10 公里（6 英里） 午後 8 公里（5 英里）	**恢復跑** 午前 10 公里（6 英里） 午後 8 公里（5 英里）
週二	**恢復跑** 午前 8 公里（5 英里） **最大攝氧量跑** 午後 16 公里（10 英里） →內含以 5K 比賽配速跑 5 次 ×800 公尺； 折返慢跑時間為單次時間之 50-90%	**一般有氧跑** 16 公里（10 英里）
週三	**恢復跑** 午前 8 公里（5 英里） **中長跑** 午後 24 公里（15 英里）	**恢復跑** 午前 6 公里（4 英里） **最大攝氧量跑** 午後 16 公里（10 英里） →內含以 5K 比賽配速跑 6 次 ×1,200 公尺； 折返慢跑時間為單次時間之 50-90%
週四	**恢復跑** 午前 8 公里（5 英里） **恢復跑 + 速度跑** 午後 13 公里（8 英里） →內含 8 次 ×100 公尺加速跑	**恢復跑** 午前 8 公里（5 英里） **中長跑** 午後 24 公里（15 英里）
週五	**恢復跑** 10 公里（6 英里）	**恢復跑** 午前 6 公里（4 英里） **一般有氧跑** 午後 16 公里（10 英里）
週六	**8-15 公里模擬賽** （合計 14-21 公里〔9-13 英里〕）	**恢復跑** 午前 6 公里（4 英里） **一般有氧跑 + 速度跑** 午後 13 公里（8 英里） →內含 8 次 ×100 公尺加速跑
週日	**長跑** 29 公里（18 英里）	**長跑** 34 公里（21 英里）
週跑量	148-155 公里（92-96 英里）	163 公里（102 英里）

18 週計畫表＼每週至少 **137** 公里
訓練區段 **4**── **賽前減量和比賽**

距離 馬拉松 的週數	2 週	1 週
週一	**恢復跑** 午前 10 公里（6 英里） 午後 8 公里（5 英里）	**恢復跑** 10 公里（6 英里）
週二	**最大攝氧量跑** 16 公里（10 英里） →內含以 5K 比賽配速跑 5 次 ×800 公尺； 折返慢跑時間為單次時間之 50-90%	**一般有氧跑 + 速度跑** 16 公里（10 英里） →內含 10 次 ×100 公尺加速跑
週三	**中長跑** 21 公里（13 英里）	**恢復跑** 午前 10 公里（6 英里） 午後 6 公里（4 英里）
週四	**恢復跑** 午前 6 公里（4 英里） **一般有氧跑 + 速度跑** 午後 13 公里（8 英里） →內含 8 次 ×100 公尺加速跑	**最大攝氧量跑** 14 公里（9 英里） →內含以 5K 比賽配速跑 4 次 ×1,200 公尺； 折返慢跑時間為單次時間之 50-90%
週五	**恢復跑** 10 公里（6 英里）	**恢復跑** 10 公里（6 英里）
週六	**8-10 公里模擬賽** （合計 14-18 公里〔9-11 英里〕）	**一般有氧跑 + 速度跑** 13 公里（8 英里） →內含 8 次 ×100 公尺加速跑
週日	**長跑** 27 公里（17 英里）	**中長跑** 21 公里（13 英里）
週跑量	125-129 公里（70-80 英里）	100 公里（62 英里）

18 週計畫表＼每週至少 137 公里
訓練區段 4 ── 賽前減量和比賽

距離 馬拉松 的週數	比賽週
週一	**恢復跑** 10 公里（6 英里）
週二	**恢復跑** 午前 10 公里（6 英里） 午後 6 公里（4 英里）
週三	**試裝跑** 14 公里（9 英里） →內含以馬拉松配速跑 4 公里（2.5 英里）
週四	**恢復跑** 10 公里（6 英里）
週五	**恢復跑 + 速度跑** 8 公里（5 英里） →內含 6 次 ×100 公尺加速跑
週六	**恢復跑** 6 公里（4 英里）
週日	**目標馬拉松比賽**
週跑量	64 公里（40 英里）（比賽前 6 天合計）

12 週計畫表＼每週至少 137 公里
訓練區段 1 —— 耐力

距離 馬拉松 的週數	11 週	10 週
週一	**恢復跑** 午前 10 公里（6 英里） 午後 8 公里（5 英里）	**恢復跑** 午前 10 公里（6 英里） 午後 8 公里（5 英里）
週二	**一般有氧跑 + 速度跑** 16 公里（10 英里） →內含 8 次 ×12 秒上坡衝刺 + 8 次 ×100 公尺加速跑	**中長跑** 19 公里（12 英里）
週三	**中長跑** 23 公里（14 英里）	**恢復跑** 午前 6 公里（4 英里） **乳酸閾值跑** 午後 16 公里（10 英里） →內含以乳酸閾值配速跑 8 公里（5 英里）
週四	**恢復跑** 午前 10 公里（6 英里） 午後 6 公里（4 英里）	**恢復跑** 午前 10 公里（6 英里） 午後 6 公里（4 英里）
週五	**中長跑** 19 公里（12 英里）	**中長跑** 24 公里（15 英里）
週六	**一般有氧跑 + 速度跑** 13 公里（8 英里） →內含 8 次 ×100 公尺加速跑	**一般有氧跑 + 速度跑** 13 公里（8 英里） →內含 8 次 ×100 公尺加速跑
週日	**馬拉松配速跑** 27 公里（17 英里） →內含以馬拉松配速跑 13 公里（8 英里）	**長跑** 29 公里（18 英里）
週跑量	132 公里（82 英里）	141 公里（88 英里）

12 週計畫表＼每週至少 137 公里
訓練區段 1 —— 耐力

距離馬拉松的週數	9 週	8 週
週一	**恢復跑** 午前 10 公里（6 英里） 午後 8 公里（5 英里）	**恢復跑** 午前 10 公里（6 英里） 午後 8 公里（5 英里）
週二	**恢復跑** 午前 6 公里（4 英里） **一般有氧跑 + 速度跑** 午後 16 公里（10 英里） →內含 8 次 ×12 秒上坡衝刺 + 8 次 ×100 公尺加速跑	**恢復跑** 午前 6 公里（4 英里） **乳酸閾值跑** 午後 18 公里（11 英里） →內含以乳酸閾值配速跑 8 公里（5 英里）
週三	**中長跑** 24 公里（15 英里）	**恢復跑** 午前 8 公里（5 英里） **中長跑** 午後 24 公里（15 英里）
週四	**恢復跑** 午前 10 公里（6 英里） 午後 6 公里（4 英里）	**恢復跑** 午前 10 公里（6 英里） 午後 10 公里（6 英里）
週五	**中長跑** 23 公里（14 英里）	**中長跑** 23 公里（14 英里）
週六	**一般有氧跑 + 速度跑** 16 公里（10 英里） →內含 8 次 ×100 公尺加速跑	**一般有氧跑 + 速度跑** 16 公里（10 英里） →內含 8 次 ×100 公尺加速跑
週日	**長跑** 32 公里（20 英里）	**馬拉松配速跑** 29 公里（18 英里） →內含以馬拉松配速 跑 16 公里（10 英里）
週跑量	151 公里（94 英里）	162 公里（100 英里）

12週計畫表＼每週至少 137 公里

訓練區段 2── 乳酸閾值 + 耐力

距離馬拉松的週數	7 週	6 週	5 週
週一	**恢復跑** 午前 10 公里（6 英里） 午後 8 公里（5 英里）	**恢復跑** 午前 10 公里（6 英里） 午後 10 公里（6 英里）	**恢復跑** 午前 10 公里（6 英里） 午後 10 公里（6 英里）
週二	**恢復跑** 午前 10 公里（6 英里） **一般有氧跑 + 速度跑** 午後16公里（10 英里） →內含 10 次 × 100 公尺加速跑	**恢復跑** 午前 10 公里（6 英里） **一般有氧跑** 午後 16 公里（10 英里）	**恢復跑** 午前 10 公里（6 英里） **一般有氧跑 + 速度跑** 午後16公里（10 英里） →內含 8 次 × 100 公尺加速跑
週三	**中長跑** 24 公里（15 英里）	**最大攝氧量跑** 16 公里（10 英里） →內含以 5K 比賽配速 跑 6 次 ×1,200 公尺； 折返慢跑時間為 單次時間之 50-90%	**恢復跑** 午前 10 公里（6 英里） **中長跑** 午後 24 公里（15 英里）
週四	**恢復跑** 午前 10 公里（6 英里） 午後 10 公里（6 英里）	**恢復跑** 午前 10 公里（6 英里） **中長跑** 午後 24 公里（15 英里）	**恢復跑** 午前 10 公里（6 英里） 午後 10 公里（6 英里）
週五	**乳酸閾值跑** 16 公里（10 英里） →內含以乳酸閾值配速 跑 6 公里（4 英里）	**恢復跑** 午前 10 公里（6 英里） **一般有氧跑** 午後 16 公里（10 英里）	**乳酸閾值跑** 19 公里（12 英里） →內含以乳酸閾值配速 跑 11 公里（7 英里）
週六	**一般有氧跑 + 速度跑** 16 公里（10 英里） →內含 8 次 × 100 公尺加速跑	**一般有氧跑 + 速度跑** 16 公里（10 英里） →內含 8 次 × 100 公尺加速跑	**一般有氧跑 + 速度跑** 16 公里（10 英里） →內含 8 次 × 100 公尺加速跑
週日	**長跑** 29 公里（18 英里）	**馬拉松配速跑** 29 公里（18 英里） →內含以馬拉松配速跑 19 公里（12 英里）	**長跑** 35 公里（22 英里）
週跑量	139 公里（86 英里）	167 公里（103 英里）	170 公里（105 英里）

12 週計畫表＼每週至少 137 公里
訓練區段 3 —— 比賽準備

距離馬拉松的週數	4 週
週一	**恢復跑** 午前 10 公里（6 英里） 午後 8 公里（5 英里）
週二	**恢復跑** 午前 8 公里（5 英里） **最大攝氧量跑** 午後 16 公里（10 英里） →內含以 5K 比賽配速跑 5 次 ×800 公尺； 折返慢跑時間為單次時間之 50-90%
週三	**恢復跑** 午前 8 公里（5 英里） **中長跑** 午後 24 公里（15 英里）
週四	**恢復跑** 午前 8 公里（5 英里） **一般有氧跑 + 速度跑** 午後 13 公里（8 英里） →內含 8 次 ×100 公尺加速跑
週五	**恢復跑** 10 公里（6 英里）
週六	**8-15 公里模擬賽** （合計 14-21 公里〔9-13 英里〕）
週日	**長跑** 29 公里（18 英里）
週跑量	147-154 公里（92-96 英里）

3 週	2 週
恢復跑 午前 10 公里（6 英里） 午後 8 公里（5 英里）	**恢復跑** 午前 10 公里（6 英里） 午後 8 公里（5 英里）
一般有氧跑 16 公里（10 英里）	**最大攝氧量跑** 16 公里（10 英里） →內含以 5K 比賽配速跑 5 次 ×800 公尺； 折返慢跑時間為單次時間之 50-90%
恢復跑 午前 8 公里（5 英里） **最大攝氧量跑** 午後 16 公里（10 英里） →內含以 5K 比賽配速跑 6 次 ×1,200 公尺； 折返慢跑時間為單次時間之 50-90%	**中長跑** 21 公里（13 英里）
恢復跑 午前 6 公里（4 英里） **中長跑** 午後 24 公里（15 英里）	**恢復跑** 午前 6 公里（4 英里） **一般有氧跑 + 速度跑** 午後 13 公里（8 英里） →內含 8 次 ×100 公尺加速跑
恢復跑 午前 6 公里（4 英里） **一般有氧跑** 午後 16 公里（10 英里）	**恢復跑** 10 公里（6 英里）
恢復跑 午前 6 公里（4 英里） **一般有氧跑 + 速度跑** 午後 13 公里（8 英里） →內含 8 次 ×100 公尺加速跑	**8-10 公里模擬賽** （合計 14-18 公里〔9-11 英里〕）
長跑 34 公里（21 英里）	**長跑** 27 公里（17 英里）
163 公里（102 英里）	125-129 公里（78-80 英里）

12 週計畫表╲每週至少 **137** 公里
訓練區段 **4**── 賽前減量和比賽

距離馬拉松的週數	1 週	比賽週
週一	**恢復跑** 10 公里（6 英里）	**恢復跑** 10 公里（6 英里）
週二	**一般有氧跑 + 速度跑** 16 公里（10 英里） →內含 10 次 ×100 公尺加速跑	**恢復跑** 午前 10 公里（6 英里） 午後 6 公里（4 英里）
週三	**恢復跑** 午前 10 公里（6 英里） 午後 6 公里（4 英里）	**試裝跑** 14 公里（9 英里） →內含以馬拉松配速跑 4 公里（2.5 英里）
週四	**最大攝氧量跑** 14 公里（9 英里） →內含以 5K 比賽配速跑 4 次 ×1,200 公尺； 折返慢跑時間為單次時間之 50-90%	**恢復跑** 10 公里（6 英里）
週五	**恢復跑** 10 公里（6 英里）	**恢復跑 + 速度跑** 8 公里（5 英里） →內含 6 次 ×100 公尺加速跑
週六	**一般有氧跑 + 速度跑** 13 公里（8 英里） →內含 8 次 ×100 公尺加速跑	**恢復跑** 6 公里（4 英里）
週日	**中長跑** 21 公里（13 英里）	**目標馬拉松比賽**
週跑量	100 公里（62 英里）	64 公里（40 英里） （比賽前 6 天合計）

恢復計畫表／每週至少 **137** 公里
訓練區段 5 —— 恢復

賽後週數	1 週	2 週
週一	休息或交叉訓練	休息或交叉訓練
週二	休息或交叉訓練	恢復跑 8 公里（5 英里）
週三	恢復跑 6 公里（4 英里）	恢復跑 10 公里（6 英里）
週四	休息或交叉訓練	休息或交叉訓練
週五	恢復跑 10 公里（6 英里）	恢復跑 11 公里（7 英里）
週六	休息或交叉訓練	恢復跑 8 公里（5 英里）
週日	恢復跑 13 公里（8 英里）	一般有氧跑 16 公里（10 英里）
週跑量	29 公里（18 英里）	53 公里（33 英里）

恢復計畫表＼每週至少 137 公里

訓練區段 5 —— 恢復

賽後週數	3 週	4 週	5 週
週一	休息或交叉訓練	休息或交叉訓練	恢復跑 10 公里（6 英里）
週二	恢復跑 10 公里（6 英里）	一般有氧跑 13 公里（8 英里）	一般有氧跑 13 公里（8 英里）
週三	恢復跑 11 公里（7 英里）	一般有氧跑 16 公里（10 英里）	一般有氧跑 + 速度跑 16 公里（10 英里） →內含 10 次 × 100 公尺加速跑
週四	休息或交叉訓練	休息或交叉訓練	休息或交叉訓練
週五	一般有氧跑 + 速度跑 13 公里（8 英里） →內含 8 次 × 100 公尺加速跑	一般有氧跑 + 速度跑 14 公里（9 英里） →內含 8 次 × 100 公尺加速跑	乳酸閾值跑 16 公里（10 英里） →內含以乳酸閾值配速跑 6 公里（4 英里）
週六	恢復跑 10 公里（6 英里）	恢復跑 10 公里（6 英里）	恢復跑 10 公里（6 英里）
週日	中長跑 18 公里（11 英里）	中長跑 19 公里（12 英里）	中長跑 23 公里（14 英里）
週跑量	62 公里（38 英里）	72 公里（45 英里）	88 公里（54 英里）

第13章
多場次馬拉松
Multiple Marathoning

　　本章適用於以下狀況：無論如何，你就是決心要在 12 週或更短的時間內跑兩場馬拉松。雖然短時間接連跑兩場（或更多）馬拉松，通常不是追求個人最佳時間成績的最好方式，本章仍會著重在建構一個讓你盡可能成功達到這個目的的訓練，並提供包括間隔 12 週、10 週、8 週、6 週，以及 4 週的 5 套訓練計畫表。

　　這些計畫表與第 9-12 章的計劃表的主要不同，在於一定都是先幫你從第一場馬拉松賽後恢復過來，再幫你為第二場馬拉松做訓練和賽前減量。兩場馬拉松之間相隔的週數決定你要花多少時間在恢復、訓練和賽前減量。舉例來說，12 週的計畫表會有相對奢侈的 4 週恢復期，而 6 週的計畫表通常只能分配 2 週。

　　本章的計畫表是為了那些在馬拉松準備期每週至少訓練 97-113 公里的跑者而寫。10 週和 12 週的計畫表會讓跑者逐步達到每週最高 108 公里的里程數，8 週、6 週、4 週的計畫表則分別為每週 106 公里、97 公里、77 公里。如果你在馬拉松準備期的每週里程數已經超過 113 公里，可依這些計畫表適度按比例逐量增加訓練量。同樣道理，要是你在馬拉松準備期的每週里程數少於 97 公里，就按比例酌減訓練量。

這些計畫表預設你會想在第二場馬拉松得到最好的成績。即使這不代表在第二（或第三甚至之後各場）能跑出個人最佳成績，或是跑得如第一場一樣快，但至少在當天你可以如願地盡力去跑。如果你的多場馬拉松目標是在盡全力完成第一場馬拉松之後，接著優游自在地跑第二或第三場馬拉松，那大可不必用到這些計畫表。只要在第一場馬拉松之後專注做好恢復，同時穿插一些足以維持耐力的長跑，就能接著跑下一場馬拉松。

爲什麼要跑那麼多場馬拉松？

有此一說：除非你已經忘了上一場馬拉松是什麼時候跑，否則不要跑下一場。若真是如此，那很多跑者的記憶力可能都很差。

雖然這方面的統計數據很難取得，但根據一些傳聞證據顯示，大多數跑者會刻意規避由來已久的常識（即頂多只跑春季和秋季各一場），反而選擇一年跑上三或四場馬拉松。有些人甚至每個月跑一場。我們說的不單是那些志在參加的中階跑者，像川內優輝，他在 2018 年四月中贏得波士頓馬拉松時，已經是他當年的第四場馬拉松（也是他那年第四次冠軍）。他在 2017 年跑了 12 場馬拉松，每場的完賽時間全都低於 2:16，並且在其中五場奪冠。如同下一頁川內優輝的介紹，他跑這麼多場馬拉松的原因純粹是熱愛比賽。川內優輝超過 80 場完賽時間低於 2:20 的傑出紀錄，以及個人最佳成績 2:08:14，都展現著只要能樂在其中，菁英跑者也能跑上多場馬拉松。

你要不要成為一名多場次馬拉松跑者？我們無法幫你回答，但可以告訴你為什麼有些人著迷於此。

爲了未實現的目標

好不容易跑完一場馬拉松，嚴正宣告「再也不跑」之後，人往往會認為「要是沒有發生那些有的沒有的差錯，當時一定可以跑得更快」。所以如果你跑了一場不怎麼滿意的馬拉松，而你也不至於累到人仰馬翻，一旦幾週之後又有一場地點不錯可以好好發揮的馬拉松，你很可能會想再重回跑場。

為了打穩基礎

在最費力的那場馬拉松比賽之前幾個月，就以節制且實在的配速跑一場馬拉松，可以大幅提升並實測你的體能狀況。假如你跑得太用力或太接近你的真實目標配速，這就像是拔起蘿蔔看看長得好不好一樣危險。不過，這些馬拉松也是模擬比賽狀況的好機會，例如測試如何攝取水分、測試跑鞋裝備等等。

川內優輝 Yuki Kawauchi

最佳紀錄：2:08:14（2013 年首爾國際馬拉松）
重要佳績：2018 年波士頓馬拉松冠軍；歷年平均完賽時間在 2:20 之內。

Alexander Hassenstein/Getty Images

許多菁英馬拉松跑者一年大多只為一場大型馬拉松辛勤準備，但川內優輝可不一樣。

這位 2018 年波士頓馬拉松冠軍的黑馬，在為數不多的 10K 菁英跑者中跑得最快。這一年川內總共跑了 11 場馬拉松，除了波士頓這場馬拉松獲得冠軍，川內還贏得其他五場的冠軍。而 2017 年他跑的 12 場馬拉松，完賽紀錄全部在 2:16 之內，並在其中 4 場奪冠。他會充分利用每一個週末參加半馬，即使是波士頓馬拉松奪冠之前之後也風雨無阻，而他每年不只跑上許多場半馬，還會加上至少一次的超馬。他甚至在贏得波士頓馬拉松的一個月後，參加生涯中距離最長的馬拉松（總長 71 公里），並獲得冠軍。川內還創下最多次完賽成績低於 2:20 的世界紀錄（超過 80 次）。

　　川內顯然有迅速恢復的過人天賦。許多菁英跑者一跑完馬拉松，連正常走路都很辛苦，更別說跑步了。川內對人體典型軟組織的痠痛明顯有抵抗能力，這種遺傳天賦如同其他肌肉纖維組成或跑步經濟性天生就有優勢的人一樣。即使如此，就算你沒有興趣成為一個連環馬拉松跑者，你還是可以從川內身上學到許多。

　　首先，為什麼川內要參加這麼多比賽？最主要的原因，就是他喜愛跑步。在第 1 章「心理學及耐力」我們提過設定一個有意義的目標有多重要。你最看重的事物會影響你參加比賽的多寡，你跑步就是為了要做對你自己有意義的事。也許是一年就這麼一場以跑出個人最佳成績為目標的馬拉松；或鍥而不捨地挑戰波士頓預選賽資格；甚至是像川內一樣，想體驗不間斷地競賽刺激。只要找到自己最享受跑步的面向，就能順其自然地訓練和比賽。

　　川內頻繁參賽也讓他有更多的機會獲勝。當然，大舉參賽也是有其極限，這取決於你的生理和心理的恢復力。很多人可能會認為要是川內不要參加那麼多比賽，他可以創下更好的個人最佳成績（2:08:14）。持相反意見的人則認為，一場馬拉松可能發生的意外太多了，就算三年才跑兩場馬拉松，也不一定能發揮出實力。參賽頻率不像川內那麼多的梅柏‧柯菲斯基也說，經過他 15 年馬拉松生涯的驗證，經常參賽確實會增加他比賽日的勝算。

　　實務上，川內將他的比賽行程和他的工作行程緊密結合。在 2019 年成為職業跑者之前，川內是日本公務員，每週一到週五從中午工作到晚上九點。在週間工作日，通常他每天早上都有時間跑一回（他大部分的競賽對手幾乎天天都會一日跑兩回）。除了週三的間歇訓練組，他會在每天早晨上班前輕鬆跑 70-100 分鐘。每週末的例行比賽讓川內得到機會整合他的訓練量和訓練品質。這些比賽也幫他累積關鍵比賽的基礎。例如他跑 71 公里超馬的目的，就是為了準備下一場馬拉松所做的超長跑訓練。對一個最佳成績為 2:08 的跑者來說，在 65-66 分鐘內跑完半馬算是用比賽配速跑中長跑，還不需要竭盡全力去跑。如果你在工作週間做馬拉松訓練常常遇到困難，在週末比賽就是讓你以賽代訓的好機會。

　　最後，川內如何面對無可避免的惡劣狀況，也非常值得所有跑者學習：與其自我打擊，不如朝下一個挑戰邁進。即使知道比賽當天有諸多不順，勇敢出賽並堅持不懈，一定會有所收穫。果不其然，那年波士頓馬拉松既冷又雨還颳大風，許多世界級好手都不敵惡劣天候，而川內一馬當先，最終奪得冠軍。

爲了旅行

隨著目的地馬拉松（destination marathon）日漸流行，在在凸顯了用雙腳去跑也是認識一個地區的方法。許多跑者會在景色優美的馬拉松前後也安排在當地度假，以便飽覽坐觀光巴士所不能帶來的風光和體驗。不過，若要將這樣的旅程納入原本的馬拉松訓練計畫表，你往返周轉的時間可能會不夠。

爲了多變性

有些跑者就是喜歡跑很多場馬拉松，體驗這些馬拉松的不同。從小巧親切如麻州的馬什菲爾德新年馬拉松（2018 年有兩名完賽者，其中一名當然就是川內優輝），中型規模如納帕馬拉松（1,300 名跑者穿越加州酒莊）和雙城馬拉松（7,000 名跑者在秋葉繁盛的景致下沿著密西西比河跑），到超級賽事如芝加哥、柏林、紐約馬拉松，其中紐約馬拉松每年的完賽人數甚至超過五萬人。即使一整年都在舉行馬拉松，從傳統春、秋季賽事的龐大參賽人數來看，要遊歷馬拉松世界就是需要成為一位多場次馬拉松跑者。

即使是菁英馬拉松跑者，一年也會跑上許多場馬拉松。

爲了愚蠢的堅持

該怎麼說比較好？有些跑者之所以受這種挑戰吸引，只因為聽起來很棒。抱持這種理由的包括一年內每個月都要跑一場馬拉松、一定要跑完美國五十州外加華盛頓特區舉辦的馬拉松、跑完加拿大每一省舉辦的馬拉松，或是參加世界各大洲舉辦的馬拉松。由於你將受制於這類馬拉松計畫，目標定在每個月跑一場馬拉松就明顯會壓縮訓練時間，各場的地理位置不同也會壓縮到時間無法好好訓練。

爲什麼不？

「正常的」馬拉松跑者不必急著批評那些投入多場次馬拉松的人不自量力。畢竟本書的主要內容是仔細說明在身體不適合從事這些活動的情況下，如何盡可能提升成功的機會。所以假如有些跑者解釋他們參賽的原因僅僅是為了一年有好幾場，「比賽就是這麼多」，好啦，這也不是什麼滔天大罪。

認識計畫表

計畫表是以每日行程的格式來呈現。這種方式的主要限制是無法預測到可能影響你日常生活的無數外部因素。工作行程、家庭生活、人際關係、學校事務和大自然環境等等，都扮演著重要角色，影響你決定何時開始投入長跑和其他方面的馬拉松準備。毫無疑問，你的訓練需要一些彈性，並且需要不時的挪動時間。這都理所當然，只要你不要安排連續數個重度日來彌補錯失的時間，就能避免受傷和過度訓練。

計畫表同時以公里和英里呈現，你可以選擇自己慣用的方式。每天的公里和英里數（以及每週的總數）不是精確換算到小數點後三位，但彼此大致相等。

每一位馬拉松跑者需要恢復的時間都不一樣，因此在執行計畫表時，要多保留一些彈性。再者，如果跑第一場馬拉松時的天氣極為炎熱，使你嚴重脫水或步伐蹣跚，你需要恢復的時間很可能要比平常久一些。當訓練要求和體能許可有衝突的時候，永遠聽從你的身體意願。由於各場次比賽之間的時間緊迫，最佳策略就是恢復為優先，之後才來煩惱訓練的其他面向。如果某些原因使你無法跟上計畫表，就照本章稍候提及的優先事項，去選擇可做和可省略的鍛鍊。

不管採用本章中哪一個計畫表，在跑完第一場馬拉松開始的幾週，切記做好恢復就是你的首要任務，到了賽前的最後三週，賽前減量以儲備精力就是第一要務。假設你在第二場比賽之前就累垮甚至受傷，之前硬塞再多鍛鍊也是白費工夫。

使用心率監測器，可以確保你在跑完馬拉松後的幾週沒有訓練過度。如同第 1、3 章所討論，心率監測器可以幫助你在輕鬆日那幾天不至於跑太快。在馬拉松之後的開頭幾週，讓心率保持在不超過 76% 最大心率或 68% 儲備心率，才能迅速恢復。

彼特的三連冠多場馬拉松

1983 年我在 17 週內跑出三場高水準馬拉松。以 2:14:44 贏得舊金山馬拉松的 9 週後，又以 2:12:33 的成績在蒙特婁馬拉松拿下亞軍。再過 8 週，我以 2:12:09 的成績贏得奧克蘭馬拉松冠軍。最後這兩場馬拉松，是我當時的個人最佳成績。

我在舊金山和蒙特婁這兩場馬拉松之間犯了一點錯誤，不過好險因為運氣好、有衝勁又年輕（當時我 26 歲），還能撐住身體挺過去。剛跑完舊金山馬拉松，我的身體僵緊了好幾天。比賽過了兩天之後，我就跛著腳勉強自己跑了 3 公里，那一週更硬撐著跑完 74 公里。經過仔細按摩，我的腿才恢復過來。

幸好我的身體在第 1 週就恢復，在第 3 週就可以跑到 161 公里的週跑量，其中包含 8 次 800 公尺重複跑的訓練組。接下來第 4 到第 5 週，我的里程數攀升到跟從前一樣，大約 187-196 公里。那時我還沒有加入奧運代表隊，還有全職工作在身。當初時間只夠跑兩場模擬賽，我跑了一場以 23:35 完成的 8 公里跑，以及在紐哈芬拿到第三名的 20 公里半馬，然後就開始做賽前減量。蒙特婁馬拉松開賽 8 天前，我在運動場跑道上分別以 4:24 和 4:23 的速度跑完 2 次 1,600 公尺的間歇訓練，這個速度夠快，對我來說是好兆頭。比賽前 2 週我也開始保持充足睡眠，最後感覺蓄勢待發，準備好迎接挑戰了。

比完蒙特婁馬拉松的當晚，我在外面待很晚，隔天一早就搭飛機回波士頓，叫了計程車直接上班工作。這當然對我的恢復沒有幫助。然而，在那之後我定下心來，前 3 週的週跑量分別跑到 77、116、148 公里。充足睡眠和每週的按摩讓我免於受傷，除了我在日記裡寫到偶爾「感覺像地獄」，整體來說訓練進行得很好。

奧克蘭比賽前 3 週，我從 New Balance 的工作中請假，開始準備接下來的奧運選拔賽，並和我的訓練搭擋 Tom Ratcliffe 一起飛到紐西蘭，參加奧克蘭馬拉松。抵達紐西蘭的第一週我們有點奮過頭，大概訓練過了。第二週我跑了一場 10 公里模擬賽，花費 29:12 完成，我很高興跑出這樣的成績。但到了比賽前最後一週，我發覺我的體能勉強剛好，於是我決定減少訓練。比賽前 3 天，我還是覺得很疲憊。幸運的是，比賽當天我感覺狀況不錯，從 27 公里之後進入最佳狀態。這次多場馬拉松裡的正面經驗，為我之後的奧運選拔賽和馬拉松比賽帶來了很好基礎。

——彼特・費辛格

遵循計畫表

計畫表的每一直欄代表一整週的訓練。舉例來說，在 10 週計畫表中，9 週那欄表示，在該週結束時，距離馬拉松比賽有 9 週的時間。計畫表按週安排，一週接著一週，直到比賽當週。

我們提供了每天的特定鍛鍊以及當天的訓練類別。舉例來說，10 週計畫表中，在距離馬拉松的週數 5 週的週五那天，特定鍛鍊是 14 公里（9 英里）的跑步，而當天的訓練類別是一般有氧跑。這樣的計畫可以使你快速查看每週訓練的平衡情況，以及每週的鍛鍊進度。再回頭看 10 週計畫表 5 週的直欄，很容易看出有 3 天的恢復日，以及 1 天最大攝氧量訓練組、1 天中長跑、1 天一般有氧跑和 1 天長跑。再看表格的週日一整個橫列，可以看到長跑的進度增加，以及在馬拉松前幾週的賽前減量狀況。

特定鍛鍊有以下 8 類：長跑、中長跑、馬拉松配速跑、一般有氧跑、乳酸閾值跑、恢復跑、最大攝氧量間歇跑和速度跑。這些類別在第 8 章中都有詳細說明，而訓練背後的生理學則在第 1 章中有說明。

多場次馬拉松的優先事項

接下來幾小節要解說的是本章訓練計畫表的優先事項。但如果你的各場馬拉松之間相隔沒有 12、10、8、6、4 週的時間，該怎麼辦？

如果間隔週數少於 4 週，你只能堅強靠自己了，你能做的就是恢復、恢復、再恢復。除了第一場馬拉松的消耗，你可能還得修補一下腦葉，是什麼讓你做出這種決定。

如果間隔週數不在上列所述，可以參考以下指南。
- **間隔 11 週**：採用本章 12 週計畫表，跳過距離下一場馬拉松的週數「6週」那一週。
- **間隔 9 週**：採用本章 10 週計畫表，跳過距離下一場馬拉松的週數「5週」那一週，並在倒數第 35 天時，增加長跑距離到 29 公里。
- **間隔 7 週**：採用本章 8 週計畫表，跳過距離下一場馬拉松的週數「3週」那一週，並在倒數第 21 天時，增加長跑距離到 29 公里。
- **間隔 5 週**：採用本章 6 週計畫表，跳過距離下一場馬拉松的週數「2週」那一週，並在倒數第 14 天時，增加長跑距離到 26 公里。

12 週計畫表

　　各場馬拉松之間相隔 12 週，還不至於太糟。但是風險依舊存在，你可能因為太過大意而逐漸流失專為馬拉松訓練來的體能，或訓練過頭，等到下一場比賽當天站上起跑線時，才發覺疲憊不堪而不知所措。每個人都要去找出符合自己身心狀況的最佳平衡點。最好的策略是在跑完前一場馬拉松的開頭 3-4 週，好好放鬆，確保身體獲得充分的恢復。接著距離下一場馬拉松有 8-9 週，其中會包含 5-6 週密集訓練，以及 3 週的賽前減量。

　　關鍵訓練期有 6 週，從距離下一場比賽的第 7 週開始到距離第 2 週。這段期間最重要的鍛鍊分別為：下一場比賽日倒數第 29 和第 15 天的模擬賽；倒數第 42 天的馬拉松配速跑；倒數第 49、35、28、21 天的長跑；倒數第 39、33、25 天的最大攝氧量跑；倒數第 52、44、38、32、24 天的中長跑。

10 週計畫表

　　各場馬拉松之間能相隔 10 週，勉強合格，這樣的計畫表可以安排 3 週扎實的恢復時間，4 週密集訓練，以及 3 週賽前減量。

　　關鍵訓練期有 5 週，從距離下一場馬拉松的第 6 到第 2 週。這段期間最重要的鍛鍊分別為：下一場比賽日倒數第 29 和 15 天的模擬賽；倒數第 35、28、21、14 天的長跑；倒數第 44 天的乳酸閾值跑；倒數第 39、25 天的最大攝氧量跑；倒數第 38、32、24 天的中長跑。10 週計畫表中唯一要注意的是，在開始為下一場馬拉松做強度較高的訓練之前，一定要確認自己已從上一場馬拉松裡徹底恢復。

8 週計畫表

　　8 週計畫表可以讓你從上一場馬拉松徹底恢復，為下一場馬拉松做好 3 週良好訓練，再接著賽前減量。比起間隔 6 週或 4 週，間隔 8 週的風險少了很多。即使你上一場在酷熱的天氣下比賽，或是受了輕微的傷，只要運氣沒有太差，還是可以參加下一場馬拉松。

　　關鍵訓練期有 3 週，從距離下一場馬拉松的第 4 到第 2 週。這段期間最重要的鍛鍊分別為：下一場比賽日倒數第 15 天的模擬賽；倒數第 28、21、14 天的長跑；倒數第 30 天的乳酸閾值跑；倒數第 24、18 天的中長跑。不在計畫表裡的訓練都要避免，因為只有間隔 8 週，你沒有空間容納任何差錯。

彼特在奧運的雙場出擊

　　1984 年 5 月 26 日，我跑出 2:11:43 的成績，贏得奧運選拔賽，之後我在 8 月 12 日的奧運賽場上，以 2:13:53 的成績排名第 11。以下是我在間隔 11 週完成兩場馬拉松的過程。

　　贏得奧運選拔賽之後，我有點興奮。隔天我讓自己放一天假，比賽後第 2 天就去游泳放鬆，再拖著腳步小小跑了 5 公里。第 3 天，我重新繼續每週的按摩，發現我的肌肉狀況還不算太糟。在正式奧運賽的準備期間，每週按摩可以讓我在短暫的恢復階段避免受傷。選拔賽之後第 1 週，我跑了 72 公里。為了有足夠時間做賽前減量以進入最佳狀態去跑奧運，我必須盡快投入訓練。選拔賽後第 2 週，我最初順著感覺跑了 180 公里，第 3 週跑了 243 公里。此外，從第 2 週開始，每兩天就加一點加速跑，靈活一下腿部肌肉。這樣似乎滿有幫助。

　　回想起來，我應該在第 2 週時跑 129-145 公里、第 3 週跑 177-193 公里就好。少跑一點並不會減少體能，當初是因為信心不足才會跑那麼多。要是當時少跑一點，或許我在奧運賽上的成績會更好。不過，我那時不知道這樣比較好。

　　當時我面臨的問題是，11 週內我無法做足 4 週恢復外加 3 週賽前減量，因為訓練時間就會壓縮到 4 週，我只剩 4 週要訓練到能和世界上最好的跑者競爭。於是我縮減恢復週數，在選拔賽後第 4-5 週開始進行高品質的長距離間歇跑。縮短恢復週數的優點在於，當時我身體夠強健可以飛快投入長距離間歇跑，不用再花時間訓練上來。比方說，選拔賽後第 5 週我在運動跑道上跑 5 公里的計時賽，只花了 14:02。

　　然而，我也繼續順著感覺訓練，並彈性調整輕重。舉例來說，有一天我原本要跑 24 公里，結果感覺不錯，就跑了 42 公里。還有一天，我將某項跑道鍛鍊延後了 1-2 天，直到我的腿感覺上不會受傷可以用力跑的時候，才繼續訓練。

　　我為正式奧運比賽做的賽前減量比選拔賽的更多。這在某程度上是由於奧運賽前最後 3 週我背部出現的緊繃問題所造成。一方面也是意識到我訓練過度，能量還需要一點時間才能提升上來。這說來非常主觀，但我知道在訓練跑期間有些精力流失了，而那時應該減少訓練以回復我的力氣。我後來的做法是讓我的輕鬆日（在速度和距離上）更輕鬆。我也減少長跑的訓練量和一些速度鍛鍊。這個賽前減量的方式也成為我此後跑步生涯的主要參考。

──彼特・費辛格

6 週計畫表

　　6 週計畫表很不容易安排，因為如果你訓練不及，6 週就會開始流失體能，而 6 週頂多也只夠你從上一場馬拉松恢復到正準備做賽前減量的時候。關鍵訓練期有 2 週，從距離下一場馬拉松的第 3 到第 2 週。這兩週為你開了一小扇窗，讓你可以多一點訓練，同時為你保存多一點精力。

　　這段期間最重要的鍛鍊分別為：下一場比賽日倒數第 15 天的模擬賽；

倒數第 14 天的長跑；倒數第 23、19 天的最大攝氧量跑；倒數第 21、18 天時的中長跑。這種簡短訓練帶來的刺激可以讓你維持馬拉松高峰期的體能，再經過賽前減量，應該會接近你的最佳狀態。

4 週計畫表

4 週計畫表幾乎是壓縮再壓縮了。這個計畫以 2 週的恢復合併 2 週的賽前減量所構成。主要任務在讓你從上一場馬拉松完全恢復，完好無傷站上起跑線時，還保有良好狀態。計畫表的里程數從 39 公里開始，增加到第 3 週的 77 公里。可惜的是，這週也是比賽週的前 1 週，訓練強度和里程數只能到此為止，就要開始賽前減量。

這段期間最重要的鍛鍊分別為：下一場比賽日倒數第 14、10 天的中長跑；倒數第 12 天的最大攝氧量跑。如果你真的需要僅相隔 4 週就跑下一場馬拉松（「需要」在此只是一個相對用語），這個計畫表可以大大增加你成功完賽的可能性。

比賽策略

不要這樣跑！

開個玩笑。第二場馬拉松（或是第三、第四……依此類推）就迫在眉梢，你當然應該要有明確的目標。否則，你非常可能在比賽的開頭前幾公里就會懷疑：「我到底在這裡做什麼？」能夠釐清自己在多場馬拉松中想達成什麼樣的成果，賽程中才會更有方向和動力。如果你能有更多的準備間隔週數，你就越能精確釐清自己參加第二場比賽的目標（不能只是「完賽」）。

一旦決定好目標，就列出各個分段你想要達到的目標。在本書中，我們不斷強調在馬拉松前段保留體力的優點，你在後半部時才有最大的機會奮力加速。如果你上一場馬拉松距今只有 12 週甚至更短，那麼這個建議就更加重要。假如你為了彌補後半段速度變慢的狀況，比賽一開始就衝得太快，你的多場馬拉松體驗也勢必會變成一場自我感覺良好的死亡行軍。

等到下一場比賽的前一週，再來決定想達成的目標時間。要務實，除了考量第一場比賽後的恢復程度，以及長跑、節奏跑、間歇跑的訓練品質，也要將賽前減量期間精力回升的程度納入評估。

前一場馬拉松的情況也要考慮進來。舉例來說你上次以反向分攤式跑出最佳個人紀錄，那麼這次也許還有進步的空間。或是上次在最後 10 公里累垮跑不動，事後回想可能是前面 16 公里衝過頭，那麼你可以再次挑戰第一場馬拉松的時間目標。然而，要是你在第一場馬拉松之前就已經花了 24 週如僧侶清修一般的虔心磨練，結果只比你個人最佳成績快 3 秒，而下一場馬拉松只隔 4 週，那麼很遺憾，這場大概不會是讓你快 10 分鐘刷新個人紀錄的比賽。

如果你從來不曾試過反向分攤式的馬拉松跑法，也許這次你該試試。利用前面幾公里測試身體對這種由慢而快的跑步反應，然後加快到你有自信可以維持到終點的配速。

跑完馬拉松之後

如果你才在短時間內跑完兩場或多場馬拉松，為了未來著想，現在的最佳策略就是理所當然好好的休息。接下來幾週不要跑步，頂多輕鬆訓練，這樣有助身體恢復，也有助心智發展以應對更多挑戰。這個時候急著回復訓練對你沒有幫助，而且因為在跑完多場馬拉松之後，你的肌肉和結締組織失去彈力，此時受傷的風險也特別高。

多場次馬拉松之 12 週計畫表

距離下一場 馬拉松的週數	11 週	10 週	9 週
週一	休息或交叉訓練	休息或交叉訓練	休息或交叉訓練
週二	恢復跑 8 公里（5 英里）	恢復跑 10 公里（6 英里）	恢復跑 10 公里（6 英里）
週三	恢復跑 8 公里（5 英里）	恢復跑 8 公里（5 英里）	一般有氧跑 14 公里（9 英里）
週四	休息或交叉訓練	休息或交叉訓練	休息或交叉訓練
週五	恢復跑 8 公里（5 英里）	一般有氧跑 + 速度跑 11 公里（7 英里） →內含 8 次 × 100 公尺加速跑	一般有氧跑 + 速度跑 14 公里（9 英里） →內含 8 次 ×1 00 公尺加速跑
週六	恢復跑 8 公里（5 英里）	恢復跑 8 公里（5 英里）	恢復跑 8 公里（5 英里）
週日	恢復跑 11 公里（7 英里）	一般有氧跑 16 公里（10 英里）	中長跑 21 公里（13 英里）
週跑量	35-43 公里 （22-27 英里）	53 公里 （32 英里）	67 公里 （42 英里）

多場次馬拉松之 12 週計畫表

距離下一場馬拉松的週數	8 週	7 週	6 週
週一	休息或交叉訓練	休息或交叉訓練	休息或交叉訓練
週二	**一般有氧跑 + 速度跑** 13 公里（8 英里） →內含 10 次 × 100 公尺加速跑	**最大攝氧量跑** 14 公里（9 英里） →內含以 5K 比賽配 速跑 6 次 ×800 公尺； 折返慢跑時間為 單次時間之 50-90%	**一般有氧跑 + 速度跑** 13 公里（8 英里） →內含 10 次 × 100 公尺加速跑
週三	**中長跑** 19 公里（12 英里）	**恢復跑** 10 公里（6 英里）	**中長跑** 24 公里（15 英里）
週四	**恢復跑** 6 公里（4 英里）	**中長跑** 21 公里（13 英里）	**恢復跑** 10 公里（6 英里）
週五	**乳酸閾值跑** 14 公里（9 英里） →內含以乳酸閾值配 速跑 8 公里（5 英里）	**一般有氧跑 + 速度跑** 13 公里（8 英里） →內含 6 次 × 10 秒上坡衝刺 +8 次 ×100 公尺加速跑	**中長跑** 21 公里（13 英里）
週六	**恢復跑 + 速度跑** 8 公里（5 英里） →內含 6 次 × 100 公尺加速跑	**恢復跑** 10 公里（6 英里）	**恢復跑 + 速度跑** 11 公里（7 英里） →內含 6 次 × 100 公尺加速跑
週日	**長跑** 26 公里（16 英里）	**長跑** 29 公里（18 英里）	**馬拉松配速跑** 24 公里（15 英里） →內含以馬拉松配速 跑 16 公里（10 英里）
週跑量	86 公里 （54 英里）	97 公里 （60 英里）	103 公里 （64 英里）

12 週計畫表＼多場次馬拉松
多場次馬拉松之 12 週計畫表

距離下一場馬拉松的週數	5 週	4 週	3 週
週一	休息或交叉訓練	休息或交叉訓練	休息或交叉訓練
週二	**恢復跑** 10 公里（6 英里）	**最大攝氧量跑** 14 公里（9 英里） →內含以 5K 比賽配速跑 6 次 ×600 公尺；折返慢跑時間為單次時間之 50-90%	**恢復跑** 10 公里（6 英里）
週三	**最大攝氧量跑** 16 公里（10 英里） →內含以 5K 比賽配速跑 4 次 ×1,200 公尺；折返慢跑時間為單次時間之 50-90%	**中長跑** 18 公里（11 英里）	**最大攝氧量跑** 18 公里（11 英里） →內含以 5K 比賽配速跑 6 次 ×1,000 公尺；折返慢跑時間為單次時間之 50-90%
週四	**中長跑** 24 公里（15 英里）	**恢復跑 + 速度跑** 10 公里（6 英里） →內含 6 次 ×100 公尺加速跑	**中長跑** 24 公里（15 英里）
週五	**一般有氧跑** 14 公里（9 英里）	**恢復跑** 8 公里（5 英里）	**一般有氧跑** 14 公里（9 英里）
週六	**恢復跑** 10 公里（6 英里）	**8-15 公里模擬賽** （合計 14-21 公里〔9-13 英里〕）	**恢復跑** 10 公里（6 英里）
週日	**長跑** 32 公里（20 英里）	**長跑** 27 公里（17 英里）	**長跑** 32 公里（20 英里）
週跑量	106 公里（66 英里）	92-98 公里（57-61 英里）	108 公里（67 英里）

多場次馬拉松之 12 週計畫表

距離下一場 馬拉松的週數	2 週	1 週	比賽週
週一	**休息或交叉訓練**	**休息或交叉訓練**	**休息**
週二	**最大攝氧量跑** 14 公里（9 英里） →內含以 5K 比賽配 速跑 6 次 ×600 公尺； 折返慢跑時間為 單次時間之 50-90%	**一般有氧跑 + 速度跑** 13 公里（8 英里） →內含 8 次 × 100 公尺加速跑	**恢復跑** 10 公里（6 英里）
週三	**中長跑** 18 公里（11 英里）	**恢復跑** 8 公里（5 英里）	**試裝跑** 11 公里（7 英里） →內含以馬拉松配速 跑 3 公里（2 英里）
週四	**恢復跑 + 速度跑** 10 公里（6 英里） →內含 6 次 × 100 公尺加速跑	**最大攝氧量跑** 14 公里（9 英里） →內含以 5K 比賽配 速跑 4 次 ×1,200 公 尺；折返慢跑時間為 單次時間之 50-90%	**恢復跑** 10 公里（6 英里）
週五	**恢復跑** 8 公里（5 英里）	**恢復跑** 8 公里（5 英里）	**恢復跑 + 速度跑** 8 公里（5 英里） →內含 6 次 × 100 公尺加速跑
週六	**8-10 公里模擬賽** （合計 14-18 公里 〔9-11 英里〕）	**一般有氧跑 + 速度跑** 11 公里（7 英里） →內含 10 次 × 100 公尺加速跑	**恢復跑** 6 公里（4 英里）
週日	**長跑** 27 公里（17 英里）	**中長跑** 21 公里（13 英里）	**第二場馬拉松**
週跑量	92-95 公里 （57-59 英里）	76 公里 （47 英里）	45 公里（28 英里） （比賽前 6 天合計）

10 週計畫表＼多場次馬拉松
多場次馬拉松之 10 週計畫表

距離下一場馬拉松的週數	9 週	8 週	7 週
週一	休息或交叉訓練	休息或交叉訓練	休息或交叉訓練
週二	休息或交叉訓練	恢復跑 8 公里（5 英里）	恢復跑 10 公里（6 英里）
週三	恢復跑 8 公里（5 英里）	恢復跑 8 公里（5 英里）	一般有氧跑 14 公里（9 英里）
週四	休息或交叉訓練	休息或交叉訓練	休息或交叉訓練
週五	恢復跑 8 公里（5 英里）	一般有氧跑 + 速度跑 11 公里（7 英里） →內含 8 次 × 100 公尺加速跑	一般有氧跑 + 速度跑 14 公里（9 英里） →內含 8 次 × 100 公尺加速跑
週六	恢復跑 8 公里（5 英里）	恢復跑 8 公里（5 英里）	恢復跑 8 公里（5 英里）
週日	恢復跑 11 公里（7 英里）	一般有氧跑 16 公里（10 英里）	中長跑 21 公里（13 英里）
週跑量	35 公里 （22 英里）	51 公里 （32 英里）	68 公里 （42 英里）

10 週計畫表\多場次馬拉松
多場次馬拉松之 10 週計畫表

距離下一場 馬拉松的週數	6 週	5 週
週一	**休息或交叉訓練**	**休息或交叉訓練**
週二	**一般有氧跑 + 速度跑** 13 公里（8 英里） →內含 6 次 × 10 秒上坡衝刺 +8 次 ×100 公尺加速跑	**恢復跑** 10 公里（6 英里）
週三	**中長跑** 19 公里（12 英里）	**最大攝氧量跑** 16 公里（10 英里） →內含以 5K 比賽配速跑 4 次 ×1,200 公尺；折返慢跑時間為單 次時間之 50-90%
週四	**恢復跑** 6 公里（4 英里）	**中長跑** 24 公里（15 英里）
週五	**乳酸閾值跑** 14 公里（9 英里） →內含以乳酸閾值配速跑 8 公里 （5 英里）	**一般有氧跑** 14 公里（9 英里）
週六	**恢復跑 + 速度跑** 8 公里（5 英里） →內含 6 次 × 100 公尺加速跑	**恢復跑** 10 公里（6 英里）
週日	**長跑** 27 公里（17 英里）	**長跑** 31 公里（19 英里）
週跑量	89 公里 （55 英里）	105 公里 （65 英里）

4 週	3 週	2 週
休息或交叉訓練	休息或交叉訓練	休息或交叉訓練
最大攝氧量跑 14 公里（9 英里） →內含以 5K 比賽配速跑 6 次 ×600 公尺； 折返慢跑時間為 單次時間之 50-90%	**恢復跑** 10 公里（6 英里）	**最大攝氧量跑** 14 公里（9 英里） →內含以 5K 比賽配速跑 6 次 ×600 公尺； 折返慢跑時間為 單次時間之 50-90%
中長跑 18 公里（11 英里）	**最大攝氧量跑** 18 公里（11 英里） →內含以 5K 比賽配速跑 6 次 ×1,000 公尺； 折返慢跑時間為 單次時間之 50-90%	**中長跑** 18 公里（11 英里）
恢復跑 + 速度跑 10 公里（6 英里） →內含 6 次 × 100 公尺加速跑	**中長跑** 24 公里（15 英里）	**恢復跑 + 速度跑** 10 公里（6 英里） →內含 6 次 × 100 公尺加速跑
恢復跑 8 公里（5 英里）	**一般有氧跑** 14 公里（9 英里）	**恢復跑** 8 公里（5 英里）
8-15 公里模擬賽 （合計 14-21 公里 〔9-13 英里〕）	**恢復跑** 10 公里（6 英里）	**8-10 公里模擬賽** （合計 14-18 公里 〔9-11 英里〕）
長跑 27 公里（17 英里）	**長跑** 32 公里（20 英里）	**長跑** 27 公里（17 英里）
92-97 公里 （57-61 英里）	108 公里 （67 英里）	92-95 公里 （57-59 英里）

多場次馬拉松之 10 週計畫表

距離下一場 馬拉松的週數	1 週	比賽週
週一	**休息或交叉訓練**	**休息**
週二	**一般有氧跑 + 速度跑** 13 公里（8 英里） →內含 8 次 ×100 公尺加速跑	**恢復跑** 10 公里（6 英里）
週三	**恢復跑** 8 公里（5 英里）	**試裝跑** 11 公里（7 英里） →內含以馬拉松配速跑 3 公里（2 英里）
週四	**最大攝氧量跑** 14 公里（9 英里） →內含以 5K 比賽配速跑 4 次 ×1,200 公尺；折返慢跑 時間為單次時間之 50-90%	**恢復跑** 10 公里（6 英里）
週五	**恢復跑** 8 公里（5 英里）	**恢復跑 + 速度跑** 8 公里（5 英里） →內含 6 次 ×100 公尺加速跑
週六	**一般有氧跑 + 速度跑** 11 公里（7 英里） →內含 10 次 ×100 公尺加速跑	**恢復跑** 6 公里（4 英里）
週日	**中長跑** 21 公里（13 英里）	**第二場馬拉松**
週跑量	76 公里 （47 英里）	45 公里（28 英里） （比賽前 6 天合計）

8 週計畫表＼多場次馬拉松

多場次馬拉松之 8 週計畫表

距離下一場 馬拉松的週數	7 週	6 週	5 週
週一	休息或交叉訓練	休息或交叉訓練	休息或交叉訓練
週二	休息或交叉訓練	**恢復跑** 8 公里（5 英里）	**恢復跑** 10 公里（6 英里）
週三	**恢復跑** 8 公里（5 英里）	**恢復跑** 8 公里（5 英里）	**一般有氧跑** 14 公里（9 英里）
週四	休息或交叉訓練	休息或交叉訓練	休息或交叉訓練
週五	**恢復跑** 8 公里（5 英里）	**一般有氧跑 + 速度跑** 11 公里（7 英里） →內含 8 次 × 100 公尺加速跑	**一般有氧跑 + 速度跑** 14 公里（9 英里） →內含 8 次 × 100 公尺加速跑
週六	**恢復跑** 8 公里（5 英里）	**恢復跑** 8 公里（5 英里）	**恢復跑** 8 公里（5 英里）
週日	**恢復跑** 11 公里（7 英里）	**一般有氧跑** 16 公里（10 英里）	**中長跑** 21 公里（13 英里）
週跑量	35 公里 （22 英里）	52 公里 （32 英里）	68 公里 （42 英里）

8 週計畫表＼多場次馬拉松

多場次馬拉松之 8 週計畫表

距離下一場 馬拉松的週數	4 週	3 週
週一	**休息或交叉訓練**	**休息或交叉訓練**
週二	**一般有氧跑 + 速度跑** 13 公里（8 英里） →內含 6 次 × 10 秒上坡衝刺 + 8 次 ×100 公尺加速跑	**恢復跑** 10 公里（6 英里）
週三	**中長跑** 19 公里（12 英里）	**最大攝氧量跑** 16 公里（10 英里） →內含以 5K 比賽配速跑 5 次 ×1,200 公尺；折返慢跑時間為 單次時間之 50-90%
週四	**恢復跑** 6 公里（4 英里）	**中長跑** 24 公里（15 英里）
週五	**乳酸閾值跑** 14 公里（9 英里） →內含以乳酸閾值配速跑 8 公里（5 英里）	**一般有氧跑** 14 公里（9 英里）
週六	**恢復跑 + 速度跑** 8 公里（5 英里） →內含 6 次 × 100 公尺加速跑	**恢復跑** 10 公里（6 英里）
週日	**長跑** 27 公里（17 英里）	**長跑** 32 公里（20 英里）
週跑量	87 公里 （55 英里）	106 公里 （66 英里）

2 週	1 週	比賽週
休息或交叉訓練	休息或交叉訓練	休息
最大攝氧量跑 14 公里（9 英里） →內含以 5K 比賽配速跑 6 次 ×600 公尺； 折返慢跑時間為 單次時間之 50-90%	**一般有氧跑 + 速度跑** 13 公里（8 英里） →內含 8 次 × 100 公尺加速跑	**恢復跑** 10 公里（6 英里）
中長跑 18 公里（11 英里）	**恢復跑** 8 公里（5 英里）	**試裝跑** 11 公里（7 英里） →內含以馬拉松配速跑 3 公里（2 英里）
恢復跑 + 速度跑 10 公里（6 英里） →內含 6 次 × 100 公尺加速跑	**最大攝氧量跑** 14 公里（9 英里） →內含以 5K 比賽配速跑 4 次 ×1,200 公尺； 折返慢跑時間為 單次時間之 50-90%	**恢復跑** 10 公里（6 英里）
恢復跑 8 公里（5 英里）	**恢復跑** 8 公里（5 英里）	**恢復跑 + 速度跑** 8 公里（5 英里） →內含 6 次 × 100 公尺加速跑
8-10 公里模擬賽 （合計 14-18 公里 〔9-11 英里〕）	**恢復跑 + 速度跑** 10 公里（6 英里） →內含 8 次 × 100 公尺加速跑	**恢復跑** 6 公里（4 英里）
長跑 27 公里（17 英里）	**中長跑** 21 公里（13 英里）	**第二場馬拉松**
92-95 公里 （57-59 英里）	74 公里 （46 英里）	45 公里（28 英里） （比賽前 6 天合計）

多場次馬拉松之 6 週計畫表

距離下一場 馬拉松的週數	5 週	4 週	3 週
週一	休息或交叉訓練	休息或交叉訓練	休息或交叉訓練
週二	休息或交叉訓練	恢復跑 10 公里（6 英里）	**一般有氧跑 + 速度跑** 11 公里（7 英里） →內含 8 次 × 100 公尺加速跑
週三	恢復跑 8 公里（5 英里）	一般有氧跑 13 公里（8 英里）	中長跑 19 公里（12 英里）
週四	休息或交叉訓練	休息或交叉訓練	恢復跑 6 公里（4 英里）
週五	恢復跑 10 公里（6 英里）	**一般有氧跑 + 速度跑** 13 公里（8 英里） →內含 8 次 × 100 公尺加速跑	**最大攝氧量跑** 14 公里（9 英里） →內含以 5K 比賽配 速跑6次×800公尺； 折返慢跑時間為 單次時間之 50-90%
週六	恢復跑 8 公里（5 英里）	恢復跑 8 公里（5 英里）	恢復跑 8 公里（5 英里）
週日	一般有氧跑 13 公里（8 英里）	一般有氧跑 16 公里（10 英里）	中長跑 24 公里（15 英里）
週跑量	39 公里	60 公里 （37 英里）	84 公里 （52 英里）

2 週	1 週	比賽週
休息或交叉訓練	休息或交叉訓練	休息
最大攝氧量跑 14 公里（9 英里） →內含以 5K 比賽配速跑 6 次 ×600 公尺； 折返慢跑時間為 單次時間之 50-90%	**一般有氧跑 + 速度跑** 13 公里（8 英里） →內含 8 次 × 100 公尺加速跑	**恢復跑** 10 公里（6 英里）
中長跑 18 公里（11 英里）	**恢復跑** 8 公里（5 英里）	**試裝跑** 11 公里（7 英里） →內含以馬拉松配速跑 3 公里（2 英里）
恢復跑 + 速度跑 10 公里（6 英里） →內含 6 次 × 100 公尺加速跑	**最大攝氧量跑** 14 公里（9 英里） →內含以 5K 比賽配速跑 4 次 ×1,200 公尺； 折返慢跑時間為 單次時間之 50-90%	**恢復跑** 10 公里（6 英里）
恢復跑 8 公里（5 英里）	**恢復跑** 8 公里（5 英里）	**恢復跑 + 速度跑** 8 公里（5 英里） →內含 6 次 × 100 公尺加速跑
8-10 公里模擬賽 （合計 14-18 公里 〔9-11 英里〕）	**恢復跑 + 速度跑** 10 公里（6 英里） →內含 8 次 × 100 公尺加速跑	**恢復跑** 6 公里（4 英里）
長跑 29 公里（18 英里）	**中長跑** 21 公里（13 英里）	**第二場馬拉松**
93-97 公里 （58-60 英里）	74 公里 （46 英里）	45 公里（28 英里） （比賽前 6 天合計）

多場次馬拉松之 **4** 週計畫表

距離下一場 馬拉松的週數	3 週	2 週
週一	休息或交叉訓練	休息或交叉訓練
週二	休息或交叉訓練	恢復跑 10 公里（6 英里）
週三	恢復跑 8 公里（5 英里）	一般有氧跑 13 公里（8 英里）
週四	休息或交叉訓練	休息或交叉訓練
週五	恢復跑 10 公里（6 英里）	一般有氧跑 + 速度跑 13 公里（8 英里） →內含 8 次 ×100 公尺加速跑
週六	恢復跑 8 公里（5 英里）	恢復跑 8 公里（5 英里）
週日	一般有氧跑 13 公里（8 英里）	中長跑 18 公里（11 英里）
週跑量	39 公里	61 公里 （38 英里）

1 週	比賽週
休息或交叉訓練	**休息**
最大攝氧量跑 13 公里（8 英里） →內含以 5K 比賽配速跑 5 次 ×800 公尺； 折返慢跑時間為單次時間之 50-90%	**恢復跑** 10 公里（6 英里）
恢復跑 8 公里（5 英里）	**試裝跑** 11 公里（7 英里） →內含以馬拉松配速跑 3 公里（2 英里）
中長跑 24 公里（15 英里）	**恢復跑** 10 公里（6 英里）
恢復跑 6 公里（4 英里）	**恢復跑 + 速度跑** 8 公里（5 英里） →內含 6 次 × 100 公尺加速跑
恢復跑 + 速度跑 8 公里（5 英里） →內含 8 次 ×100 公尺加速跑	**恢復跑** 6 公里（4 英里）
中長跑 18 公里（11 英里）	**第二場馬拉松**
77 公里 （48 英里）	45 公里（28 英里） （比賽前 6 天合計）

附錄 A 馬拉松比賽配速表

目標	每公里配速	10 公里	20 公里	半馬	30 公里	40 公里
2:10:00	3:05	30:48	1:01:36	1:05:00	1:32:24	2:03:12
2:15:00	3:12	32:00	1:04:00	1:07:30	1:36:00	2:08:00
2:20:00	3:19	33:11	1:06:22	1:10:00	1:39:33	2:12:44
2:25:00	3:26	34:22	1:08:44	1:12:30	1:43:06	2:17:28
2:30:00	3:33	35:33	1:11:06	1:15:00	1:46:39	2:22:12
2:35:00	3:40	36:44	1:13:28	1:17:30	1:50:12	2:26:56
2:40:00	3:47	37:55	1:15:50	1:20:00	1:53:45	2:31:40
2:45:00	3:54	39:06	1:18:12	1:22:30	1:57:18	2:36:24
2:50:00	4:01	40:17	1:20:34	1:25:00	2:00:51	2:41:08
2:55:00	4:09	41:28	1:22:56	1:27:30	2:04:24	2:45:52
3:00:00	4:16	42:39	1:25:18	1:30:00	2:07:57	2:50:36
3:05:00	4:23	43:50	1:27:40	1:32:30	2:11:30	2:55:20
3:10:00	4:30	45:02	1:30:04	1:35:00	2:15:06	3:00:08
3:15:00	4:37	46:13	1:32:26	1:37:30	2:18:39	3:04:52
3:20:00	4:44	47:24	1:34:48	1:40:00	2:22:12	3:09:36
3:25:00	4:51	48:35	1:37:10	1:42:30	2:25:45	3:14:20
3:30:00	4:58	49:46	1:39:32	1:45:00	2:29:18	3:19:04
3:35:00	5:05	50:57	1:41:54	1:47:30	2:32:51	3:23:48
3:40:00	5:13	52:08	1:44:16	1:50:00	2:36:24	3:28:32
3:45:00	5:20	53:19	1:46:38	1:52:30	2:39:57	3:33:16
3:50:00	5:27	54:30	1:49:00	1:55:00	2:43:30	3:38:00
3:55:00	5:34	55:41	1:51:22	1:57:30	2:47:03	3:42:44
4:00:00	5:41	56:53	1:53:46	2:00:00	2:50:39	3:47:32

每英里配速	5 英里	10 英里	半馬	15 英里	20 英里	25 英里	終點
4:57.5	24:47	49:35	1:05:00	1:14:22	1:39:10	2:03:57	2:10:00
5:09.0	25:45	51:30	1:07:30	1:17:15	1:43:00	2:08:45	2:15:00
5:20.4	26:42	53:24	1:10:00	1:20:06	1:46:48	2:13:30	2:20:00
5:31.8	27:39	55:18	1:12:30	1:22:57	1:50:36	2:18:15	2:25:00
5:43.2	28:36	57:12	1:15:00	1:25:48	1:54:24	2:23:00	2:30:00
5:54.7	29:33	59:07	1:17:30	1:28:40	1:58:14	2:27:47	2:35:00
6:06.1	30:30	1:01:01	1:20:00	1:31:31	2:02:02	2:32:32	2:40:00
6:17.6	31:28	1:02:56	1:22:30	1:34:24	2:05:52	2:37:20	2:45:00
6:29.0	32:25	1:04:50	1:25:00	1:37:15	2:09:40	2:42:05	2:50:00
6:40.5	33:22	1:06:45	1:27:30	1:40:07	2:13:30	2:46:52	2:55:00
6:51.9	34:19	1:08:39	1:30:00	1:42:58	2:17:18	2:51:37	3:00:00
7:03.3	35:16	1:10:33	1:32:30	1:45:49	2:21:06	2:56:22	3:05:00
7:14.8	36:14	1:12:28	1:35:00	1:48:42	2:24:56	3:01:10	3:10:00
7:26.2	37:11	1:14:22	1:37:30	1:51:33	2:28:44	3:05:55	3:15:00
7:37.7	38:08	1:16:17	1:40:00	1:54:25	2:32:34	3:10:42	3:20:00
7:49.1	39:05	1:18:11	1:42:30	1:57:16	2:36:22	3:15:27	3:25:00
8:00.5	40:02	1:20:05	1:45:00	2:00:07	2:40:10	3:20:12	3:30:00
8:12.0	41:00	1:22:00	1:47:30	2:03:00	2:44:00	3:25:00	3:35:00
8:23.4	41:57	1:23:54	1:50:00	2:05:51	2:47:48	3:29:45	3:40:00
8:34.9	42:54	1:25:49	1:52:30	2:08:43	2:51:38	3:34:32	3:45:00
8:46.3	43:51	1:27:43	1:55:00	2:11:34	2:55:26	3:39:17	3:50:00
8:57.8	44:49	1:29:38	1:57:30	2:14:27	2:59:16	3:44:05	3:55:00
9:09.2	45:46	1:31:32	2:00:00	2:17:18	3:03:04	3:48:50	4:00:00

附錄 B
等量完賽時間／
從 10 公里到全馬比賽

以下的表格，是完成一場馬拉松的等量完賽時間預估，包含了從 10 公里到全馬比賽中最常見的賽事距離。這個表格主要目的是讓你一眼就能設定時間目標。

請注意這是「預估」。你的訓練歷程、比賽場地及天氣、在不同距離賽事的經驗、競爭的程度、先天條件等等，都會影響這些預估時間是否適合作為你的標準。這個等量完賽時間預估的前提是假設你在不同距離的賽事中皆已充分訓練。此外，你所參照的運動表現越近期，這個表格就會越準確。

10 公里	15 公里	10 英里	半馬	全馬
27:00	41:50	45:21	60:24	2:07:22
28:00	43:23	47:02	62:39	2:12:05
29:00	44:56	48:43	64:53	2:16:48
30:00	46:29	50:24	67:07	2:21:31
31:00	48:02	52:06	69:21	2:26:14
32:00	49:35	53:45	71:36	2:30:57
33:00	51:08	55:26	73:50	2:35:40
34:00	52:41	57:07	76:04	2:40:23
35:00	54:14	58:48	78:18	2:45:07
36:00	55:47	60:28	80:33	2:49:50
37:00	57:20	62:09	82:47	2:54:33
38:00	58:53	63:50	85:01	2:59:16
39:00	60:26	65:31	87:15	3:04:18
40:00	61:59	67:12	89:30	3:38:42
41:00	63:32	68:52	91:44	3:13:25
42:00	65:05	70:33	93:58	3:18:08
43:00	66:38	72:14	96:12	3:22:51
44:00	68:11	73:55	98:27	3:27:34
45:00	69:44	75:35	1:40:41	3:32:17
46:00	71:17	77:16	1:42:55	3:37:00
47:00	72:50	78:57	1:45:09	3:41:43
48:00	74:23	80:38	1:47:24	3:46:26
49:00	75:56	82:19	1:49:47	3:51:09
50:00	77:28	83:59	1:51:52	3:55:52
51:00	79:01	85:40	1:54:06	4:00:35
52:00	80:34	87:21	1:56:20	4:05:18
53:00	82:07	89:02	1:58:35	4:10:01
54:00	83:40	90:42	2:00:49	4:14:44
55:00	85:13	92:23	2:03:03	4:19:27

詞彙表
Glossary

　　這個詞彙表如此簡短是有用意的。這裡面只納入本書中與馬拉松訓練及比賽最相關的重要生理學名詞。如果你不是從頭到尾地閱讀本書，這個詞彙表就可以讓你快速掌握資訊。

　　生物力學（biomechanics）：有關於身體各部位如何協力運作以形成你的跑步姿勢。雖然一些生物力學的特徵（如骨頭構造）主要由先天遺傳決定，但是跑步的生物力學可能可以藉由伸展及肌力運動改善，進而提升你在馬拉松比賽中的表現。

　　微血管（capillaries）：最細小的血管，每一條肌肉纖維上通常會有好幾條微血管圍繞著。透過正確的訓練，就能增加圍繞肌肉纖維的微血管數量。由於微血管把氧氣直接輸進個別的肌肉纖維中，增加微血管的密度能夠提高有氧能量的生成率。微血管也幫肌肉纖維輸送能量，並帶走廢物，如二氧化碳。

　　快縮肌纖維（fast-twitch muscle fibers）：一種收縮和疲乏都比較迅速的肌肉纖維，為短時間的激烈運動（如衝刺）提供爆發力。快縮肌主要分為 A 型和 B 型兩類。A 型快縮肌纖維的特性比較接近慢縮肌纖維，如果再經過耐力訓練，就會具備更多慢縮肌纖維的特性。這樣的適應是有益處的，因為你的快縮肌纖維會更有能力以有氧方式產生能量。

　　肝醣（glycogen）：碳水化合物在肌肉中的儲存形態，也是跑步時主要的能量來源。耐力訓練會降低身體在固定配速下燃燒肝醣的需求，並使身體儲存更多肝醣。

　　儲備心率（heart rate reserve）：即最高心率減去安靜心率。儲備心率反映出為了輸送更多充氧血給肌肉可以提升多少心率。

　　血紅素（hemoglobin）：血液中運輸氧氣的紅血球蛋白。血紅素越高，肌肉就能獲得越多氧氣（每單位的血液），也就更能以有氧方式產生能量。

乳酸閾值（lactate threshold）：高於這個運動強度，乳酸鹽的生成率會大大超過清除率。當運動的費力程度超過你的乳酸閾值，肌肉及血液中的乳酸鹽濃度就會升高。生成乳酸鹽過程中產生的氫離子會使產生能量所需的酵素失去活性，也可能干擾鈣的吸收，導致肌肉的收縮能力下降。因此，你的配速要是超過你的乳酸閾值配速，就無法維持太久。

最大心率（maximal heart rate）：你竭盡全力去跑所能達到的最高心率。你的最大心率由先天基因決定，換句話說，這無法透過訓練來提升。成功馬拉松跑者的最大心率並沒有特別高，所以這不是決定成功的因素。

最大攝氧量（maximal oxygen uptake; VO₂max）：通常稱作「VO₂max」，即你的心臟能打進肌肉的最大氧氣量，使肌肉可以藉此產生能量。你的訓練和基因遺傳將共同決定你的最大攝氧量。

粒線體（mitochondria）：肌肉纖維中唯一能夠以有氧方式產生能量的部分。可以將粒線體視為你的肌肉纖維裡產生有氧能量的工廠。正確的訓練方式包括讓肌肉纖維中的粒線體變大（如同擴大工廠），以及讓粒線體變多（如同廣設工廠）。

週期化訓練（periodization）：以達到理想終極目標為目的，系統性地建構訓練方式。

跑步經濟性（running economy）：使用定量氧氣的情況下，可以跑多快。在使用一樣多氧氣的情況下，如果你能跑得比其他運動員更快，你就有比較良好的跑步經濟性。跑步經濟性也可以視為在固定速度下，需要使用多少氧氣。如果你和其他跑者的速度相同，所消耗的氧氣卻比較少，就代表你的跑步經濟性較佳。

慢縮肌纖維（slow-twitch muscle fibers）：一種收縮和疲勞都比較緩慢的肌肉纖維，使能量得以支撐非最大運動（submaximal exercise，如耐力跑）。慢縮肌纖維能抗疲勞，有氧能力和微血管密度都比較高，再加上其他特性，使慢縮肌纖維極為適合馬拉松運動。

譯名表
Index Traslation

proportion	比例
rate	比率
hydration	水分補給
hydrogel	水凝膠
wave start	出發梯次
stride	加速跑
half marathon	半馬；半程馬拉松
semitendinosus	半腱肌
semimembranosus	半膜肌
Karolinska Institute	卡羅琳斯卡學院
quadriceps	四頭肌
abductors	外展肌群
macronutrient	巨量營養素
proprioception	本體感覺
positive splits	正向分擔式
noradrenaline	正腎上腺素
biomechanical	生物力學
biofeedback	生物回饋
growth hormone	生長激素
ketogenic diets / keto diets	生酮飲食
destination marathon	目的地馬拉松
parking garage	多層樓室內停車場
aerobic enzyme	好氧酵素
resting heart rate	安靜心率
aerobic capacity	有氧能力
aerobic energy	有氧能量
submaximal	次大的
perceived exertion	自覺努力強度
hemoglobin	血紅素
blood volume	血容量
heme iron	血基質鐵
serum ferritin	血清鐵蛋白
hematocrit	血球容積比
stretch-shortening cycle	伸展縮短循環
stretch-shortening cycle	伸展縮短週期

low-glycemic index foods	低升糖指數食物
hyponatremia	低血鈉症
training low	低醣訓練
cold water immersion	冷水浸泡法
even splits	均等分擔式
even pace	均等配速
cruise intervals	巡航間歇跑
REM	快速動眼期
fast-twitch muscle fibers	快縮肌纖維
Swiss ball	抗力球
stride rate	步頻
glycogen	肝醣
glycogen synthase	肝醣合酶
glycogen loading / carbohydrate loading	肝醣超補法
foot-strike hemolysis	足部紅血球破裂症
body mass index	身體質量指數
lactic acid	乳酸
lactate threshold, LT	乳酸閾值
LT pace	乳酸閾值配速跑
lactate	乳酸鹽
celiac disease	乳糜瀉
nitrite	亞硝酸鹽
disorientation	定向力障礙
prolonged	延長
delayed onset muscle soreness, DOMS	延遲性肌肉痠痛
muscle cramps	抽筋（肌肉痙攣）
coma	昏迷
bench dip	板凳撐體
fructose	果糖
biceps femoris	股二頭肌
vastus medialis	股內側肌
quadriceps muscles	股四頭肌群
vastus lateralis	股外側肌
rectus femoris	股直肌
gracilis	股薄肌

triceps press	肱三頭肌推舉
Achilles tendon	阿基里斯腱
Ashtanga	阿斯坦加（瑜伽）
submaximal exercise	非最大運動
serratus anterior	前鋸肌
hatha	哈達（瑜伽）
flexibility	柔軟度
vinyasa	流瑜伽
erythropoietin, EPO	紅血球生成素
red blood cell count	紅血球計數
foot-strike hemolysis	紅血球破裂症
American College of Sports Medicine	美國運動醫學會
tolerance	耐受度
latissimus dorsi	背闊肌
schedule	計畫表
Deena Kastor	迪娜‧凱斯特
repetition; repeat	重複／重複跑
Eliud Kipchoge	埃利烏德‧基普喬蓋
Shalane Flanagan	夏琳‧弗列根
core strength training	核心肌力訓練
core stability training	核心穩定性訓練
trait	特性
iron-deficiency anemia	缺鐵性貧血
insulin	胰島素
pectoralis major	胸大肌
amino groups	胺基
energy availability	能量可用性
energy gel	能量果膠
fat utilization	脂肪利用率
lipoprotein lipase	脂蛋白脂酶
training monotony	訓練同質性
training schedule	訓練計畫
training block	訓練區段
training strain	訓練張力值
marathon pace	馬拉松配速跑

bone mineral density	骨質密度
high-glycemic index foods	高升糖指數食物
race high	高醣比賽
block	區段
genotype	基因型
intensity	強度
trapezius	斜方肌
rotator	旋轉肌
mitochondrial	粒線體
cumulative effect	累積效應
session	組
tibialis anterior	脛前肌
dehydration	脫水
hormone	荷爾蒙
speed work	速度訓練
dumbbell lateral row	單手啞鈴划船
course	場地
calf raise	提踵
maximal heart rate	最大心率
maximal oxygen uptake	最大攝氧量
infraspinatus	棘下肌
step-up	登階
short repetition	短程重複跑
nitrate	硝酸鹽
isotonic	等滲透壓
connective tissue	結締組織
dead-even splits	絕對均等分擔式
adrenaline	腎上腺素
gastrocnemius	腓腸肌
supercompensation	超補償原理
running mechanics	跑步力學
running economy	跑步經濟性
treadmill	跑步機
periodization	週期化訓練
capillary	微血管

testosterone	睪固酮
endorphin	腦內啡
lumbar discs	腰椎間盤
ball of foot	腳趾掌丘
gastrointestinal (GI) system	腸胃系統
rectus abdominis	腹直肌
obliques	腹斜肌
transverse abdominal muscles, TVAs	腹橫肌
glucose	葡萄糖
supplement	補充劑
calcaneus	跟骨
Relative Energy Deficiency in Sport, RED-S	運動中的相對能量不足
motor neurons	運動神經元
ergogenic aid	運動增強劑
overtraining syndrome	過度訓練症候群
overreaching	過量負荷
blood doping	違規增血
ketosis	酮症
ketones	酮類
slow-twitch muscle fibers	慢縮肌纖維
roll recovery	滾筒放鬆按摩器
Mary Keitany	瑪麗・凱特尼
carbon skeleton	碳架
energy level	精力
hard/easy principle	輕重交替原則
enzyme	酵素
estrogen	雌激素
requirements	需求量
plyometric training	增強式訓練
reinforcement	增強作用
bonking / hitting the wall	撞牆
tune-up race	模擬賽
heat exhaustion	熱衰竭（中暑衰竭）
cool down	緩和運動
butt kicks	踢臀跑

skipping	踮步跑
gluten	麩質
gluten intolerance	麩質不耐症
drill	操練
elliptical bike	橢圓自行車
elliptical trainer	橢圓機
diabetes	糖尿病
cat-cow yoga pose	貓牛式
resting metabolic rate	靜止代謝率
iliopsoas	骼腰肌
heart rate reserve	儲備心率
dietitian	營養師
nutritionist	營養學家
sartorius	縫匠肌
cholesterol	膽固醇
gluteus maximus	臀大肌
gluteals	臀部肌群
taper	賽前減量
prerace visualization	賽前意象化
glycolytic system	醣酵解系統
workout	鍛鍊
scar tissue	癒傷組織
scar tissue	癒傷組織
Rod Dixon	羅德・狄克森
attribute	屬性
iron deficiency	鐵質缺乏症
iron depletion	鐵質耗損
variable	變項
core temperature	體核溫度
seizures	癲癇
mobility	靈活度
visualization	觀想
hip flexors	髖屈肌群

參考書目及推薦讀物
References and
Recommended Reading

Armstrong, L.E., A.C. Pumerantz, M.W. Roti, D.A. Judelson, G. Watson, J.C. Dias, B. Sokmen, D.J. Casa, C.M. Maresh, H. Lieberman, and M. Kellogg. 2005. "Fluid, Electrolyte and Renal Indices of Hydration During 11 Days of Controlled Caffeine Consumption." *International Journal of Sports Nutrition and Exercise Metabolism* 15:252-265.

Arnal, P.J., F. Sauvet, D. Leger, P. van Beers, V. Bayon, C. Bougard, and M. Chennaoui. 2015. "Benefits of Sleep Extension on Sustained Attention and Sleep Pressure Before and During Total Sleep Deprivation and Recovery." *Sleep: Journal of Sleep and Sleep Disorders Research* 38 (12): 1935-1943.

Azevedo, L.B., M.I. Lambert, P.S. Zogaib, and T.L. Barros Neto. 2010. "Maximal and Submaximal Physiological Responses to Adaptation to Deep Water Running." *Journal of Sports Sciences* 28 (4): 407-414.

Bailey, S.J., P. Winyard, A. Vanhatalo, J.R. Blackwell, F.J. DiMenna, D.P. Wilkerson, J. Tarr, N. Benjamin, and A.M. Jones. 2009. "Dietary Nitrate Supplementation Reduces the O2 Cost of Low-Intensity Exercise and Enhances Tolerance to High-Intensity Exercise in Humans." *Journal of Applied Physiology* 107 (4): 1144-1155.

Barnes K.R., W.G. Hopkins, M.R. McGuigan, and A.E. Kilding. 2013. "Effects of Different Uphill Interval-Training Programs on Running Economy and Performance." *International Journal of Sports Physiology and Performance* 8:639-647.

Beck, O.N., S. Kipp, J.M. Roby, A.M. Grabowski, R. Kram, and J.D. Ortega. 2016. "Older Runners Retain Youthful Running Economy Despite Biomechanical Differences." *Medicine and Science in Sports and Exercise* 48:697-704.

Bell, D.G., and T.M. McLellan. 2002. "Exercise Endurance 1, 3, and 6 h After Caffeine Ingestion in Caffeine Users and Nonusers." *Journal of Applied Physiology* 93:1227-1234.

Bishop, P.A., E. Jones, and A.K. Woods. 2008. "Recovery From Training: A Brief Review." *Journal of Strength and Conditioning Research* 22 (3): 1015-1024.

Bompa, T.O. 2005. *Periodization Training for Sports*. 2nd ed. Champaign, IL: Human Kinetics.

Born, D.P., B. Sperlich, and H.C. Holmberg. 2013. "Bringing Light Into the Dark: Effects of Compression Clothing on Performance and Recovery." *International Journal of Sports Physiology and Performance* 8 (1): 4-18.

Bosquet, L., J. Montpetit, D. Arvisais, and I. Mujika. 2007. "Effects of Tapering on Performance: A Meta-

Analysis." *Medicine and Science in Sports and Exercise* 39:1358-1365.

Brisswalter, J., and K. Nosaka. 2013. "Neuromuscular Factors Associated With Decline in Long-Distance Running Performance in Master Athletes." *Sports Medicine* 43:51-63.

Burgess, T.L., and M.I. Lambert. 2010. "The Efficacy of Cryotherapy on Recovery Following Exercise-Induced Muscle Damage." *International SportMed Journal* 11 (2): 258-277.

Burke, L.M. 2007. "Nutrition Strategies for the Marathon: Fuel for Training and Racing." *Sports Medicine* 37 (4/5): 344-347.

Burke, L.M. 2008. "Caffeine and Sports Performance." *Applied Physiology, Nutrition and Metabolism* 33:1319-1334.

Burke, L.M. 2010. "Fueling Strategies to Optimize Performance: Training High or Training Low?" Supplement 2, *Scandinavian Journal of Medicine and Science in Sports* 20:48-58.

Burke, L.M., J.A. Hawley, S.H.S. Wong, and A.E. Jeukendrup. 2011. "Carbohydrates for Training and Competition." Supplement 1, *Journal of Sports Sciences* 29:S17-S27.

Burke, L.M., and R.J. Maughan. 2015. "The Governor Has a Sweet Tooth——Mouth Sensing of Nutrients to Enhance Sports Performance." *European Journal of Sport Science* 15 (1): 29-40.

Carr, A.J., A.P. Sharma, M.L. Ross, M. Welvaert, G.J. Slater, and L.M. Burke. 2018. "Chronic Ketogenic Low Carbohydrate High Fat Diet Has Minimal Effects on Acid-Base Status in Elite Athletes." *Nutrients* 10 (2): 236-248.

Chapman, R., and B.D. Levine. 2007. "Altitude Training for the Marathon." *Sports Medicine* 37 (4/5): 392-395.

Cheuvront, S.N., S.J. Montain, and M.N. Sawka. 2007. "Fluid Replacement and Performance During the Marathon." *Sports Medicine* 37 (4/5): 353-357.

Clark, N. 2014. *Nancy Clark's Sports Nutrition Guidebook.* 5th ed. Champaign, IL: Human Kinetics.

Cochrane, D.J. 2004. "Alternating Hot and Cold Water Immersion for Athlete Recovery: A Review." *Physical Therapy in Sport* 5:26-32.

Cox, P.J., T. Kirk, T. Ashmore, K. Willerton, R. Evans, A. Smith, and K. Clarke. 2016. "Clinical and Translational Report: Nutritional Ketosis Alters Fuel Preference and Thereby Endurance Performance in Athletes." *Cell Metabolism* 24:256-268.

Coyle, E.F. 2007. "Physiological Regulation of Marathon Performance." *Sports Medicine* 37 (4/5): 306-311.

Craig, W.J., A.R. Mangels. 2009. "Position of the American Dietetic Association: Vegetarian Diets." *Journal of the American Dietetic Association* 109:1266-1282.

Dalleck, L.C., L. Kravitz, and R.A. Robergs. 2004. "Maximal Exercise Testing Using the Elliptical Cross-Trainer and Treadmill." *Professionalization of Exercise Physiology* 7 (3): 94-101.

Daniels, J. 2014. *Daniels' Running Formula.* 3rd ed. Champaign, IL: Human Kinetics.

Devita, P., R.E. Fellin, J.F. Seay, E. Ip, N. Stavro, and S.P. Messier. 2016. "The Relationships Between Age and Running Biomechanics." *Medicine and Science in Sports and Exercise* 48 (1): 98-106.

Dupuy, O., W. Douzi, D. Theurot, L. Bosquet, and B. Dugué. 2018. "An Evidence-Based Approach for Choosing Post-Exercise Recovery Techniques to Reduce Markers of Muscle Damage, Soreness, Fatigue, and Inflammation: A Systematic Review With Meta-Analysis." *Frontiers in Physiology* 9:1-15.

Eberle, S.G. 2014. *Endurance Sports Nutrition.* 3rd ed. Champaign, IL: Human Kinetics.

Eichner, E.R. 2012. "Pearls and Pitfalls: Everyone Needs Iron." *Current Sports Medicine Reports* 11 (2): 50-51.

Flueck, J.L., A. Bogdanova, S. Mettler, and C. Perret. 2016. "Is Beetroot Juice More Effective Than Sodium Nitrate? The Effects of Equimolar Nitrate Dosages of Nitrate-Rich Beetroot Juice and Sodium Nitrate on Oxygen Consumption During Exercise." *Applied Physiology, Nutrition, and Metabolism* 41 (4): 421-429.

Flynn, M.G., K.K. Carroll, H.L. Hall, B.A. Bushman, P.G. Brolinson, and C.A. Weideman. 1998. "Cross Training: Indices of Training Stress and Performance." *Medicine and Science in Sports and Exercise* 30 (2): 294-300.

Foster, C., L.L. Hector, R. Welsh, M. Schrager, M.A. Green, and A.C. Snyder. 1995. "Effects of Specific Versus Cross-Training on Running Performance." *European Journal of Applied Physiology and Occupational Physiology* 70 (4): 367-372.

Foster, C., and A. Lucia. 2007. "Running Economy: The Forgotten Factor in Elite Performance." *Sports Medicine* 37 (4/5): 316-319.

Frazer, M., and S. Romine. 2017. *The No Meat Athlete Cookbook.* New York: The Experiment.

Gellish, R.L., B.R. Goslin, R.E. Olson, A. McDonald, G.D. Russi, and V.K. Moudgil. 2007. "Longitudinal Modeling of the Relationship Between Age and Maximal Heart Rate." *Medicine and Science in Sports and Exercise* 39 (5): 822-829.

Gonçalves, L. de S., V. de S. Painelli, G. Yamaguchi, L.F. de Oliveira, B. Saunders, R.P. da Silva, B. Gualano. 2017. "Dispelling the Myth That Habitual Caffeine Consumption Influences the Performance Response to Acute Caffeine Supplementation." *Journal of Applied Physiology* 123 (1): 213-220.

Grivas, G.V. 2018. "The Effects of Tapering on Performance in Elite Endurance Runners: A Systematic Review." *International Journal of Sports Science* 8 (1): 8-13.

Guest, N., P. Corey, J. Vescovi, and A. El-Sohemy. 2018. "Caffeine, CYP1A2 Genotype, and Endurance Performance in Athletes." *Medicine and Science in Sports and Exercise* 50 (8): 1570-1578.

Guglielmo, L.G., C.C. Greco, and B.S. Denadai. 2009. "Effects of Strength Training on Running Economy." *International Journal of Sports Medicine* 30 (1): 27-32.

Havemann, L., S. West, J. Goedecke, I. Macdonald, A. Gibson, T. Noakes, and E. Lambert. 2006. "Fat Adaptation Followed by Carbohydrate Loading Compromises High-Intensity Sprint Performance." *Journal of Applied Physiology* 100:194-202.

Hawley, J.A., and F.J. Spargo. 2007. "Metabolic Adaptations to Marathon Training and Racing." *Sports Medicine* 37 (4/5): 328-331.

Hayes, P.R., A. Walker. 2007. "Pre-Exercise Stretching Does Not Impact Upon Running Economy." *Journal of Strength and Conditioning Research* 21:1227-1232.

Hunter, I., K. Lee, J. Ward, and J. Tracy. 2017. "Self-Optimization of Stride Length Among Experienced and Inexperienced Runners." *International Journal of Exercise Science* 10 (3): 446-453.

Impey, S.G., M.A. Hearris, K.M. Hammond, J.D. Bartlett, J. Louis, G.L. Close, and J.P. Morton. 2018. "Fuel for the Work Required: A Theoretical Framework for Carbohydrate Periodization and the Glycogen Threshold Hypothesis." *Sports Medicine* 48 (5): 1031-1048.

Jones, A.M. 2014. "Influence of Dietary Nitrate on the Physiological Determinants of Exercise Performance: A Critical Review." *Applied Physiology, Nutrition, and Metabolism* 39 (9): 1019-1028.

Kenefick, R., S. Cheuvront, and M. Sawka. 2007. "Thermoregulatory Function During the Marathon." *Sports Medicine* 37 (4/5): 312-315.

Knechtle, B., C.A. Rust, and T.R. Knechtle. 2012. "Does Muscle Mass Affect Running Times in Male Long-Distance Master Runners?" *Asian Journal of Sports Medicine* 3:247-256.

Lane, S.C., S.R. Bird, L.M. Burke, and J.A. Hawley. 2013. "Effect of a Carbohydrate Mouth Rinse on Simulated Cycling Time-Trial Performance Commenced in a Fed or Fasted State." *Applied Physiology, Nutrition, and Metabolism* 38 (2): 134-139.

Larisova, V. 2014. "Does Resistance Training Improve Running Economy and Distance Running Performance?" *Journal of Australian Strength and Conditioning* 22 (1): 56-62.

Larson-Meyer, D.E. 2006. *Vegetarian Sports Nutrition.* Champaign, IL: Human Kinetics.

Leetun, D.T., M.L. Ireland, J.D. Wilson, B.T. Ballantyne, and I.M. Davis. 2004. "Core Stability Measures as Risk Factors for Lower Extremity Injury in Athletes." *Medicine and Science in Sports and Exercise* 36:926-934.

Lis, D.M., T. Stellingwerff, C.M. Shing, K.D.K. Ahuja, and J.W. Fell. 2015. "Exploring the Popularity, Experiences, and Beliefs Surrounding Gluten-Free Diets in Nonceliac Athletes." *International Journal of Sport Nutrition and Exercise Metabolism* 25 (1): 37-45.

Maughan, R.J., L.M. Burke, J. Dvorak, D.E. Larson-Meyer, P. Peeling, S.M. Phillips, and A. Ljungqvist. 2018. "IOC Consensus Statement: Dietary Supplements and the High-Performance Athlete." *International Journal of Sport Nutrition and Exercise Metabolism* 28 (2): 104-125.

McNeely, E., and D. Sandler. 2007. "Tapering for Endurance Athletes." *Strength and Conditioning Journal* 29 (5): 18-24.

McSwiney, F.T., B. Wardrop, L. Doyle, P.N. Hyde, R.A. Lafountain, and J.S. Volek. 2018. "Keto-Adaptation Enhances Exercise Performance and Body Composition Responses to Training in Endurance Athletes." *Metabolism: Clinical and Experimental* 81: 25-34.

Midgley, A.W., L.R. McNaughton, and A.M. Jones. 2007. "Training to Enhance the Physiological

Determinants of Long-Distance Running Performance." *Sports Medicine* 37:857-880.

Mountjoy, M., J. Sundgot-Borgen, L. Burke, S. Carter, N. Constantini, C. Lebrun, and A. Ljungqvist. 2014. "The IOC Consensus Statement: Beyond the Female Athlete Triad——Relative Energy Deficiency in Sport (RED-S)." *British Journal of Sports Medicine* 48 (7): 491-497.

Mujika, I. 1998. "The Influence of Training Characteristics and Tapering on the Adaptation in Individuals: A Review." *International Journal of Sports Medicine* 19 (7): 439-446.

Mujika, I. 2010. "Intense Training: The Key to Optimal Performance Before and During the Taper." Supplement 2, *Scandinavian Journal of Medicine and Science in Sports* 20:24-31.

Nieman, D.C. 1999. "Physical Fitness and Vegetarian Diets: Is There a Relation?" Supplement 3, *The American Journal of Clinical Nutrition* 70:570-575.

Nieman, D.C. 2007. "Marathon Training and Immune Function." *Sports Medicine* 37 (4/5): 412-415.

Noakes, T.D. 2003. *Lore of Running* 4th ed. Champaign, IL: Human Kinetics.

Noakes, T.D. 2007a. "The Central Governor Model of Exercise Regulation Applied to the Marathon." *Sports Medicine* 37:374-77.

Noakes, T.D. 2007b. "Hydration in the Marathon: Using Thirst to Gauge Safe Fluid Replacement." *Sports Medicine* 37 (4/5): 463-466.

Peeling, P., B. Dawson, C. Goodman, G. Landers, and D. Trinder. 2008. "Athletic Induced Iron Deficiency: New Insights Into the Role of Inflammation, Cytokines and Hormones." *European Journal of Applied Physiology* 103 (4): 381-391.

Poppendieck, W., O. Faude, M. Wegmann, and T. Meyer. 2013. "Cooling and Performance Recovery of Trained Athletes: A Meta-Analytical Review." *International Journal of Sports Physiology and Performance* 8 (3): 227-242.

Pfitzinger, P., and P. Latter. 2015. Faster Road Racing. Champaign, IL: Human Kinetics.

Ramirez, M.E., M.P. McMurry, G.A. Wiebke, K.J. Felten, K. Ren, A.W. Meikle, and P.H. Iverius. 1997. "Evidence for Sex Steroid Inhibition of Lipoprotein Lipase in Men: Comparison of Abdominal and Femoral Adipose Tissue." *Metabolism: Clinical and Experimental* 46 (2): 179-185.

Reaburn, P., and B. Dascombe. 2008. "Endurance Performance in Masters Athletes." *European Reviews of Aging and Physical Activity* 5:31-42.

Reilly, T., C.N. Dowzer, and N.T. Cable. 2003. "The Physiology of Deep-Water Running." *Journal of Sports Sciences* 21:959-972.

Robergs, R.A., and R. Landwehr. 2002. "The Surprising History of the HRmax = 220 - Age Equation." JEPonline 5 (2): 1-10. https://www.asep.org/asep/asep/May2002JEPonline.html

Rønnestad, B.R., and I. Mujika. 2014. "Optimizing Strength Training for Running and Cycling Endurance Performance: A Review." *Scandinavian Journal of Medicine and Science in Sports* 24:603-612.

Ryan, B.D., T.W. Beck, T.J. Herda, H.R. Hull, M.J. Hartman, J.R. Stout, and J.T. Cramer. 2008. "Do Practical

Durations of Stretching Alter Muscle Strength? A Dose-Response Study." *Medicine and Science in Sports and Exercise* 40:1529-1537.

Saunders, P., D. Pyne, R. Telford, and J. Hawley. 2004. "Factors Affecting Running Economy in Trained Distance Runners." *Sports Medicine* 34:465-485.

Sawka, M.N., L.M. Burke, E.R. Eichner, R.J. Maughan, S.J. Montain, and N.S. Stacherfield. 2007. "ACSM Position Stand: Exercise and Fluid Replacement." *Medicine and Science in Sports and Exercise* 39:377-390.

Schumacher, Y.O., A. Schmid, and D. Grathwohl. 2002. "Hematological Indices and Iron Status in Athletes of Various Sports and Performances." *Medicine and Science in Sports and Exercise* 34 (5): 869-875.

Simpson, N.S., E.L. Gibbs, and G.O. Matheson. 2017. "Optimizing Sleep to Maximize Performance: Implications and Recommendations for Elite Athletes." *Scandinavian Journal of Medicine and Science in Sports* 27 (3): 266-274.

Spriet, L. 2007. "Regulation of Substrate Use During the Marathon." *Sports Medicine* 37 (4/5): 332-336.

Stellingwerff, T. 2013. "Contemporary Nutrition Approaches to Optimize Elite Marathon Performance." *International Journal of Sports Physiology and Performance* 8 (5): 573-578.

Storen, O., J. Helgerud, E.M. Stoa, and J. Hoff. 2008. "Maximal Strength Training Improves Running Economy in Distance Runners." *Medicine and Science in Sports and Exercise* 40 (6): 1087-1092.

Suominen, H. 2011. "Ageing and Maximal Physical Performance." *European Reviews of Aging and Physical Activity* 8:37-42.

Svedenhag, J., and J. Seger. 1992. "Running on Land and in Water: Comparative Exercise Physiology." *Medicine and Science in Sports and Exercise* 24 (10): 1155-1160.

Tanaka, H. 1994. "Effects of Cross-Training: Transfer of Training Effects on V.O2 max Between Cycling, Running and Swimming. *Sports Medicine* 18 (5): 330-339.

Thomas, D.T., K.A. Erdman, and L.M. Burke. 2016. "Position of the Academy of Nutrition and Dietetics, Dietitians of Canada, and the American College of Sports Medicine: Nutrition and Athletic Performance." *Journal of the Academy of Nutrition and Dietetics* 116 (3): 501-528.

Uckert, S., and W. Joch. 2007. "Effects of Warm-Up and Precooling on Endurance Performance in the Heat." *British Journal of Sports Medicine* 6:380-384.

Urbain, P., L. Strom, L. Morawski, A. Wehrle, P. Deibert, and H. Bertz. 2017. "Impact of a 6-Week Non-Energy-Restricted Ketogenic Diet on Physical Fitness, Body Composition and Biochemical Parameters in Healthy Adults." *Nutrition and Metabolism* 14 (17): 1-11.

Van Hooren, B., and J.M. Peake. 2018. "Do We Need a Cool-Down After Exercise? A Narrative Review of the Psychophysiological Effects and the Effects on Performance, Injuries and the Long-Term Adaptive Response." *Sports Medicine* 48 (7): 1575-1595.

Venter, R.E. 2012. "Role of Sleep in Performance and Recovery of Athletes." *South African Journal for*

Research in Sport, Physical Education and Recreation 34:167-184.

Versey, N.G., S.L. Halson, and B.T. Dawson. 2012. "Effect of Contrast Water Therapy Duration on Recovery of Running Performance." *International Journal of Sports Physiology and Performance* 7 (2): 130-140.

Vikmoen, O., T. Raastad, O. Seynnes, K. Bergstrøm, S. Ellefsen, and B.R. Rønnestad. 2016. "Effects of Heavy Strength Training on Running Performance and Determinants of Running Performance in Female Endurance Athletes." *PLOS ONE* 11(3): 1-18.

Volek, J.S., D.J. Freidenreich, C. Saenz, L.J. Kunces, B.C. Creighton, J.M. Bartley, P.M. Davitt, C.X. Munoz, J.M. Anderson, C.M. Maresh, E.C. Lee, M.D. Schuenke, G. Aerni, W.J. Kraemer, and S.D. Phinney. 2016. "*Clinical Science: Metabolic Characteristics of Keto-Adapted Ultra-Endurance Runners. Metabolism* 65:100-110.

Weerapong, P., P.A. Hume, and G.S. Kolt. 2005. "The Mechanisms of Massage and Effects on Performance, Muscle Recovery and Injury Prevention." *Sports Medicine* 35 (3): 235-256.

Wilber, R.L., R.J. Moffatt, B.E. Scott, D.T. Lee, and N.A. Cucuzzo. 1996. "Influence of Water Run Training on the Maintenance of Aerobic Performance." *Medicine and Science in Sports and Exercise* 28 (8): 1056-1062.

Wilkerson, D.P., G.M. Hayward, S.J. Bailey, A. Vanhatalo, J.R. Blackwell, and A.M. Jones. 2012. "Influence of Acute Dietary Nitrate Supplementation on 50-Mile Time Trial Performance in Well-Trained Cyclists." *European Journal of Applied Physiology* 112 (12): 4127-4134.

Wirnitzer, K., T. Seyfart, C. Leitzmann, M. Keller, G. Wirnitzer, C. Lechleitner, C.A. Rüst,

T. Rosemann, and B. Knechtle. 2016. "Prevalence in Running Events and Running Performance of Endurance Runners Following a Vegetarian or Vegan Diet Compared to Non-Vegetarian Endurance Runners: The NURMI Study." *SpringerPlus* 5 (1): 458-464.

Wiswell, R.A., S.V. Jaque, T.J. Marcell, S.A. Hawkins, K.M. Tarpenning, N. Constantino, and D.M. Hyslop. 2000. "Maximal Aerobic Power, Lactate Threshold, and Running Performance in Master Athletes." *Medicine and Science in Sports and Exercise* 32 (6): 1165-1170.

Wong, S.H., P.M. Siu, A. Lok, Y.J. Chen, J. Morris, and C.W. Lam. 2008. "Effect of the Glycemic Index of Pre-Exercise Carbohydrate Meals on Running Performance." *European Journal of Sport Science* 8:23-33.

Young, B.W., N. Medic, P.L. Weir, and J.L. Starkes. 2008. "Explaining Performance in Elite Middle-Aged Runners: Contribution From Age and From Ongoing and Past Training Factors." *Journal of Sport and Exercise Psychology* 30:737-754.

Zinn, C., M. Wood, M. Williden, S. Chatterton, and E. Maunder. 2017. "Ketogenic Diet Benefits Body Composition and Well-Being but not Performance in a Pilot Case Study of New Zealand Endurance Athletes." *Journal of the International Society of Sports Nutrition* 14 (1): 1-9.

Strength & Conditioning 06

進階馬拉松全書
Advanced Marathoning（third edition）

作　　者｜彼特·費辛格（Pete Pfitzinger）；
　　　　　史考特·道格拉斯（Scott Douglas）
翻　　譯｜王啟安翻譯團隊

遠足文化事業股份有限公司　堡壘文化

總 編 輯｜簡欣彥　　　　副總編輯｜簡伯儒
責任編輯｜廖祿存　　　　特約編輯｜郭純靜
行銷企劃｜黃怡婷　　　　裝幀設計｜IAT-HUÂN TIUNN

出　　版｜遠足文化事業股份有限公司　堡壘文化
發　　行｜遠足文化事業股份有限公司（讀書共和國出版集團）
地　　址｜231 新北市新店區民權路 108-2 號 9 樓
電　　話｜02-22181417
傳　　真｜02-22188057
E m a i l｜service@bookrep.com.tw
郵撥帳號｜19504465 遠足文化事業股份有限公司
客服專線｜0800-221-029
網　　址｜http://www.bookrep.com.tw
法律顧問｜華洋法律事務所　蘇文生律師
印　　製｜韋懋實業有限公司
初版 3 刷｜2024 年 02 月
定　　價｜新臺幣 480 元
ISBN：978-626-7092-91-0
EISBN：9786267092941（EPUB）
　　　　9786267092934（PDF）

國家圖書館出版品預行編目 (CIP) 資料

進階馬拉松全書 / 彼特 . 費辛格 (Pete Pfitzinger),
史考特 . 道格拉斯 (Scott Douglas) 著；王啟安翻
譯團隊譯 . -- 初版 . -- 新北市：堡壘文化出版：遠
足文化事業股份有限公司發行 , 2022.10
　面；　公分 . -- (Strength & conditioning ; 6)
譯自：Advanced marathoning, 3rd ed.
ISBN 978-626-7092-91-0(平裝)

1.CST: 馬拉松賽跑 2.CST: 運動訓練

528.9468 111016310